Beck-Wirtschaftsberater im dtv

Vom Mitarbeiter zur Führungskraft

dtv

Beck-Wirtschaftsberater

Vom Mitarbeiter zur Führungskraft

Die erste Führungsaufgabe
erfolgreich übernehmen

Von Dr. Gunnar C. Kunz

3., überarbeitete Auflage

dtv

www.dtv.de
www.beck.de

Originalausgabe

dtv Verlagsgesellschaft mbH & Co. KG,
Tumblingerstraße 21, 80337 München
© 2016. Redaktionelle Verantwortung: Verlag C.H. Beck oHG
Druck und Bindung: Druckerei C.H. Beck, Nördlingen
(Adresse der Druckerei: Wilhelmstraße 9, 80801 München)
Satz: ottomedien, Darmstadt
Umschlaggestaltung: Design Concept Krön, Puchheim
unter Verwendung eines Fotos von GettyImages
ISBN 978-3-423-50951-0 (dtv)
ISBN 978-3-406-69190-4 (C. H. Beck)

Vorwort zur 3. Auflage

Führungsverantwortung zu übernehmen ist vor allem eine zwischenmenschliche Herausforderung. Wie auch immer Ihr bisheriger beruflicher Weg sich gestaltet hat: Wenn Sie Menschen führen wollen, müssen Sie sich grundlegend umstellen. Wurden Sie bisher aufgrund Ihrer eigenen Leistung, Ihrer fachlichen Fähigkeiten und Ihrem Know-how in Ihrem Spezialgebiet beurteilt, so werden Sie nun nach anderen Maßstäben bewertet.

Als Führungskraft werden Sie nicht für Ihr individuelles Leistungsvermögen gewürdigt, sondern dafür, dass Sie ein Team, eine Arbeitsgruppe oder ein Projekt zum Erfolg führen. Sie tragen Verantwortung dafür, Ihre persönlichen und sozialen Fähigkeiten so einzusetzen, dass nicht nur Sie selbst, sondern vor allem auch andere davon profitieren. Erfolgreiche Führungskräfte mögen ganz unterschiedliche Führungsstile praktizieren und sich durch völlig unterschiedliche Persönlichkeitsstrukturen auszeichnen. Aber eines haben sie gemeinsam: Es gelingt ihnen, Mitarbeiter konsequent auf das Erreichen der meist hoch gesteckten Ziele im Unternehmen zu lenken.

Führungserfolg ist deshalb nicht das Ergebnis von gesammeltem Fachwissen, sondern hat sehr viel mit Fingerspitzengefühl im Umgang mit Menschen unterschiedlicher Fachlichkeit, Mentalität und Eigenart zu tun. Beweisen Sie als Führungskraft Ihr Geschick, mit Mitarbeitern, die in vielerlei Hinsicht ganz anders als Sie selbst sein können, souverän und einfühlsam umzugehen. Zwar gibt es Führungskräfte, die sich vor allem solche Mitarbeiter für ihr Team aussuchen, die ihnen selbst sehr ähnlich sind – was in der Regel ein Fehler ist. Aber in den meisten Fällen werden Sie es als Führungskraft mit Menschen zu tun haben, die sich im günstigen Fall durch die Verschiedenheit in ihrer Persönlichkeit und durch die Vielfalt ihrer fachlichen Kenntnisse wirkungsvoll ergänzen.

Beachten Sie: Als Führungskraft sind Sie immer nur so gut wie Ihr Team! Jedoch erst durch kompetente Führung wird ein Team in einem Unternehmen zu Höchstleistungen angeregt. Wenn ich mich in diesem Buch mit der Vorbereitung auf die Übernahme einer Führungsaufgabe auseinandersetze, so steht für Sie die Frage im Mittelpunkt: Wie kann Ihre Fähigkeit, Menschen effektiv zu führen, weiterentwickelt und systematisch verbessert werden? Ich versuche dazu, Ihnen Anregungen und Hinweise zu geben, wie Sie den Sprung aus der Fachlaufbahn in die Führungskarriere meistern, ohne Schiffbruch zu erleiden.

In manchen Unternehmen wird immer noch derjenige zur Führungskraft befördert, der sich bisher vor allem durch seine fachlichen Leistungen ausgezeichnet hat. Man nimmt dabei an, dass ein Experte auch für den Führungsjob gut geeignet ist. Das geht jedoch leicht schief: Wenn eine solche Fachfrau oder ein solcher Fachmann nicht nach kurzer Zeit schon scheitert, wird der Betreffende es nur selten zur geschätzten Führungspersönlichkeit bringen. Meist entstehen Führungskräfte vom Typ „oberste Sachbearbeiter": Sie füllen zwar formell die Leitungsaufgabe aus, verharren jedoch mehr oder weniger auf dem Niveau der Mittelmäßigkeit.

Statt Mitarbeiter für neue Aufgaben zu begeistern und in schwierigen Situationen Orientierung zu vermitteln – oder zu unterstützen, zu fördern und mit Rat und Tat zur Seite stehen – konzentrieren sie sich darauf, ihre Position zu verteidigen. Sie klammern sich zum Beispiel an Statussymbole oder Machtrituale. Solche „Führungskräfte" gibt es leider (noch) zuhauf. Bürokratische und rigide Strukturen in manchen Organisationen verhelfen ihnen aber dazu, in ihrem Schlupfwinkel zu überleben. Und das, obwohl sie viel besser und effektiver in einer Fachaufgabe eingesetzt worden wären.

Wenn ich mit Ihnen in diesem Buch als „virtueller Gesprächspartner" über eine gute Vorbereitung auf die Übernahme einer anspruchsvollen Führungsaufgabe nachdenke, so will ich eines verhindern: Dass Sie am Ende in eine Position geraten, die Ihnen entweder gar nicht liegt oder in der Sie versuchen, sich mit den Verhältnissen so zu arrangieren, dass Sie unter Ihren eigenen Möglichkeiten bleiben.

Ich möchte Sie zu einer ehrlichen inneren Selbstprüfung veranlassen: Bringen Sie das Rüstzeug mit, um reif dafür zu sein, Personalverantwortung zu übernehmen? Sind Sie dafür gewappnet, was von

Ihnen alles verlangt wird, wenn Sie andere Menschen führen wollen oder müssen? Haben Sie einen „Marschplan" bereit und ein gedankliches Szenario vor sich, damit Sie die nächsten Schritte hin zur professionellen Ausübung einer Leitungsfunktion sicher gehen können?

Vielleicht sind Sie auch in der Situation, dass Sie sich erst orientieren möchten und noch nicht so genau wissen, wie es mit Ihnen beruflich in Zukunft weitergeht. Haben Sie bitte Verständnis dafür, dass ich Sie mir als Leser vorstelle, der sich in den nächsten Wochen oder Monaten auf die Übernahme einer Leitungsfunktion vorbereiten will – oder der sich gerade in einer neuen Führungsaufgabe zurechtfinden will. Wie diese Leitungsrolle sich gestaltet, mag sehr unterschiedlich sein: Sie haben eventuell nur ein kleines Team von einigen Mitarbeitern zu führen oder übernehmen sogar einen kompletten Bereich, bei dem mehr als ein Dutzend Mitarbeiter an Sie berichten.

Denkbar ist der Fall, dass Sie zwar ein Team, eine Arbeitsgruppe oder eine Projektgruppe leiten, aber keine Personalverantwortung im strengen Sinne besitzen.

Ich setze darauf, dass Sie alles tun, was in Ihrer Kraft steht, um durch einen souveränen und moralisch verantwortungsvollen Führungsstil zu überzeugen. Als künftige Führungskraft tragen Sie Verantwortung dafür, Ihre Mitarbeiter so zu unterstützen, dass die Betreffenden ihre beruflichen Aufgabenstellungen mit Engagement und einem bewussten Sinnverständnis eigenständig verfolgen können. Ich setze voraus, dass Sie darauf hinarbeiten wollen, anderen Menschen Richtung aufzuzeigen und Ihren Mitarbeitern ernsthaft zur Seite zu stehen.

Glaubhafte Führung hat nichts damit zu tun, andere Menschen suggestiv zu beeinflussen oder gegen den eigenen Willen dorthin zu lenken, wo sie selbst gar nicht hinwollen. Gemeint ist nicht Führung durch autoritäre Fremdsteuerung, Indoktrination und Überreden. Anzustreben ist vielmehr Führung durch Überzeugen, durch das Stiften von Sinnbezügen und durch Ausrichtung des Handelns auf plausible Ziele und Ergebnisse in der unternehmerischen Wertschöpfung.

Ich möchte Ihnen nicht nur aufzeigen, wie Sie sich auf die Übernahme einer Führungsaufgabe innerlich einstellen, sondern Sie auch dabei unterstützen, auf dem steinigen Weg zu einer reifen Führungspersönlichkeit mit Erfolg und gutem Gewissen ein Stück nach vorne zu gehen.

Ginsheim-Gustavsburg, im Herbst 2015 *Gunnar Kunz*

Inhaltsübersicht

Vorwort zur 3. Auflage V
Inhaltsverzeichnis.. XI

1. Kapitel
Ihre Rolle als zukünftige Führungskraft: Was auf Sie zukommt 1

2. Kapitel
Auf dem Weg zur Führungskraft –
Wie können Sie sich auf eine Führungsaufgabe vorbereiten? 29

3. Kapitel
Die ersten Tage in der neuen Führungsverantwortung –
Worauf müssen Sie besonders achten? 89

4. Kapitel
Herausforderung Führungspraxis – Welche Instrumente können Sie
nutzen, um Ihr Team erfolgreich zu leiten?............................ 129

5. Kapitel
Sich selbst in der neuen Führungsrolle überprüfen – Wie Sie durch
Praxislernen kontinuierlich besser werden und sich zur Führungs-
persönlichkeit entwickeln 181

6. Kapitel
Was kann in der neuen Führungsrolle auf Sie zukommen?
Wo liegen verborgene Fallstricke?..................................... 209

7. Kapitel
Behaupten Sie sich dauerhaft in der Führungsrolle und bewahren
Sie zugleich Ihre innere Balance....................................... 235

Literaturverzeichnis 261
Sachverzeichnis 265

Inhaltsverzeichnis

Vorwort zur 3. Auflage V
Inhaltsübersicht XI

1. Kapitel
Ihre Rolle als zukünftige Führungskraft: Was auf Sie zukommt 1

1.1 Eine Führungsaufgabe verantwortlich ausfüllen: Was heißt dies? 5

1.2 Was wird von Ihnen als Führungskraft in einem Unternehmen erwartet? 8

1.3 Welche Arten von Führung gibt es? 10

1.4 Führen mit Personalverantwortung: Was ist das Besondere? 14

1.5 Ein Team souverän führen: Welche Anforderungen werden an Sie gestellt? 19

1.6 Welchem Werteverständnis fühlen Sie sich als künftige Führungskraft verpflichtet? 23

2. Kapitel
Auf dem Weg zur Führungskraft – Wie können Sie sich auf eine Führungsaufgabe vorbereiten? 29

2.1 Führen lernen – was und wer können dabei helfen? 33

2.2 Chancen zum „Führen lernen" nutzen 35
    2.2.1 Beispiel-Situation „kreative Lösungsfindung" 35
    2.2.2 Beispiel-Situation „komplexe Projektarbeit" 36
    2.2.3 Beispiel-Situation „Mentor oder Pate" 37

2.3 Aufbau des persönlichen Förder- und Entwicklungsplans 37

2.4 Gleichen Sie Anforderungen und eigene Fähigkeiten ab 39
   2.4.1 Anforderungsprofile 39
   2.4.2 Ihr aktueller Standort 42
   2.4.3 Mögliche Aktionsfelder 43

2.5 Schwerpunkte Ihres Aktionsprogramms zur Vorbereitung auf die Führungsaufgabe 45
   2.5.1 Klärung der eigenen Entwicklungs- und Optimierungsbereiche 47
   2.5.2 Handlungsfeld „strategische Kompetenz" 51
   2.5.3 Handlungsfeld „sozial-kommunikative Kompetenz" 54
   2.5.4 Handlungsfeld „Verhaltenskompetenz Führung" .. 58
   2.5.5 Handlungsfeld „fachliche Führungskompetenz und Führungswissen" 64
   2.5.6 Handlungsfeld „methodisches Führungs-Know-how" 67
   2.5.7 Klärungsbereich „Werteverständnis, Vorbildrolle und ethische Maßstäbe" 71
   2.5.8 Klärungsbereich „Führungsmotivation" 77

2.6 Effektives Umsetzen des persönlichen Aktionsprogramms 81

2.7 Verlaufscontrolling – Den Erfolg Ihres Vorbereitungsprogramms steuern und kontrollieren 84

3. Kapitel
Die ersten Tage in der neuen Führungsverantwortung – Worauf müssen Sie besonders achten? 89

3.1 Ab sofort sind Sie Führungskraft 90

3.2 Ihre ersten Tage in der neuen Führungsrolle 94

3.3 Ab sofort tragen Sie volle Verantwortung für die Zielerreichung 100

3.4 Erwartungen und Zielvorstellungen Ihres Vorgesetzten 104

3.5 Führen Sie Gespräche sowohl mit Ihren Mitarbeitern einzeln als auch gemeinsam im Team 109

3.6 Gehen Sie in sich, um herauszufinden, was Ihnen wichtig ist: Was ist Ihr eigener Anspruch? 114

3.7 Vermeiden Sie von Anfang an „klassische" Führungsfehler 118

3.8 Eine besondere Konstellation: Aus dem eigenen Team heraus zum Vorgesetzten werden 124

4. Kapitel
Herausforderung Führungspraxis – Welche Instrumente können Sie nutzen, um Ihr Team erfolgreich zu leiten? 129

4.1 Orientierung vermitteln – strategische Ziele in die Sprache Ihres Teams übersetzen 134

4.2 Strukturierte Mitarbeitergespräche zur Standortbestimmung und Perspektivklärung 137

4.3 Anlassbezogene Mitarbeitergespräche 141

4.4 Effektive Teamgespräche und Teammeetings 145

4.5 Delegieren und Verantwortung an Mitarbeiter übertragen 151

4.6 Treffen von Entscheidungen und Weichenstellungen einleiten 156

4.7 Zielvereinbarungen und unterjährige Meilensteingespräche 160

4.8 Feedback zu erbrachten Leistungen geben, Mitarbeiter beurteilen und Zielerreichungen bewerten 166

4.9 Mitarbeiter coachen und fördern 170

4.10 Fördern von Innovationen und ständigen Verbesserungen 173

5. Kapitel
Sich selbst in der neuen Führungsrolle überprüfen – Wie Sie durch Praxislernen kontinuierlich besser werden und sich zur Führungspersönlichkeit entwickeln ... 181

5.1 Ziehen Sie regelmäßig eine Erfolgsbilanz ... 184

5.2 Sichtbare Ergebnisse! Was erreichen Sie – und was nicht? ... 187

5.3 Feedback von Vorgesetzten, Kunden, Mitarbeitern und Kollegen auswerten ... 190

5.4 Wie können Sie weiter an sich selbst arbeiten? ... 195

5.5 Welche Ressourcen können Sie nutzen, wenn Sie selbst Rat und Unterstützung brauchen? ... 199

5.6 Flexibel, aber konsequent bleiben ... 203

6. Kapitel
Was kann in der neuen Führungsrolle auf Sie zukommen? Wo liegen verborgene Fallstricke? ... 209

6.1 Neue Mitarbeiter integrieren ... 212

6.2 Die Teamentwicklung fördern ... 215

6.3 Konflikte im Team bearbeiten ... 216

6.4 Umstrukturierungen vorbereiten und begleiten ... 219

6.5 Schwierige und sensible Mitarbeitergespräche führen ... 222

6.6 Potenzialträger identifizieren und fördern ... 223

6.7 Unvorhergesehene Situationen in der neuen Rolle als junge Führungskraft meistern ... 226

7. Kapitel
Behaupten Sie sich dauerhaft in der Führungsrolle und bewahren Sie zugleich Ihre innere Balance ... 235

7.1 Klären Sie, woran Sie als Führungskraft gemessen werden ... 237

7.2 Überprüfen Sie fortlaufend Ihre eigenen Ziele und handeln Sie danach ... 239

7.3 Kümmern Sie sich um die Entwicklung Ihrer Mitarbeiter . 241

7.4 Denken Sie über wichtige Entscheidungen gründlich nach ... 243

7.5 Fangen Sie nicht an, alles selbst machen zu wollen, wenn es nicht rund läuft! ... 246

7.6 Vermeiden Sie Fehler in der Kommunikation ... 249

7.7 Gehen Sie Konflikten nicht aus dem Weg ... 250

7.8 Verstehen Sie Ihren Führungsauftrag vor allem aus der Sicht Ihrer Kunden und Ihrer Mitarbeiter ... 254

7.9 Respektieren Sie Ihre eigenen Grenzen ... 257

Literaturverzeichnis ... 261
Sachverzeichnis ... 265

1. Kapitel

Ihre Rolle als zukünftige Führungskraft: Was auf Sie zukommt

Sie stehen vor einer wichtigen beruflichen Weichenstellung und planen, den Weg vom Mitarbeiter zur Führungskraft einzuschlagen? Wie auch immer Sie diese Frage im „Hier-und-Jetzt" für sich beantworten: Ich werde den Weg hin zu einer Führungskarriere näher beleuchten. Es mag sein, dass Sie sich derzeit noch unschlüssig sind, wie Ihr weiterer beruflicher Entwicklungsweg aussieht. Oder Sie überlegen noch, ob Sie künftig nicht weiterhin eher als Spezialist arbeiten sollten. Vielleicht bietet sich Ihnen zurzeit auch noch keine konkrete Möglichkeit an, von einer Fach- in eine Führungslaufbahn zu wechseln.

Wie auch immer Ihre aktuelle berufliche Ist-Situation sich darstellt: Lassen Sie sich auf das Gedankenspiel ein, dass Sie in absehbarer Zukunft in eine Leitungsfunktion mit Personalverantwortung wechseln. Sofern dieser Schritt für Sie bald ansteht, können Sie dieses Buch zur systematischen Vorbereitung auf Ihre neue berufliche Rolle nutzen. Dies gilt auch für den Fall, dass Sie gerade dabei sind, Führungsverantwortung zu übernehmen. Sofern Ihre berufliche Entwicklung aber noch keine klare Richtung hat – und Sie eher sondieren, wie es für Sie weitergehen könnte –, mag dieses Buch für Sie als Hilfe dienen. Schließlich geht es darum, dass Sie falsche oder unglückliche Entscheidungen in Ihrer Karriere vermeiden. Zumal sich manche berufliche Weichenstellung nicht ohne weiteres umkehren lässt.

1. KAPITEL — Ihre Rolle als zukünftige Führungskraft

Eine grundlegende berufliche Neuorientierung, wie sie mit dem Wechsel von einer Fach- in eine Führungsaufgabe verbunden ist, verdient eine sehr sorgfältige Prüfung. Von Nutzen für Sie ist es, wenn Sie mit einem guten inneren Gefühl und aufgrund einer wohl durchdachten Abwägung der Konsequenzen die nächsten Schritte für sich einleiten. Am besten wäre es natürlich, Sie könnten die Übernahme einer Leitungsaufgabe einmal ausprobieren, damit Sie die gesammelten Erfahrungen für sich hautnah auswerten. Die Realität in Unternehmen lässt solche „Experimentierphasen" allerdings kaum zu: Durch den Druck des Tagesgeschäftes, die hohen Erwartungen der Kunden und die Notwendigkeit zu kontinuierlicher Wertschöpfung in einem hart umkämpften Wettbewerbsumfeld sind die Firmen meist gezwungen, weitreichende Personalentscheidungen verbindlich umzusetzen. In der Erwartung, dass sich die Kandidaten bewähren!

Es lässt sich nur selten ermöglichen, dass ein Mitarbeiter zum Beispiel eine Führungsaufgabe in einem Team versuchsweise übernimmt, um sie später gegebenenfalls wieder abzugeben. Gelingt es dem Betreffenden nicht, sich erfolgreich in der Praxis des neuen Leitungsjobs zu behaupten, ist die Wahrscheinlich groß, dass er oder sie einen „Karriereknick" erleidet – mit der Folge, dass die berufliche Karriere ins Stocken gerät. Dies kann sogar zu einem mehr oder weniger erzwungenen Firmenwechsel mit ungünstigen Bedingungen beim Neustart führen.

Sofern Sie für sich in naher Zukunft eine Führungsaufgabe übernehmen möchten – und davon werde ich im Folgenden ausgehen – sind Sie gut beraten, die damit verbundene berufliche Neuausrichtung gut zu durchdenken. Es ist für Sie von Vorteil, bereits im Vorhinein eine verbindliche, klare und innerlich gefestigte Entscheidung zu treffen. Sich in eine völlig neue berufliche Rolle hineinzuentwickeln ist ein langwieriger Prozess, der gerade beim Wechsel von einer Fach- in eine Führungsaufgabe nicht ohne weiteres auf Anhieb gelingt. Sie benötigen einerseits eine vertiefte persönliche und fachliche Vorbereitung auf diese richtungsweisende Weichenstellung. Stellen Sie sich andererseits darauf ein, dass vieles von dem, was in der Vergangenheit zu Ihrem beruflichen Erfolg beigetragen hat, unter den neuen Randbedingungen nicht mehr gültig ist: Sie werden als Führungskraft nach grundsätzlich anderen Kriterien bewertet als in einer Fachaufgabe. Beispielsweise gewinnt Ihr Gespür für das Zwischenmenschliche und die Gruppendynamik im Team erheblich an Bedeutung.

Somit hängt Ihr weiteres Fortkommen auch von neuen Erfolgsmaßstäben ab, über die Sie sich im Vorfeld bewusst einen Überblick verschaffen sollten. Unüberlegte Schnellschüsse gilt es zu vermeiden! Beachten Sie, dass gerade die Übernahme einer Führungsaufgabe nicht nur für Sie, sondern auch für Ihre Vorgesetzten und Ihre Mitarbeiter Auswirkungen hat: Es entstehen wechselseitige Abhängigkeiten, die noch viel stärker ausgeprägt sind als bei einer Spezialistenfunktion.

> **BEISPIEL: Wenn Sie als Führungskraft keine glückliche Hand haben**, kann dies dazu führen, dass Ihre Mitarbeiter schnell unzufrieden werden und im Extremfall kündigen. Ihr Chef wiederum wird genauso wie Sie daran gemessen, wie gut Sie mit Ihrem Team mehr oder weniger explizit definierte Ziele erreichen. Sofern es Ihnen als Leiter Ihres Teams aber nicht gelingt, gemeinsam mit Ihren Mitarbeitern Ihre Ziele zu erreichen, wird dies auch für Ihren Chef und seine eigene Leistungsbeurteilung negative Folgen haben.

Solche wechselseitigen Vernetzungen führen dazu, dass Sie als Leitungskraft rasch in die Kritik geraten, wenn Sie Ihre Personalführungsaufgabe nur unzureichend erfüllen – etwa weil Sie in diesem Bereich Schwächen haben oder schlichtweg ungeeignet sind. Nun möchte ich an dieser Stelle nicht „den Teufel an die Wand malen". Vergegenwärtigen Sie sich gerade auch mögliche negative Konsequenzen einer fehlenden Passung zwischen Ihren Stärken und den künftigen Anforderungen in einer Schlüsselposition als Entscheidungsbefugter mit Personalverantwortung. Wenn Ihnen bei der Lektüre Zweifel kommen, ob Sie etwa als Teamleiter in einer wichtigen Schnittstellenfunktion reüssieren werden, ist es besser, Sie überdenken Ihre berufliche Planung.

Der Sinn dieses Buchs könnte für Sie gerade darin bestehen, dass Sie mehr Sicherheit in Ihrer Entscheidungsfindung und beruflichen Zukunftsplanung erhalten. Wenn Ihr weiterer beruflicher Weg allerdings schon klar vorgezeichnet ist – hin auf die Übernahme der bereits vertraglich vereinbarten Führungsaufgabe in einem bestimmten Unternehmen – sollten Sie den Schwerpunkt darauf legen, sich noch fehlende Kompetenzen und Erfahrungen bald anzueignen. Zumindest kommt es für Sie darauf an, dass Sie erkennen, wann Sie an Grenzen stoßen könnten. In der Startphase in einer neu übernommenen Leitungsaufgabe wird man Ihnen wahrscheinlich noch den einen oder anderen Patzer verzeihen. Besser ist es jedoch, wenn Sie gar nicht in eines der vielen möglichen Fettnäpfchen hineintappen, die leicht dazu führen, dass Ihre Reputation als Teamleiter schnell angekratzt wird.

Seien Sie auf der Hut und gehen Sie nicht mit Überheblichkeit auf einen neuen Leitungsjob zu. Es ist besser, wenn Sie Fallstricke und Klippen vorausschauend umschiffen, als gleich Federn lassen zu müssen. Und gerade als Führungskraft stehen Sie zum einen sofort unter genauer Beobachtung, wie gut Sie beispielsweise Ihre Mitarbeiter motivieren können. Zum anderen müssen Sie meist gleich von Anfang an mit schwierigen Teamsituationen umgehen oder mit dem einen oder anderen Mitarbeiter kritische Gespräche führen. Unerwünschte Störungen des Teamgeistes oder sich andeutende Leistungsdefizite sollten Sie bereits im Keim ersticken.

Als Neuling in der Teamleiter-Rolle können Sie sich einen „Laissez-faire-Führungsstil" nicht leisten! Es bringt wenig, wenn Sie alles laufen lassen. Stattdessen sollten Sie von Anbeginn durch sichtbare Führung darauf hinwirken, dass Orientierung vermittelt wird und produktive Ergebnisse erreicht werden. Wenn Sie sich dagegen eher als neutraler Moderator verstehen oder sogar zurückhaltend im Hintergrund agieren wollen, sind Sie wahrscheinlich in der Führungsrolle fehl am Platz.

1.1 Eine Führungsaufgabe verantwortlich ausfüllen: Was heißt dies?

Wenn Sie sich künftig als Führungskraft verstehen wollen, sollten Sie sich über Ihren Auftrag bewusst werden: Sie stehen nicht mehr nur für Ihre eigene Leistung gerade, sondern werden vor allem danach beurteilt, wie effektiv Sie Ihr Team führen. Dies erfordert es, dass Sie bestimmte Ergebnisse *gemeinsam* mit Ihren Mitarbeitern erreichen. Zugleich müssen Sie Ihre Spezialistenrolle verlassen und durch Gespräche und Vereinbarungen mit Ihren Teammitgliedern darauf hinwirken, dass ehrgeizige Ziele erreicht und anspruchsvolle Aufgaben erledigt werden. Sie werden vor allem daran gemessen, wie gut Sie diejenigen Aufträge, die Sie von Ihren eigenen Vorgesetzten übertragen erhalten, mit Ihrem Team erfolgreich bewältigen.

Ihre Verantwortung liegt folglich vor allem darin, erwünschte Resultate durch konsequente Einbeziehung Ihrer Mitarbeiter herbeizuführen! Meist ist es für Ihr Unternehmen von untergeordneter Bedeutung, wie Sie Ihre Ziele im Einzelnen mit Ihrem Team erreichen. Dies bedeutet jedoch nicht, dass Sie einen autoritären Führungsstil praktizieren können oder sich gar nicht weiter um Ihre Teammitglieder kümmern müssen. Im Gegenteil: Motivieren Sie Ihre Mitarbeiter für die gemeinsamen Ziele und wirken Sie darauf hin, dass Ihr Team mit Spaß und Engagement bei der Sache ist. Dazu gehört, dass gewisse Härten oder manchmal lästige Verpflichtungen im Team ertragen werden. Denken Sie beispielsweise an die Hektik im Tagesgeschäft, den Umgang mit begrenzten Ressourcen, das Bearbeiten von Reklamationen oder das Führen schwieriger Kundengespräche. Wenn jedoch die Mitarbeiterzufriedenheit deutlich absinkt, werden Sie kaum die Ergebnisse erzielen, die Sie erreichen wollen.

Insofern besteht Ihre Verantwortung nicht daran, mit allen Mitteln bestimmte Entscheidungen ohne Duldung von Widerspruch oder eingehende Diskussion im Team durchzusetzen. Sie werden auch kaum erfolgreich sein, wenn Sie durch einseitige Vorgaben zur Umsetzung von Anweisungen auffordern oder ständig alles kontrollieren wollen. Die Herausforderung besteht vielmehr daran, durch viel Fingerspitzengefühl, Dialogbereitschaft und Einfühlung in die individuellen Belange und Wünsche Ihrer Mitarbeiter passende Ziele zu vereinbaren. Übertragen Sie dazu gemäß den vorhandenen Stärken und dem erkennbaren Potenzial zweckmäßige Aufgaben für jeden Einzelnen.

Dies setzt wiederum voraus, dass Sie talentiert sind, um sich in die Rolle Ihrer Mitarbeiter hineinzuversetzen und bestimmte Anforderungen und Aufgabenstellungen aus dem jeweils persönlichen Blickwinkel näher zu betrachten. Zugleich benötigen Sie Geschick, um zu erkennen, für wen welche Aufgaben und Ziele am besten geeignet sind. Dazu gehört auch die Fähigkeit, von einzelnen fachlichen Problemstellungen „loszulassen". Das heißt, Sie können nicht alles selbst erledigen. Im Gegenteil: Versuchen Sie zu erkennen, welche Aufgaben statt von Ihnen von einzelnen Teammitgliedern bearbeitet werden können. Professionelle Delegation erfordert von Ihnen, dass Sie sich nicht selbst hinsetzen und womöglich beweisen wollen, dass Sie der Beste sind.

Sie benötigen stattdessen eher einen Gesamtüberblick, um zu erkennen, in welcher Funktion jeder Einzelne sein Leistungsvermögen wirksam einbringen kann. Dementsprechend sollten Sie die anstehenden Aufgaben mitarbeitergerecht gemäß nötigem Reifegrad, Fähigkeitsniveau und Erfahrungsstand analysieren. Achten Sie darauf, dass Sie ausreichende Kompetenzen bzw. Entscheidungsbefugnisse festlegen und den einzelnen Mitarbeitern den Spielraum einräumen, eigenständig zu arbeiten. Wenn Sie ständig „dazwischenfunken" und über alles Bescheid wissen wollen, werden Sie bald Ihre Autorität als Führungskraft verspielen.

Führungsverantwortung auszuüben heißt, Raum für Selbststeuerung und Eigeninitiative zu gewähren. Vereinbaren Sie Ziele im Vorfeld partnerschaftlich und vertrauen Sie darauf, dass Ihre Mitarbeiter passende Wege zur Zielerreichung weitgehend selbst finden. Dies bedeutet, dass kalkulierbare Risiken eingegangen und auch Fehler gemacht werden dürfen! Wenn Sie jeden Fehler stattdessen im Keim ersticken wollen – etwa dadurch, dass Sie zu frühzeitig eingreifen oder die Dinge dann gleich selbst in die Hand nehmen, verhindern

1.1 Eine Führungsaufgabe verantwortlich ausfüllen: Was heißt dies?

Sie, dass Ihre Mitarbeiter aus gesammelten Erfahrungen lernen. Ihre Verantwortung besteht folglich daran, dass Sie einerseits den Verlauf der Aufgabenerledigung bei Bedarf punktuell überprüfen. Andererseits empfiehlt es sich, durch Ihr Feedback vor allem lernförderliche Anregungen zu vermitteln, die Ihre Mitarbeiter positiv bewerten und als nützliche Unterstützung zur persönlichen Weiterentwicklung interpretieren.

Es wird auch vom modernen „Coaching-Führungsstil" gesprochen: Streben Sie an, Ihre Mitarbeiter bei der Aufgabenbearbeitung „im Hintergrund" – wie ein Fußball-Trainer – zu begleiten. Greifen Sie nur dann ein, wenn es nötig ist! Der Schwerpunkt Ihrer Rolle liegt gerade nicht im Führen durch Anweisungen, sondern im Führen durch Zielvereinbarungen und im bedarfsorientierten Beraten und Unterstützen. Vielleicht fühlen sich manche erfahrene Mitarbeiter sogar gestört, wenn Sie Hinweise und Ratschläge geben. Jüngere, weniger erfahrene Mitarbeiter dagegen profitieren eher davon, wenn Sie frühzeitig Rückmeldungen geben oder einfühlsam Vorschläge machen, wie etwas noch besser gemacht werden kann. Allerdings gibt es dazu keine Patentrezepte. Im gewissen Sinne ist Führung auch eine Kunst, wobei Kunst von Können kommt: Sie benötigen viel Gespür, welches Führungsverhalten wann, in welchem Umfeld und für wen geeignet ist. Insofern wird eine gute Führungskraft ihre Führungsinstrumente je nach Mitarbeiter, Situation und Anforderung in der Firma flexibel variieren.

Es gibt viele unterschiedliche Führungsstile, die erfolgreich sein können. Die Bandbreiten sind immens. Aber unabhängig davon gilt: Ihre Verantwortung besteht daran, dass Sie zwei Dinge einvernehmlich im Blick behalten, nämlich die Ziele Ihrer Organisation und die Belange Ihrer Mitarbeiter. So wie eine Stimmgabel nur zum Klingen kommt, wenn beide Gabelstäbe schwingen: Verknüpfen Sie sowohl die Anforderungen der Wertschöpfung und Prozesseffizienz zum einen und die Wünsche und Erwartungen Ihrer Mitarbeiter zum anderen.

Wenn Sie als Führungskraft verantwortlich handeln wollen, dürfen Sie nicht einseitig bestimmte Interessen oder Wünsche überbetonen. Stattdessen ist im Spannungsfeld zwischen Unternehmenserwartungen und Mitarbeiterbedürfnissen Ihre ausgleichende, integrierende Führungsrolle von besonderer Bedeutung. Wenn Sie sich dabei auf die Position des reinen Fachmanns (oder der Fachfrau) und des „besten Sachbearbeiters" zurückziehen, werden Sie scheitern! Natürlich haben Sie auch als Führungskraft immer in einem gewissen Maße selbst fachliche Aufgabenstellungen zu erledigen – aber Ihre primäre Verantwortung ist die Mitarbeiterführung durch Dialog, zielorientierte Kommunikation, Beratung und Feedback.

1.2 Was wird von Ihnen als Führungskraft in einem Unternehmen erwartet?

Vereinfach ausgedrückt wird von Ihnen als künftigem Teamleiter erwartet, dass Sie erfolgreich sind! Erfolge entstehen aber nicht durch Zufall, sondern sind das Ergebnis von Erfahrung, Können, ausdauerndem Bemühen und intelligentem Einsatz Ihrer Fähigkeiten zum richtigen Zeitpunkt am richtigen Ort. Als Führungskraft sind Sie nur erfolgreich, wenn es Ihnen auch gelingt, hinter Ihrem Team zu stehen und Ihre Mitarbeiter auf ein gemeinsames Ziel hin zu lenken. Zugleich benötigen Sie in dem jeweiligen firmenspezifischen Umfeld, wo besondere Hierarchien, Abteilungsstrukturen und Abhängigkeiten zu beachten sind, eine „glückliche Hand", wenn Sie Menschen führen.

Richten Sie Ihre Kommunikation dabei nicht nur vertikal aus, sondern vor allem auch horizontal: Damit ist gemeint, dass Sie im eigenen Team zwischen unterschiedlichen Sichtweisen einzelner Mitarbeiter vermitteln, die Entscheidungsfindung günstig beeinflussen und zugleich darauf hinwirken, dass in kritischen Fragen ein Konsens erzielt wird. Es bringt wenig, wenn viel diskutiert wird, ohne dass es zu verbindlichen Entscheidungen kommt. Wichtig für Sie ist, dass Sie die Meinungen der Beteiligten hören, sich selbst ein Bild machen und dann zu einer klaren Entscheidung zur Umsetzung oder zur Problemlösung finden.

1.2 Was wird von Ihnen als Führungskraft in einem Unternehmen erwartet?

Offen sein sollten Sie für die Sichtweisen und Positionen von Fach- und Führungskräften angrenzender Bereiche: Respektieren Sie einerseits die unterschiedlichen Aufträge und Interessen der jeweiligen Abteilungen und Einheiten. Vertreten Sie andererseits eigene Ziele und Erwartungen klar nach außen und geben Sie nicht zu früh „klein bei". Sie benötigen eine gewisse Standfestigkeit, um sich im Macht- und Interessengeflecht, das in jeder Organisation mehr oder weniger deutlich ausgeprägt ist, zu behaupten. Dabei sollten Sie aber nicht zum rücksichtslosen „Machtmenschen" werden, der nur seine eigenen Interessen und Karriereziele im Blick hat. Werden Sie stattdessen zur souveränen Führungspersönlichkeit, die unterschiedliche Standpunkte aus dem Blickwinkel der gesamten Firma beleuchtet und dabei im übergreifenden Interesse konsequent handelt.

Lenken Sie als gute Führungskraft Ihren Blick gerade auf die Begründung von getroffenen Entscheidungen: Es reicht nicht, im Hau-Ruck-Verfahren die Umsetzung zu verlangen. Stattdessen sind Sie gefordert, Ihre Motive für eine bestimmte Entscheidung verständlich zu machen. Die Kunst der Führung besteht unter anderem darin, Teammitglieder, die abweichende Sichtweisen vertreten, dennoch für die konsequente Verfolgung getroffener Entscheidungen zu gewinnen. Dies erreichen Sie nicht durch Anweisungen. Versetzen Sie sich vielmehr in den Standpunkt des Gegenübers und bauen Sie ihm eine Brücke, damit sich der Betreffende mit Beharrlichkeit und vor allem Einsicht engagiert.

Partnerschaftliche Kommunikation in der Führungsrolle bedeutet, durch Dialog im Team zu überzeugen, aber auch selbst offen zu sein für Kritik, Verbesserungsvorschläge oder weiterführende Anregungen. Sie sollten sich als Förderer von neuen Ideen verstehen und nicht als „Bremser", der alle abweichenden Meinungen abblockt. Gewähren Sie Ihren Mitarbeitern deshalb viel Raum, neue Vorschläge einzubringen und überprüfen Sie diese ernsthaft. Versuchen Sie, bei sensiblen Entscheidungen Bedenkzeiten zu gewähren und Schnellschüsse zu vermeiden. Manchmal ändern sich die Sichtweisen, wenn einige Tage zum Nachdenken genutzt werden können. Werden Sie aber nicht zum Zauderer, wenn nötige Entscheidungen zeitnah zu treffen sind!

Als Führungskraft wird von Ihnen erwartet, dass Sie nötige Schritte gut vorbereiten, Alternativen sorgfältig abwägen und passende Maßnahmen zügig umsetzen – ohne jedoch in Hektik zu verfallen. Zu Ihren getroffenen Entscheidungen sollten Sie stehen und sich nicht immer wieder in Frage stellen – es sei denn, es gibt wichtige Gründe, die es nötig machen, ein gefälltes Urteil zu revidieren. Finden Sie den richtigen „Mix" zwischen Entscheidungsklarheit und Schnelligkeit in der Umsetzung auf der einen Seite und Bedachtheit und sorgfältiger Reflexion auf der anderen Seite.

Wenn Sie eine Leitungsaufgabe neu übernehmen, werden die Erwartungen im Hinblick auf Ihr Führungs- und Kommunikationsverhalten wahrscheinlich noch nicht ganz so hoch gesteckt sein. Geben Sie sich aber keinen Illusionen hin: Schon nach wenigen Wochen werden Sie nicht mehr als „Anfänger" gesehen. Deshalb: Je früher Sie souverän auftreten, umso besser ist es für Sie. Nutzen Sie bei Bedarf die Gelegenheit zu informellen Gesprächen mit Vorgesetzten oder führungserfahrenen Kollegen Ihres Vertrauens, um sich zu beraten, wie Sie mit schwierigen Führungssituationen umgehen können.

1.3 Welche Arten von Führung gibt es?

Bisher habe ich unterstellt, dass Führung vor allem bedeutet, eine feste Gruppe von kooperierenden Mitarbeitern, für die Sie Personalverantwortung tragen, bei der Erreichung von anspruchsvollen Zielen erfolgreich zu machen. In vielen Firmen ist diese Führungsaufgabe an disziplinarische Vollmachten geknüpft. Damit ist gemeint, dass Sie Weisungsbefugnisse haben, Mitarbeiter gezielt einzusetzen und im Hinblick auf ihre Leistungen zu beurteilen. Und dass Sie auch bei Einstellungen und Versetzungen ein Wörtchen mitzureden haben. Verbunden damit ist für Sie eine bestimmte Einordnung in einer „Berichtshierarchie", d. h. Sie haben einen Vorgesetzten, dem Sie wiederum Rechenschaft schulden. Solche formalen Betrachtungen der Führungsaufgabe, die meist sogar arbeitsvertraglich geregelt sind, stoßen aber gelegentlich an Grenzen:

1.3 Welche Arten von Führung gibt es?

Es gibt durchaus Führungskräfte,

- die keine disziplinarischen Befugnisse haben,
- die sich ständig verändernde Teams leiten,
- die nur zeitlich befristet ein Team führen,
- die eine Projektgruppe leiten, welche lediglich einen bestimmten fachlichen Auftrag für eine klar definierte Zeitspanne zu erledigen hat,
- die ein kollegial geprägtes Fachteam eher informell steuern oder
- die eine auftragsspezifisch zusammengesetzte, interdisziplinäre Gruppe von Spezialisten zu einem angestrebten Ergebnis führen, wobei sie mehr eine moderierende Rolle ausüben.

Zwischen formellen und informellen Leitungsaufgaben existieren viele Übergänge, so dass im Einzelfall zu prüfen ist, welche Art von Führung überhaupt vorliegt.

> **BEISPIEL: Ein typischer Projektmanager hat keine formale, disziplinarische Weisungsbefugnis.** Er muss stattdessen bevorzugt informell führen, zum Beispiel durch mündliche Vereinbarungen, Abstimmungen, Zielklärungen, Meilensteingespräche und jeweils situationsgerechte Formen des Dialogs in der Projektgruppe. Dazu gehören auch die individuelle Aufgabenzuweisung, Feedback oder das Führen von Anerkennungs-, Konflikt- und Kritikgesprächen. Ein Projektmanager kann jedoch oftmals keine Weisung aussprechen, zum Beispiel zum Ausüben von Überstunden oder zum Erscheinen an einem anderen Arbeitsort.

Dies ist der „Linien-Führungskraft", dem disziplinarischen Vorgesetzten, vorbehalten. Zumindest muss ein Projektleiter in solchen Fällen meist Rücksprache mit dem Linien-Vorgesetzten halten. Dies muss aber nicht zwangsläufig so sein! Vielleicht ist dies für Sie etwas verwirrend. Aber in vielen Firmen sind die Organigramme, Berichtswege und Entscheidungskompetenzen jeweils spezifisch geregelt. Manchmal fehlen solche Regelungen auch oder sie sind mehr oder weniger implizit „mitgedacht", so dass für Sie Klärungsbedarf besteht, was Sie tun dürfen, und was Sie besser nicht tun sollten.

Denken Sie bitte darüber nach, welche Art von Führung Ihnen persönlich vorschwebt, wenn Sie an die Übernahme einer bevorstehenden Leitungsaufgabe herangehen: Handelt es sich zum Beispiel eher um eine klassische Vorgesetztenfunktion oder mehr um eine temporäre, stärker informell geprägte Projektleitungsaufgabe? Je nach Qualität der Führungsrolle können sich ganz unterschiedliche Anforderungen an die Art, wie Sie führen, ergeben:

Als Vorgesetzter im „herkömmlichen Sinne" sind die Berichtswege meist eindeutig geklärt; Sie leiten ein festes Team, das über einen längeren Zeitraum besteht und Sie haben im Organigramm eine Leitungsrolle mit Weisungsbefugnis und Personalverantwortung. Als Projektleiter verfügen Sie demgegenüber unter Umständen über keine dieser Kompetenzen. Sie führen stattdessen vor allem durch aktive Kommunikation und hohe Überzeugungskraft – ohne direkte Positionsmacht. Ihre Mitarbeiter in der Projektgruppe brauchen Ihren etwaigen Anweisungen formal unter Umständen nicht Folge zu leisten, sofern Sie als Projektleiter keine Weisungskompetenz besitzen. Die Projekt-Mitarbeiter sind stattdessen meist stärker an die Vorgaben des jeweiligen Linien-Vorgesetzten gebunden.

Dies kann im Einzelfall sogar zu Konfliktkonstellationen führen: Stellen Sie sich vor, Sie möchten als Projektleiter einen Projektmitarbeiter, der temporär im Projekt arbeitet, für eine Sonderaufgabe einsetzen. Neben der Projektarbeit ist dieser Mitarbeiter aber parallel in seinem ursprünglichen Team, zum Beispiel als Fachkraft im Rechnungswesen, für die Debitoren-Buchhaltung verantwortlich. Um Kapazitäts-Engpässe zu vermeiden, will sein Linien-Vorgesetzter diesen Mitarbeiter stärker für anstehende Aufgaben in der Buchhaltung – gemäß seiner eigentlichen Funktions- und Aufgabenbeschreibung – einsetzen. Sofort entsteht ein Konflikt: Wer hat jetzt das „Sagen"? Der Vorgesetzte oder der Projektmanager? Gut organisierte Firmen werden für solche möglichen Konfliktfälle ein Regelungs- und Abstimmungsprozedere bereitstellen, wo festgelegt ist, wer mit wem zu reden hat, um unnötige Auseinandersetzungen oder Fehler in der Arbeitsleistung zu vermeiden.

> **BEISPIELE für eine komplexe Führungskonstellation:** Die Führungskonstellation kann im Einzelfall noch anspruchsvoller werden, wenn beispielsweise

1.3 Welche Arten von Führung gibt es?

- ein Mitarbeiter fachlich an mehrere Vorgesetzte berichtet,
- mehrere Leitungskräfte, etwa als Führungs-Tandem oder in der Kombination als Team- und Fachleiter, gemeinsam die Mitarbeiter führen,
- nächst höhere, vorgelagerte Führungsebenen in die Ziel- und Aufgabendefinition eingreifen,
- Führungskompetenzen und Berichtswege nicht klar definiert sind, und der Mitarbeiter sich dadurch je nach Situation oder Auftrag an unterschiedlichen Vorgesetzten zu orientieren hat.

Vielleicht hoffen Sie an dieser Stelle, dass Sie nicht in eine solche Situation hineingeraten, in der führungstechnisch anscheinend „alles unklar ist", oder in der undurchsichtige disziplinarische oder fachliche Berichtswege bestehen. Der Trend geht aber durchaus dahin, dass Berichtswege nicht für alle Ewigkeiten in Marmor gemeißelt werden, sprich: dass alles haargenau in Organigrammen, Dienstanweisungen oder Arbeitsverträgen geregelt ist. Eine Gefahr besteht darin, dass sich unerwünschte bürokratische Verkrustungen entwickeln. In modernen, zunehmend stärker netzwerkförmig organisierten Firmen gilt es, fortlaufend Wertschöpfung zu optimieren und die Flexibilität gemäß sich wandelnden Kundenanforderungen zu steigern. Dies kann dazu führen, dass Mitarbeiter rasch und eher unvorhergesehen neue Aufgaben übernehmen, in eine neue Projektgruppe wechseln oder sogar Aufträge in einer Prozesskette zu erledigen haben, die gar nicht in ihrer Stellenbeschreibung dokumentiert sind.

Sofern nicht Benachteiligungen oder unzumutbare Belastungen für den Einzelnen entstehen – worauf gegebenenfalls auch die Arbeitnehmervertretung zu achten hat –, kann dies sogar die Attraktivität eines Arbeitsplatzes erhöhen. So werden immer wieder neue Herausforderungen gestellt, erweiterte soziale Kontakte ermöglicht oder zumindest die Gelegenheit zu abwechslungsreichen Tätigkeiten eröffnet. Zugleich wird das praxisbezogene Erfahrungslernen „on-the-job" unterstützt. Für Sie als Führungskraft kann die Leitungsrolle dadurch allerdings erheblich anspruchsvoller werden: Wenn Ihre Führungsverantwortung nicht eindeutig geregelt ist, müssen Sie mehr intuitiv entscheiden, was jeweils angemessen ist. Zugleich sind

Sie gut beraten, sich enger mit eigenen Vorgesetzten abzustimmen oder Kollegen mit Leitungsaufgaben in angrenzenden Bereichen oder Teams einzubinden.

Die Spielarten der Führung variieren in den Unternehmen beträchtlich: Deshalb macht es wenig Sinn, an dieser Stelle alle Varianten aufzulisten. Nutzen Sie stattdessen die Möglichkeit, sich im Vorfeld zu informieren. Klären Sie vor Übernahme einer Führungsaufgabe, was später auf Sie zukommt! Es wäre unglücklich für Sie, zu glauben, dass Sie eine Führungsaufgabe in der Linie ausüben werden und später mehr als Projekt- oder Fachleiter gefordert sind. Im Zweifelsfalle sollten Sie darauf hinwirken, dass Ihre Befugnisse und Kompetenzen zumindest grob schriftlich fixiert werden.

Unabhängig davon, wie Ihre Leitungsrolle formal geregelt ist – eines ist in allen Führungsrollen gleich: Überzeugend führen können Sie nur, wenn die Geführten dies „zulassen" und Sie mit Ihrem Führungsauftrag von innen heraus akzeptieren! Welche Art von Führung und welcher Führungsstil von Ihnen auch praktiziert wird: Beachten Sie, dass Sie nicht „gegen Ihre Mitarbeiter" führen können, sondern nur mit Ihnen gemeinsam. Ein Hochleistungsteam entsteht erst dann, wenn alle an einem Strang ziehen und damit Spitzenleistungen durch gemeinsame Tatkraft und Anstrengung erzielt werden. Dies erfordert wiederum vor allem Führung, damit ein koordiniertes Engagement aller Teammitglieder entsteht. Die Fähigkeiten und Erfahrungen des Einzelnen sollten dabei so gut wie möglich zum Tragen kommen.

1.4 Führen mit Personalverantwortung: Was ist das Besondere?

Wenn Sie Personalverantwortung im engeren Sinne tragen, besagt dies, dass Sie für die Leistungen und das Verhalten von einzelnen Mitarbeitern in Ihrem Team rechenschaftspflichtig sind. Sie tragen zum Beispiel Verantwortung dafür, geeignete Mitarbeiter einzustellen, sie angemessen einzusetzen, ihre Leistungen zu beurteilen und sich um ihre weitere berufliche Entwicklung zu kümmern. Sie ha-

1.4 Führen mit Personalverantwortung: Was ist das Besondere?

ben auch eine Fürsorgepflicht, die von Ihnen verlangt, dass Sie nicht nur (zu Recht!) gute Leistung fordern, sondern sich auch um das Wohlbefinden, die Zufriedenheit und das berufliche Vorankommen Ihrer Mitarbeiter bestmöglich kümmern. Dazu gehört, unnötige Härten und unzumutbare Belastungen zu vermeiden.

Die Interpretationsspielräume sind allerdings groß, und es hängt vieles von Ihren Ermessensentscheidungen ab, was Sie einem Mitarbeiter zumuten können und was nicht. Grundsätzlich sind arbeitsvertragliche Regelungen, Tarifverträge, Dienst- und Betriebsvereinbarungen sowie innerbetriebliche Usancen zu beachten. In Zweifelsfällen sollten Sie sich mit Ihrem Vorgesetzten oder dem Personalbereich abstimmen. Personalverantwortung zu übernehmen bedeutet auch, mit Arbeitnehmervertretern bei Bedarf Gespräche zu führen, um Regelungen im Team umzusetzen oder Klärungen bei personellen Einzelmaßnahmen vorzunehmen. Gemäß den Erfordernissen des Betriebsverfassungsgesetzes oder einer vorliegenden Betriebsvereinbarung können Beratungs-, Mitwirkungs- oder Mitbestimmungsrechte tangiert werden. Darüber hinaus haben Sie vielfältige gesetzliche Bestimmungen zu beachten, etwa zur Arbeitssicherheit, zum Arbeitsschutz, zum Datenschutz, zur Gleichberechtigung, zur Gesundheitsförderung und zur Wahrung der individuellen Persönlichkeitsrechte am Arbeitsplatz. Für bestimmte Mitarbeitergruppen können besondere Schutzrechte bestehen, zum Beispiel für Auszubildende, Behinderte oder ältere Arbeitnehmer.

Es ist nicht leicht, bei der Fülle von Vorschriften, Vereinbarungen und branchenspezifischen Regelungen den Überblick zu bewahren. Lassen Sie sich kompetent beraten und ausführlich schulen, wenn Sie eine Führungsaufgabe übernehmen. Von Ihnen wird nicht erwartet, dass Sie zum Hobbyjuristen werden. Aber machen Sie sich kundig, was zu beachten ist, wenn Sie in Ihrem Unternehmen Personalverantwortung übernehmen. Falls Sie – selbst unwissentlich oder fahrlässig – bestimmte Vorschriften missachten, geraten Sie schnell in die Kritik und müssen sogar mit rechtlichen Konsequenzen rechnen.

1. KAPITEL Ihre Rolle als zukünftige Führungskraft

BEISPIELE für Führungsaufgaben: Personalverantwortung zu tragen bedeutet, dass Sie einen erheblichen Teil Ihrer Arbeitszeit auf damit verbundene Führungsaufgaben verwenden. Führen Sie sich dies anhand von Beispielen vor Augen, damit Sie dafür gewappnet sind, wenn Sie eine Leitungsfunktion ausüben:

- Sie investieren Zeit, um nach einer unvorhergesehenen Kündigung eines Ihrer Mitarbeiter eine Stellenausschreibung zu verfassen und um nach geeigneten Bewerbern Ausschau zu halten. Daraus erwächst die Verpflichtung, sich mit Ihrem internen Personalwesen abzustimmen und Bewerbungs- und Einstellungsgespräche zu führen.
- Sie sind gefordert, regelmäßig mit Ihren Mitarbeitern Ziele zu vereinbaren oder Aufgabenschwerpunkte festzulegen, Leistungsrückmeldungen zu geben und sich um die Motivation Ihrer Mitarbeiter auch unter hohem Druck des Tagesgeschäftes zu kümmern.
- Sie haben die Verantwortung, die Teamentwicklung im Auge zu behalten und durch regelmäßige Teamgespräche die reibungslose Zusammenarbeit zu fördern sowie gelegentlich aufkommende Spannungen frühzeitig zu erkennen und lösungsorientiert zu bearbeiten.
- Sie müssen gezeigte Leistungen zeitnah anerkennen und positive Wertbeiträge angemessen würdigen. Damit fördern Sie den Leistungswillen und die Einsatzbereitschaft Ihrer Mitarbeiter. Sie haben aber auch Kritikgespräche zu führen, wenn die Leistungen nicht den Erwartungen entsprechen und persönliche Verhaltensänderungen nötig sind – etwa weil Reklamationen von Kunden eingehen oder Fehler und Qualitätsmängel beobachtet werden.
- Sie haben sich darum zu kümmern, dass ein plötzlich erkrankter Mitarbeiter adäquat vertreten wird. Wenn er wieder gesundet ist, sollten Sie durch einfühlsame Rückkehrgespräche die Integration fördern und schauen, dass der Betreffende wieder den Anschluss am Arbeitsplatz und im Team findet.
- Sie wollen die Umfeldbedingungen dafür schaffen, dass Arbeitsgruppen gute Lösungen erzielen, Projektgruppen ergebnisorientiert arbeiten und die bereichsübergreifende Kommunikation funktioniert – vor allem die Zusammenarbeit mit Nachbarbereichen und angrenzenden Prozessstufen.

Wenn Sie den nötigen Aufwand für diese und vergleichbare Aufgaben in der Führungsrealität veranschlagen, erkennen Sie wahrscheinlich: Es ist nicht damit getan, neben der Auseinandersetzung

1.4 Führen mit Personalverantwortung: Was ist das Besondere?

mit bestimmten fachlichen Fragestellungen „Führung en passant" zu praktizieren. Reservieren Sie gerade als „Neuling" einen erheblichen Anteil Ihrer Arbeitszeit für Führungsaufgaben, damit Sie Ihre Rolle gewissenhaft ausüben können.

Dabei kommt es aber letztlich nicht auf die von Ihnen aufgewendete Zeit, sondern vor allem auf die Qualität Ihrer Führungsleistung an: Immer wieder kommen unvorhergesehene, schwierige Personalfragen auf Ihren Tisch. Sie benötigen folglich eine hohe Flexibilität, um Prioritäten zu verändern und drängende Führungsaufgaben zeitnah zu bewältigen. Wenn Sie Ihren Terminkalender selbst zu sehr mit Meetings, Fachaufgaben oder Dienstreisen auslasten, kann es Ihnen leicht passieren, dass die eigentliche Mitarbeiterführung zu kurz kommt!

Personalverantwortung muss auch von Ihnen ausgeübt werden. Und dies setzt voraus, dass Sie die Belange der Mitarbeiter nicht hintanstellen, weil scheinbar wichtige andere Dinge zu tun sind. Gegebenenfalls sind Sie gefordert, sich Freiräume bei eigenen Vorgesetzten zu erkämpfen, damit Sie die Führungsanforderungen überhaupt bewältigen können. Sie benötigen ein gutes Selbstmanagement und dürfen Ihren Arbeitstag nicht so planen, wie Sie es vielleicht bisher als Mitarbeiter, der vorrangig Fachaufgaben erledigt, gewohnt sind.

Wirksame Delegation ist das „A und O" der Führung. Nicht Sie selbst sollen die anstehenden Aufgaben bewältigen, sondern diese vielmehr je nach Eignung dem richtigen Mitarbeiter übertragen. Dies erfordert eine erhebliche mentale Umstellung von Ihnen, da Sie es wahrscheinlich bisher nicht gewohnt waren, dementsprechend zu arbeiten. Aber nur so erreichen Sie den nötigen Freiraum, um sich auf Mitarbeitergespräche, Zielvereinbarungen, Feedback, Mitarbeiterförderung und Teamentwicklung zu konzentrieren.

Werden Sie sich dessen bewusst, dass Personalverantwortung auch eine erweiterte persönliche Verantwortung für den Einzelnen beinhaltet: Von Zeit zu Zeit kommt es vor, dass Mitarbeiter nicht ihre optimale Leistung bringen, weil sie durch private Belastungen und Stressfaktoren in ihrem Arbeits- und Lebensumfeld gehandicapt sind. Dabei kann es vorkommen, dass private oder außerberufliche Belastungen massiv auf die Arbeitsmotivation und Arbeitseffizienz Ihrer Mitarbeiter einwirken. Blenden Sie dies nicht aus! Konzentrieren Sie sich bei der Mitarbeiterführung nicht ausschließlich auf berufliche Belange oder Themen am Arbeitsplatz. Nehmen Sie sich Zeit für unterstützende Gespräche mit Mitarbeitern außerhalb des dicht gedrängten Tagesgeschäftes.

> **BEISPIEL: Vielleicht möchte sich ein Mitarbeiter Ihnen gegenüber aussprechen** und Ihnen seine schwierige persönliche Lage im familiären Umfeld verständlich machen. Sie sind dann zunächst als guter Zuhörer gefragt, der die Probleme ernst nimmt und nicht gleich wegbügelt. Wenn Sie innerlich „unter Strom stehen" und gleich Folgetermine haben, können Sie das nicht leisten. Reden Sie entspannt etwa an einem späten Nachmittag an einem ungestörten Ort mit dem Mitarbeiter. Bieten Sie aber nicht gleich Patentrezepte und „Lösungen" an.

Dieses Beispiel soll zeigen: Führung geht wesentlich weiter, als Sie vielleicht denken: Sie müssen sich oftmals um Dinge kümmern, die anscheinend zunächst nichts mit dem Job zu tun haben. Sie dürfen den Bogen auch nicht überspannen, als Seelsorger agieren oder direkt eingreifen. Und womöglich noch Ihre Kompetenzen überschreiten: Sie benötigen die Zustimmung des Mitarbeiters, gemeinsam über sensible Belange außerhalb des beruflichen Umfelds zu reden. Solche Gespräche können dem Mitarbeiter gerade helfen, wieder Selbstvertrauen zu gewinnen und die manchmal unausweichliche innere Anspannung erträglicher zu machen – und die positive Einstellung zu Ihnen und zur Arbeit fördern.

Personalverantwortung hat allerdings Grenzen: Greifen Sie nicht in vertrauliche Bereiche der Privatsphäre ein, wenn dies der Mitarbeiter nicht ausdrücklich von Ihnen wünscht. Zwar können Sie für persönliche Probleme ein erster Gesprächspartner sein und als Vertrauensperson beratend zur Seite stehen. Aber sensible außerberufliche Belange, zum Beispiel Konflikte im privaten Umfeld, sollten primär durch den Mitarbeiter selbst, und nicht durch Sie als Führungskraft geregelt werden. Im Zweifelsfall sprechen Sie bitte den Personalbereich ein. Wirken Sie darauf hin, dass bei tiefer liegenden

Problemen – zum Beispiel Partnerschaftskonflikte, Suchtprobleme, psychische Krisen, finanzielle Engpässe – geeignete „Profis" außerhalb des Unternehmens von Ihrem Mitarbeiter konsultiert werden.

1.5 Ein Team souverän führen: Welche Anforderungen werden an Sie gestellt?

Als Führungskraft übernehmen Sie meist die Leitung eines kompletten Teams und sind somit für eine Gruppe von Mitarbeitern, die ein gemeinsames Ziel verfolgen, verantwortlich. Die Führungsspanne kann dabei beträchtlich variieren: Entweder Sie leiten eher ein kleines Team mit weniger als acht bis zwölf Mitarbeitern. Oder aber Sie sind verantwortlich für einen vollständigen Bereich oder eine Verwaltungseinheit mit mehreren Dutzend Mitarbeitern, die an Sie „berichten". Vielleicht stellen Sie sich die Frage, welche Führungsspanne überhaupt optimal ist. Dies lässt sich aber nicht generell festschreiben. Wenn Sie als Verwaltungs- oder Einkaufsleiter etwa dreißig bis fünfzig Mitarbeiter zu führen haben, kann dies für ein größeres Unternehmen durchaus angemessen sein. Leiten Sie jedoch eine Gruppe von hoch qualifizierten Spezialisten, zum Beispiel im Forschungsbereich, mit denen Sie inhaltlich und fachlich einen engen Dialog pflegen, sind solche breiten Führungsspannen kaum zu bewältigen. Die ideale Teamgröße liegt dann eher bei weniger als zehn Mitarbeitern.

Es gibt jedoch keine Patentrezepte. Stellen Sie sich auf die jeweilige Ist-Situation ein. Die Qualität Ihres Führungsstils hängt keineswegs von der Anzahl der zu führenden Mitarbeiter ab. Dennoch: Sie benötigen viel Zeit für Einzel- und Teamgespräche, wenn Sie Ihre Leitungsaufgabe gewissenhaft ausüben wollen. Je breiter die Führungsspanne wird, desto schwieriger wird es zugleich für Sie, auf jeden Einzelnen einzugehen. Denken Sie daran, dass Sie beispielsweise Ziele vereinbaren müssen, Aufgaben Ihrer Mitarbeiter zu koordinieren haben und auch Feedback zeitnah geben sollten. Neben den vielfältigen Anforderungen im Tagesgeschäft benötigen Sie einen freien Zeitpuffer, um auf spontan aufkommende Problemstellungen reagieren zu können. Und sei es, um Ihren Mitarbeitern zu signalisieren, dass Sie kurzfristig mit ihnen Rücksprache halten, um offene Fragen zu erörtern oder nötige Entscheidungen herbeizuführen.

Ein wichtiger Erfolgsfaktor bei der Teamarbeit ist Ihre Erreichbarkeit, wenn Sie gebraucht werden! Zwar bevorzugen es die meisten erfahrenen Mitarbeiter, weitgehend selbstständig zu arbeiten, so dass Rücksprachen gerade bei klaren Zielvereinbarungen und einer fähigkeitsgerechten Delegation eher selten sind. Haben Sie aber mehr jüngere oder weniger gut eingearbeitete Mitarbeiter im Team, benötigen Sie viel mehr Zeit, um etwa Arbeitsaufträge zu erläutern, Hilfestellungen zu vermitteln oder Unterstützung zu gewähren.

Eine überzeugende Teamleitung setzt voraus, dass Sie nicht nur Einzelgespräche führen, sondern gerade mit allen Mitarbeitern Teamsitzungen durchführen. Wenn die Gruppenstärken zu groß werden – zum Beispiel bei mehr als 15–20 Mitarbeitern, können Sie auch Teilgruppen bilden, um zu informieren und Fragen zur effektiven Kommunikation und Kooperation zu erörtern. Am besten ist es, wenn Sie jeden Mitarbeiter in die Teamsitzungen einbeziehen. Dadurch wird erreicht, dass alle weitgehend auf dem gleichen Informationsstand sind und zugleich aktiv an den Teamsitzungen teilnehmen können. Insofern sollten Sie nicht zwischen den ausgeübten Funktionen der einzelnen Mitarbeiter unterscheiden. Beziehen Sie – wenn möglich und sinnvoll – grundsätzlich alle ein, d. h. sowohl Assistenten/innen, Projektmitarbeiter, Stabsstellen als auch sämtliche Sachbearbeiter und Referenten.

Teambesprechungen dienen nicht nur der Übermittlung von Fachinformationen oder der Klärung einzelner Sachprobleme, sondern auch der Pflege des informellen Beziehungs- und Kontaktnetzes in der Gruppe. Wenn Sie Teambesprechungen beispielsweise nur mit den Senior-Spezialisten durchführen, mag es sein, dass Sie sehr anspruchsvolle Fachgespräche führen und gute Lösungen in kurzen Besprechungszeiträumen erzielen. Stellen Sie sich aber darauf ein, dass andere Mitarbeiter sich ausgegrenzt fühlen und den Eindruck gewinnen, nur „Mitarbeiter zweiter Klasse" zu sein. Dies hemmt wiederum die effiziente Kooperation im Tagesgeschäft, bei der es gerade darauf ankommt, dass alle an einem Strang ziehen und sich als gleichwertige Mitarbeiter dem Team zugehörig fühlen.

1.5 Ein Team souverän führen: Welche Anforderungen werden an Sie gestellt?

Wirksame Teamführung setzt voraus, dass Sie Geschick und Gespür dafür haben, zu erkennen, wer im Team zum einen für welche Aufgaben besonders geeignet ist, und wer zum anderen auch mit Spaß und Engagement bei der Sache dabei sein wird. Halten Sie Teamrunden zum Informationsaustausch, aber auch zur Klärung von gelegentlichen zwischenmenschlichen Reibungen, regelmäßig in vernünftigen Zeitabständen ab – bei einem größeren Team wenigstens alle sechs bis acht Wochen. Dabei sollten Sie nicht nur eine „angemeldete Tagesordnung" mit reinen Fachthemen abarbeiten, sondern auch Raum für spontan aufkommende Fragen und Klärungsbedarfe einräumen. Nutzen Sie die Gelegenheit, um Fragen zum Status der Qualität der Teamarbeit mit aufzunehmen – etwa in Form einer moderierten Gesprächsrunde, in der einzelne Themen mit Flipchart oder Pinnwand strukturiert abgearbeitet und abschließend mit gesammelten Erkenntnissen, Vereinbarungen und Maßnahmen dokumentiert werden.

> **BEISPIELE für sinnvolle Klärungen:** Fragen zur Standortbestimmung, die von Ihnen von Zeit zu Zeit eingebracht werden können, lauten:
> - Was läuft gut, was läuft weniger gut bei uns im Team?
> - Was erwarten unsere internen oder externen Kunden? Welchen Teamauftrag haben wir?
> - Woran erkennen wir, dass unser Team die Kundenanforderungen angemessen erfüllt? Was sind unsere Qualitäts- und Erfolgsmaßstäbe?
> - Was können wir noch besser machen, um Kundenwünsche zu erfüllen? Wie gehen wir mit Kundenanfragen oder Beschwerden künftig noch wirksamer um?
> - Was kann jeder Einzelne dazu beitragen, damit wir im Team noch effektiver kommunizieren und kooperieren?
> - Was wünschen Sie sich von mir als Führungskraft? Was kann ich selbst noch verbessern?

Gerade wenn Sie die letzte Frage in situationsgerechter Form stellen, können Sie zusätzliches Feedback einholen, wie Sie selbst erlebt werden und was man von Ihnen erwartet. Vielleicht erhalten Sie zunächst nur spärliche Rückmeldungen. Bringen Sie zum Ausdruck, dass Sie gerne zu Ihrem eigenen Verhalten als Leiter und zugleich

Mitglied des Teams Anregungen aufnehmen wollen. Es gehört zu kompetenter Führung, dass Sie sich und Ihren Führungsstil hinterfragen – und auch kritische Rückmeldungen überdenken. Persönliches Feedback zu Ihrer eigenen Wirkung als Führungskraft können Sie sowohl in Teamsitzungen als auch in Einzelgesprächen erhalten.

Zu einer professionellen Teamführung gehören natürlich noch viele andere Anforderungen. Achten Sie vor allem darauf, dass Sie nicht so wahrgenommen werden, als würden Sie nur „von oben Anweisungen geben", kontrollieren oder sich lediglich mit Fachfragen befassen. Werden Sie auch als Mensch erlebbar und verschaffen Sie sich dadurch zusätzliche Sympathien. Pflegen Sie den informellen Dialog, der über die Auseinandersetzung mit Themen des Tagesgeschäftes hinausgeht und Ihren Mitarbeitern Raum für die Artikulation persönlicher Wünsche, Bedürfnisse und Erwartungen lässt. Sie sollten ein offenes Ohr für jeden Einzelnen haben, sich nicht ständig abschirmen oder die Mitarbeiter im Regen stehen lassen, wenn sie nicht mehr weiterkommen. Halten Sie Ihren Mitarbeitern den Rücken frei, damit sie ihre Arbeit kundenorientiert und eigenständig erledigen können.

Versuchen Sie, die Fähigkeiten, Erfahrungen und Kenntnisse der einzelnen Teammitglieder zu erkennen und so zusammenzuführen, dass produktive Spitzenleistungen entstehen. Dazu gehört, für zwischenmenschliche Prozesse in der Zusammenarbeit sensibel zu sein und sich nicht auf eine distanzierte Führungsrolle zurückzuziehen. Ihre Mitarbeiter spüren sehr schnell, ob Sie ernsthaft Interesse an der Person jedes Einzelnen haben – oder ob Sie lediglich Ihre Leitungsrolle formell und ohne menschliche Nähe ausüben. Nehmen Sie die Entwicklung und Förderung aller Teammitglieder ernst, wenn Sie ein Team erfolgreich führen wollen. Zur Teamentwicklung gehört folglich nicht nur, günstige Bedingungen für ein produktives Miteinander zu schaffen, sondern gerade die individuelle Personalentwicklung als vorrangige Führungsaufgabe zu verstehen.

1.6 Welchem Werteverständnis fühlen Sie sich als künftige Führungskraft verpflichtet?

Werte dienen zur langfristigen, sozialen und ethischen Ausrichtung des Verhaltens. Sie schaffen Sinnbezüge und vermitteln Transparenz über erwünschtes, glaubwürdiges Handeln. Werte drücken ein gemeinsames, geteiltes Verständnis aus, an dem sich Menschen in einem Unternehmen orientieren. Damit werden einerseits moralische Verhaltensmaßstäbe zum Ausdruck gebracht. Zum anderen stiften Werte normative Bezüge, denen sich der Einzelne in seinem Handeln im Interesse der gesamten Organisation verpflichtet fühlt. Wer werteorientiert handelt, ordnet sein eigenes Tun den Zielen der Gemeinschaft unter. Werteorientierung und Wertschöpfung stehen dabei in einem engen Bezug zueinander:

Wertschöpfung ist Ausdruck der Nutzenstiftung für den Kunden, wobei ein messbarer Deckungsbeitrag zur langfristigen Existenzsicherung des Unternehmens und zur Sicherung der Arbeitsplätze erzielt wird. Das Erzeugen von Kundennutzen und die Absicht, eine gute Rendite auf das eingesetzte Kapital zu erzielen, ergänzen sich im Idealfall. Werteorientierung geht aber über materielle Wertschöpfung noch hinaus: Werteorientierung setzt übergeordnete Leitlinien und Grundsätze voraus, die das produktive Handeln aller Mitarbeiter im Unternehmen auf einer ideellen, ethisch-moralischen Ebene regulieren.

Wie lauten Ihre Wertvorstellungen?

Überprüfen Sie bitte Ihre eigenen Wertvorstellungen mit Blick auf die künftige Führungsverantwortung:

- Wie passen Ihre persönlichen Vorstellungen von Führung und Leistung zu den Grundsätzen für Kundenorientierung, Kommunikation und Zusammenarbeit im Unternehmen?

1. KAPITEL Ihre Rolle als zukünftige Führungskraft

- Welche ethisch-moralischen Vorstellungen haben Sie im Hinblick auf Fairness, Gleichberechtigung, Berechenbarkeit und Ehrlichkeit im Unternehmen?
- Welche Sinn- und Wertebezüge oder Glaubensmaximen sind Orientierungsmaßstäbe für Ihr eigenes Handeln?

Werte sind in ihrem Charakter subjektiv, eher abstrakt und nicht leicht zu „greifen". Aber in der Führungspraxis zeigt sich an Beispielen deutlich, ob gemäß einem gemeinschaftsdienlichen Werteverständnis gehandelt wird. Oder ob nur persönliche, karriere- und machtbezogene Interessen im Mittelpunkt stehen. Wer vor allem an das eigene Fortkommen, an Status oder an Aufstieg denkt und sich vor allem im Interesse einer „schnellen Karriere" in seiner Machtposition selbst profilieren möchte, mag gelegentlich einen gewissen Erfolg erzielen. Wollen Sie dem Beispiel mancher „eiskalter" Manager folgen, die andere über die Klinge springen lassen, wenn es ihrem eigenen Vorwärtskommen dient? Oder gehören Sie zu den Mitarbeitern, die gerne am Stuhl Ihres Chefs sägen – wie im Volksmund gerne gesagt wird – um auf sich aufmerksam zu machen? Wohl kaum.

Ich hoffe, dass Sie eher darauf hinwirken wollen, in einer Führungsrolle anderen Menschen Richtung durch moralisch einwandfreies Handeln zu vermitteln. Natürlich sind Sie in gewissem Maße verpflichtet, an sich selbst und Ihre langfristigen beruflichen Ziele zu denken. Aber ich warne Sie davor, Ihre Karriere auf Kosten anderer beflügeln zu wollen. Letztlich sind Sie nicht nur der Gemeinschaft im Unternehmen, sondern auch gegenüber Ihrem eigenen Gewissen zur Rechenschaft verpflichtet. Insofern unterstelle ich, dass Sie eine Abneigung gegenüber skrupellosem, unfairem und karrieristischem Verhalten haben.

Gerade in der Führungsrolle werden Sie genau beobachtet. Ihre Mitarbeiter werden versuchen, sich an Ihnen zu orientieren, oder zumindest prüfen, wie ernsthaft Sie Ihre Führungsaufgabe gemäß dem eigenen Anspruch ausfüllen. Es reicht nicht aus, nur Lippenbekenntnisse zu äußern. Beweisen Sie, dass Sie es ernst meinen – etwa dahingehend, dass Sie alle im Team fördern. Oder dass Sie sich

1.6 Welchem Werteverständnis fühlen Sie sich künftig verpflichtet?

um aufkommende Probleme zeitnah kümmern. Oder dass Ihre Tür immer offen ist, wenn es nötig ist.

Gehen Sie selbst mit gutem Beispiel voran, um ein handlungsleitendes Werteverständnis mit Leben zu füllen. In manchen Firmen existieren gedruckte Leitbilder, die einen Anspruch an das erwünschte Führungsverhalten und die Unternehmenskultur beschreiben. Legen Sie solche Leitlinien als Bezugsrahmen für Ihr eigenes Tun zugrunde. Gemessen werden Sie aber an Ihrem Handeln, nicht nur an Ihren Worten: „Walk the talk"!

> **BEISPIELE für Ihre persönliche Werteorientierung – Was können Sie praktisch tun?** Wie können Sie dies praktisch tun? Einige Beispiele sollen Ihnen dies vor Augen führen:
> - Nehmen Sie den Begriff Kundenorientierung ernst. Besprechen Sie regelmäßig mit Ihren Mitarbeitern, was dies für Ihr Team bedeutet und versuchen Sie zu erreichen, dass Servicegüte, Qualität, Reaktionsschnelligkeit und Dienstleistungsbereitschaft hohe Priorität genießen. Eingehende Beschwerden sollten genau analysiert und in einer kurzen Zeitspanne in kundenorientierte Lösungen umgewandelt werden. Jeder ist dafür verantwortlich, seinen Beitrag für hohe Servicestandards und Kundenzufriedenheit zu leisten.
> - Veranschaulichen Sie anhand Ihres eigenen Verhaltens, worauf es Ihnen ankommt: Wenn Sie etwa eine offene Kommunikation fordern, sollten Sie selbst auch auf Menschen zugehen, deren Wünsche und Erwartungen erfragen und sowohl die formelle als auch die informelle Kommunikation pflegen. Arbeiten Sie daran, als guter Zuhörer wahrgenommen zu werden und sich in andere Menschen und deren Sichtweisen einzufühlen. Achten Sie auf eine partnerschaftliche Kommunikation, bei der Redeanteile ausgewogen sind. Wenn Sie stattdessen monologisieren, Gespräche dominieren, Blickkontakt meiden, aufbrausend sind oder andere Menschen ignorieren, brauchen Sie sich nicht zu wundern, dass Sie bald nicht mehr ernst genommen werden.
> - Versuchen Sie Werte wie Loyalität, Berechenbarkeit, Vertrauenswürdigkeit, Geradlinigkeit oder Gerechtigkeit selbst vorzuleben. Es gibt leider Führungskräfte, die solche Begriffe in ihren Ausführungen gerne häufig verwenden, in ihrem eigenen Tun moralisch-ethische Maßstäbe aber eher vernachlässigen – und sich selbst nicht so verhalten, wie es von anderen gefordert wird.

1. KAPITEL   Ihre Rolle als zukünftige Führungskraft

- Vermeiden Sie Machtspiele, Intrigen, Hahnen- und Revierkämpfe oder die symbolhafte Demonstration Ihrer hierarchischen Position und Ihres Status. Es gibt viele Nebenkriegsschauplätze, wo manche versuchen, zu zeigen, dass sie die Besten und Größten sind ... Begeben Sie sich nicht auf ein solches unwegsames Terrain. Überzeugen Sie eher durch Ihr stimmiges Handeln, durch Bescheidenheit und durch Ihre eigene Leistung als dass Sie durch überzogene Statussymbole ihre Wichtigkeit unterstreichen. Senden Sie Signale, dass Sie es ehrlich meinen, wenn Sie die Dialog- und Feedbackkultur sowie den Teamgeist fördern wollen. Es sind eher die schwachen Führungskräfte, die besonders auf Äußerlichkeiten Wert legen und ihre Wichtigkeit vor allem durch Macht- und Statussymbole unterstreichen wollen.

- Beachten Sie die „Kleinigkeiten", die für werteorientiertes Handeln wichtig sind: Wenn Ihnen Verlässlichkeit am Herzen liegt, sollten Sie beispielsweise selbst auf Pünktlichkeit achten und Termine einhalten, sich nicht zu spät in Meetings ein- oder ausklinken, getroffene Vereinbarungen selbst umsetzen – und dies nicht nur von anderen erwarten. Manche Führungskräfte glauben, dass sie über einen Sonderstatus verfügen und finden vielfältige „Ausreden", warum sie selbst nicht an das gebunden sind, was sie bei ihren Mitarbeitern als selbstverständlich ansehen. Wenden Sie das, was Sie von Ihren Mitarbeitern erwarten, auch als Verhaltensregel für sich selbst an.

Es mag sein, dass Ihnen dies selbstverständlich und fast trivial erscheint. Aber seien Sie auf der Hut: Sie können ehrgeizige Führungsphilosophien vertreten, über eine hervorragende Ausbildung verfügen, eine ausgezeichnete Rhetorik unter Beweis stellen und auch eine hohe Durchsetzungsstärke besitzen. Von Ihren Mitarbeitern werden Sie aber vor allem nach Ihrer Glaubhaftigkeit, Ihrer Verlässlichkeit, Ihrer Konsequenz und nach Ihrer Sensibilität im zwischenmenschlichen Umgang beurteilt. Auch wenn es heute gelegentlich etwas antiquiert klingt: Als Führungskraft sind Sie vor allem Vorbild. Wertegeprägtes Verhalten können Sie nicht ex cathedra von anderen einfordern.

Ihre eigene Berechenbarkeit als Führungskraft muss erkennbar sein! Dies ist eine Herausforderung für „lebenslanges Lernen" in der Führungsrolle. Gerade als Nachwuchskraft haben Sie noch eine große

1.6 Welchem Werteverständnis fühlen Sie sich künftig verpflichtet?

Wegstrecke vor sich, bis Sie für sich beanspruchen können, eine Führungspersönlichkeit geworden zu sein. Werteorientierung können Sie jedoch bereits ab dem ersten Tag in der Führungsaufgabe unter Beweis stellen. Achten Sie nicht nur darauf, was Sie tun, sondern vor allem, wie sie es tun. Meist ist eine kongruente, stimmige Kommunikation und kalkulierbares Verhalten gemäß Werte geprägten Überzeugungen entscheidend, um Sympathien und Akzeptanz zu gewinnen. Dies erleichtert es Ihnen zugleich, anspruchsvolle Ziele gemeinsam mit Ihrem Team zu erreichen.

Leitfragen zu Ihrem persönlichen Führungsverständnis:

(1) Was kennzeichnet Ihres Erachtens eine kompetente Führungskraft? Versuchen Sie Merkmale effektiver Führung für sich zu beschreiben und an Beispielen festzumachen – bezogen auf folgende typische Situationen: Führen von Mitarbeitergesprächen und Treffen von Zielvereinbarungen, Herbeiführen von Entscheidungen, Aussprechen von Lob und Anerkennung, Üben von Kritik, effektive Delegation und Übertragen neuer Aufgabenstellungen, Leiten von Teamsitzungen und Umgang mit Konflikten. Was wünschen Sie sich selbst von einem Vorgesetzten – und was möchten Sie gerade nicht erleben? Aus Ihrem eigenen Blickwinkel als Mitarbeiter können Sie bestimmt eine Reihe von Erwartungen an souveränes Führungsverhalten benennen.

(2) Ihr eigenes „Wunschbild": Wie stellen Sie sich Ihre künftige Führungsrolle vor? Wahrscheinlich können Sie sich eine Führungsaufgabe nicht einfach aussuchen, sondern müssen sich auf die künftigen Anforderungen flexibel einstellen. Dennoch: Versuchen Sie zunächst einmal herauszufinden, wie Sie sich die Bedingungen in einer Führungsfunktion wünschen, um zu erkennen, worauf es Ihnen ankommt. Denken Sie dabei nicht nur an inhaltlich-fachliche Kriterien, sondern vor allem an folgende strukturelle Merkmale der Führungsaufgabe: Führungsspanne, Teamstruktur, Kompetenzen und Entscheidungsbefugnisse, Grad der Personalverantwortung, funktionale Einbindung in die Hierarchie und Vernetzung mit Nachbarbereichen. Was wäre für Sie jeweils „ideal"?

(3) Welche Art von Führung schwebt Ihnen vor? Würden Sie eher gerne die Rolle als „klassischer" Vorgesetzter mit Personalverantwortung ausüben? Oder wünschen Sie sich eher die Funktion eines Projektleiters, Fachleiters oder Teamsprechers? Überprüfen Sie, ob Ihre

1. KAPITEL Ihre Rolle als zukünftige Führungskraft

Wunschvorstellung zu den möglichen Karrierewegen, die sich Ihnen auftun, passt.

(4) Ihre eigenen Vorgesetzten und „Verhaltensvorbilder" in der Führungsrolle: Wie haben Sie das jeweilige Führungsverhalten erlebt? – Lassen Sie gedanklich Ihre Vorgesetzten in der Vergangenheit Revue passieren. Was gefiel Ihnen gut, was hat Sie weniger überzeugt? Wovon waren Sie besonders beeindruckt? Inwiefern haben Sie eigene Vorgesetzte als beispielhaft erlebt? Was gefällt Ihnen besonders bei Ihrem derzeitigen Chef gut? Wo meinen Sie, würden Sie sich anders verhalten? Warum? Was können Sie daraus lernen? Überlegen Sie, ob dies Konsequenzen für Ihr eigenes Führungsverständnis hat.

(5) Wenn Sie sich vorstellen, dass Sie selbst bald eine Führungsrolle übernehmen, was würde Ihnen dann voraussichtlich schwerfallen? – Achten Sie auf diejenigen Anforderungen in einer Führungsrolle, die Ihnen vergleichsweise anspruchsvoll erscheinen und von denen Sie glauben, gegenwärtig noch nicht vollständig die Voraussetzungen zu erfüllen. Denken Sie an knifflige Führungssituationen wie: Mitarbeiter fähigkeitsgerecht einsetzen und beurteilen, Spannungen im Team erkennen und bearbeiten, sensible Mitarbeitergespräche führen, Mitarbeiter gezielt fördern und entwickeln. Beachten Sie die Besonderheiten, die durch komplexe Hierarchie- und Machtkonstellationen entstehen können. Von einer Führungskraft wird erwartet, dass sie über Stehvermögen, Konfliktstärke und eine hohe Stresstoleranz verfügt.

2. Kapitel

Auf dem Weg zur Führungskraft – Wie können Sie sich auf eine Führungsaufgabe vorbereiten?

Wenn Sie den Sprung „ins kalte Wasser" vermeiden wollen, benötigen Sie einen individuellen Plan, in dem Sie vorausschauend die wesentlichen Schritte im Vorfeld festhalten. Auf die Führungsrolle können Sie sich aber nicht so vorbereiten, wie es bei der Übernahme einer komplexen Fachaufgabe sicher angemessen wäre: Es hilft Ihnen nur begrenzt, im Vorfeld umfangreiche Literatur zu studieren, Spezialseminare zu besuchen oder gar Vorlesungen zu hören. Führung lernen Sie am besten durch praktisches Tun! Insofern wäre es am besten, Sie könnten morgen schon damit beginnen und Ihre ersten Erfahrungen sammeln. Dies ist schon ein kleines Paradoxon: Zum einen macht es Sinn, sich auf die Führungsaufgabe mit Bedacht vorzubereiten, zum anderen sind akademischen Betrachtungen und vorbereitenden „Trockenübungen" aber Grenzen gesetzt.

Zwischen fachlicher Qualifizierung und der „Erlernen" von Führung besteht ein grundlegender Unterschied: Während Sie bei neuen fachlich-methodischen Herausforderungen gut beraten sind, sich im Vorfeld durch geeignete Maßnahmen tief in die Materie einzuarbeiten, stoßen Sie bei der Vorbereitung auf die Führungsaufgabe damit rasch an Grenzen. Führung hat wohl noch niemand aus dem Lehrbuch gelernt. Sie können auch nicht befriedigend spezielle Kenntnisse, Fähigkeiten und Fertigkeiten im Bereich Führung theoretisch erwerben, ohne praktisches Führungshandeln bereits in gewissem Maße auszuüben. Dies setzt wiederum die Interaktion mit

2. KAPITEL Auf dem Weg zur Führungskraft

Menschen voraus – etwa in einer Arbeitsgruppe, einem Team oder einem Projekt. Führungslernen hat insofern viel mit Kommunikation, Feedback, sozialem Lernen und eigener Persönlichkeitsentwicklung zu tun. Es gibt sogar bei manchen Experten die Sicht, dass sich Führung überhaupt nicht lernen lässt. Ich vertrete nicht diese Meinung, bin aber der Auffassung, dass Führung sehr viel mit zwischenmenschlicher Verhaltenskompetenz, Einfühlungsvermögen, Selbstreflexion und Reife im zwischenmenschlichen Umgang zu tun hat. Führungsfähigkeit lässt sich insofern am besten „on-the-job", also in der Ausübung von Leitung und in einer bestimmten Führungsrolle vertiefen. Für den Neuling besteht somit das Problem, sich auf etwas vorzubereiten, wovon er zunächst noch kaum praktische Erfahrung besitzt. Es gibt folglich nur die zweifellos eingeschränkte Lernmöglichkeit, durch gedankliche Vorbereitung und Sammeln von vergleichbaren Erfahrungen – zum Beispiel in der Team- oder Projektarbeit –, Erkenntnisse abzuleiten, die dann wiederum nützlich sind, um die reale Führungsaufgabe zu bewältigen.

Gewisse Anteile der Führungskompetenz erfordern durchaus ein gut strukturiertes gedankliches Know-how: Dabei geht es weniger um Patentrezepte und Standardtechniken als vielmehr um einen übergeordneten Wissenshorizont im zwischenmenschlichen Bereich, der dabei helfen kann, Orientierung zu vermitteln, Führungssituationen einzuordnen, Verhaltensweisen von Teammitgliedern zu bewerten und Lösungen für anspruchsvolle Führungssituationen zu entwickeln. Denken Sie beispielsweise an die Frage, wie ein Teamkonflikt erkannt und aufgearbeitet werden kann. Oder wie eine schwierige Teamsitzung harmonisch und ergebnisorientiert zu leiten ist. Oder wie ein anspruchsvolles Mitarbeitergespräch partnerschaftlich und fair geführt werden kann.

Die Herausforderung für Sie besteht im Vorfeld der Übernahme einer Leitungsrolle darin, frühzeitig Ihre persönlichen, führungsbezogenen Handlungsmöglichkeiten zu erweitern. Und damit ein höheres Maß an Flexibilität in der bevorstehenden Führungspraxis zu erreichen. Gemeint ist damit Ihre Fähigkeit, durch ein Spektrum von zweckmäßigen Verhaltensweisen verschiedenartige Anforderungen in der Führungsfunktion effektiv bewältigen zu können –

sozusagen um nicht gleich am Anfang schon in viele Fettnäpfchen zu tappen. Eine gute Führungskraft muss sich immer wieder je nach Ziel, Situation und Umfeld umstellen und trotzdem eine innere Linie bewahren. Dazu gehört, auf unterschiedliche Menschen mit Fingerspitzengefühl zuzugehen und deren Bedürfnisse glaubhaft zu respektieren.

Wenn Führung als Anspruch verstanden wird, bedeutet dies, nicht nur ad hoc zu reagieren oder alles einfach – scheinbar demokratisch – „laufen zu lassen". Ein Laissez-faire-Führungsstil greift zu kurz! Wer so führen will, wird seiner Verantwortung in einer Schlüsselposition nicht gerecht. Eine Leitungsrolle aktiv auszuüben, heißt Richtung aufzuzeigen, Ziele zu verdeutlichen und auch Mitarbeiter zu beraten und zu unterstützen. Und behutsam fördernd durch Hinweise, Anregungen und Lösungshinweise darauf hinzuwirken, dass Meilensteine nicht verfehlt und Ergebnisse erreicht werden.

Die eigene Vorbereitung auf die Führungsaufgabe hat auch viel damit zu tun, eine Grundhaltung zu entwickeln, also eine Art innere Einstellung zur kompetenten Bewältigung der Führungsaufgabe aufzubauen. Der Anspruch, Menschen zu führen, sollte ethisch-moralisch begründet sein. Beispielhaftes Verhalten in der Führungsverantwortung sollte „vorgelebt" werden – nicht durch selbstherrliches Auftreten oder direktives Anweisen und Kontrollieren „von oben herab". Der moderne Führungsstil, der heute in Unternehmen gefordert ist, setzt engagierte Vorgesetzte voraus, die auf Menschen zugehen, den Dialog suchen und den Schwerpunkt Ihres Führungshandelns auf Unterstützung, Beratung und Kommunikation im Team ausrichten.

Manche Vorgesetzte werden (leider) ihrer Führungsverantwortung nicht vollständig gerecht. Dies wird häufig durch den Druck des Tagesgeschäftes, die Anforderungen von der nächsthöheren Führungsebene, Ressourcenengpässe oder scheinbar unausweichliche Zwänge legitimiert.

2. KAPITEL Auf dem Weg zur Führungskraft

Lassen Sie dazu einige Vorgesetzte, zu denen Sie engeren Kontakt hatten oder haben, gedanklich Revue passieren:

- Verwendet die einzelne Führungskraft einen bedeutsamen Anteil ihrer Arbeitszeit dafür, um Mitarbeitergespräche zu führen und Teamsitzungen zu leiten, bei denen nicht nur Fachthemen abgearbeitet werden?
- Sucht die Führungskraft den Dialog mit Mitarbeitern, um Orientierung und Richtung aufzuzeigen oder Unterstützung zu vermitteln?
- Steht sie hinter dem Team und jedem Einzelnen, um Rückhalt zu gewähren, wenn er vonnöten ist?
- Konzentriert die Führungskraft ihre Aufmerksamkeit darauf, Feedback und Beratung zu gewähren, wenn es gewünscht wird oder hilfreich ist?
- Kümmert sie sich darum, selbst vorzuleben, was sie von anderen fordert? „Does he walk the talk?"

Ich hoffe, dass Ihnen Führungskräfte bekannt sind, die Sie als beispielhaft erleben und von denen Sie selbst das eine oder andere für sich abschauen können. Orientieren Sie sich vor allem an Menschen, die Sie als gute Führungspersönlichkeiten erleben. Suchen Sie im Verhalten kompetenter Führungspraktiker nach Anhaltspunkten, „wie es gemacht werden sollte". Lassen Sie sich diejenigen Anforderungen genau durch den Kopf gehen, die Sie selbst an eine Führungskraft richten würden. Entwickeln Sie Maßstäbe, um die Führungskompetenz bei Vorgesetzten genauer zu beurteilen und sich selbst auch dahingehend zu bewerten, was Sie schon leisten können und wo Sie noch an sich arbeiten müssen.

Die Bereitschaft zur Eigenanalyse und zur persönlichen Standortbestimmung ist eine wichtige Kompetenz, die Sie in der Führungsaufgabe unbedingt benötigen. Dazu gehört auch der Wille, noch besser werden zu wollen, gerade im zwischenmenschlichen Umgang, in der fairen Ausübung von Leitungsverantwortung und in der Vermittlung von Orientierung durch eigenes Vorbild. Dies alles setzt einen Prozess der inneren Reifung voraus, der nicht kurzfristig in einigen Monaten zum Abschluss kommt, sondern wahrscheinlich sogar lebenslanges Lernen erfordert.

Man „ist" nicht einfach Führungskraft! Auch erfahrene Führungspraktiker müssen immer wieder das Führungsleitbild und den Gestaltungsauftrag einerseits und die eigene Handlungspraxis in der Führungsrolle andererseits abgleichen. Führungshandeln wird selbst bei kompetenter Umsetzung in der Unternehmensrealität immer an einem hohen Anspruch zu messen sein. Eine Führungskraft, die glaubt, gute Führung ein für allemal sicher zu beherrschen – etwa indem Sie die „richtigen Führungstechniken", den „kompletten Werkzeugkasten" oder die „passenden Instrumente" parat hat –, wird diesem Anspruch nicht gerecht: Professionell zu führen beinhaltet die Selbstverpflichtung, immer wieder an sich selbst und seiner eigenen Weiterentwicklung zu arbeiten.

Beachten Sie gerade in der Startphase, dass Sie „in Sachen Führung" noch am Anfang stehen. Üben Sie konstruktive Selbstkritik, bekennen Sie sich dazu, noch hinzulernen zu wollen, und arbeiten Sie an Ihrer persönlichen Wirkung, um weiter an Reife und Profil zu gewinnen. Verfallen Sie nicht bei kleineren Rückschlägen in negatives Denken und Selbstzweifel, was Sie innerlich ernsthaft blockieren könnte. Wer Richtung aufzeigen will, muss optimistisch, kraftvoll und mit Mut in die Zukunft blicken, ohne jedoch den Blick für das Machbare und die eigenen Grenzen zu verlieren.

2.1 Führen lernen – was und wer können dabei helfen?

Eine gute Voraussetzung dafür, um Führungskompetenzen schrittweise zu erwerben, ist es, sich in praktischen Situationen zu erproben. Suchen Sie also nach ersten Gelegenheiten, die ein bestimmtes Maß an Führung oder führungsähnlichem Verhalten erfordern. Selbst wenn Sie die formale Rolle einer Führungskraft noch nicht innehaben (können). Vergleichen Sie den geforderten Lernprozess mit dem Erwerb eines PKW-Führerscheins: Sie können zwar viele Führungstheorien einstudieren – entspricht theoretischem Wissen über den Straßenverkehr und gefordertem Verhalten eines Fahrzeugführers –, aber Sie müssten letztlich „Fahrstunden" nehmen, am besten unter Begleitung eines kompetenten „Fahrlehrers". Hier hinkt aber schon der Vergleich: Sie führen kein Fahrzeug, sondern Menschen! Es wird für Sie keinen Fahrlehrer geben, der neben Ihnen sitzt und im Notfall die Bremse zieht, wenn Sie einen Fehler in der Führungsaufgabe machen.

Sie können aber etwas Ähnliches tun, wenn Sie sich auf Führung vorbereiten wollen. Einerseits können Sie Ihren jetzigen Vorgesetzten bitten, Ihnen bei der Vorbereitung zur Seite zu stehen. Andererseits besteht für Sie die Möglichkeit, dass Sie Praxissituationen aufsuchen, die Ihnen die Chance bieten, Führung zu erproben. Suchen Sie einen indirekten Weg, da Sie nun selbst noch kein Teamleiter sind! Ich werde Ihnen dazu einige Beispiele nennen. Dabei geht es vor allem um die Kommunikation und Kooperation im Tagesgeschäft, in der Projektarbeit und im Team. Prüfen Sie, ob und wo solche Formen der „informellen" Führung sinnvoll und erwünscht sind. Dies ist natürlich nur dann möglich, wenn es von anderen nicht als Selbstdarstellung, Dominanzverhalten oder überflüssige Lenkung interpretiert wird. Sondern wenn Bedarf besteht und Sie damit auch für die anderen einen Nutzen stiften.

Beobachten Sie genau, wo Sie zumindest ein gewisses Maß an Leitung, Steuerung und Strukturierung zweckmäßig ausüben können. Maßstab für Sie sollte sein, dass Sie anderen dabei helfen, bestimmte Ergebnisse effektiver zu erreichen. „Informell" ist diese Art der Führung deshalb, weil Sie faktisch keine Leitungsfunktion als Vorgesetzter ausüben. Sie müssen sich die Akzeptanz also erst erarbeiten und auch einen Auftrag von Ihren Kolleginnen und Kollegen erhalten. Sie können zum einen dadurch lernen, dass Sie erste Führungserfahrungen für sich sammeln. Zum anderen können Sie die Beteiligten auch als wichtige „Feedbackgeber" verstehen. Wenn Sie möchten, befragen Sie dazu einzelne Gruppenmitglieder bei passender Gelegenheit, um zu klären, wie Ihr Verhalten gewirkt hat. Holen Sie sich dadurch Impulse, um sich weiterzuentwickeln.

Nachfolgend skizziere ich einige dieser Situationen, bei denen der Grad Ihrer informellen Leitungsfunktion stark variieren kann: von der Rolle des gleichberechtigten Teammitgliedes bis hin zum explizit Beauftragten, der dafür Sorge trägt, dass wichtige Ergebnisse gemeinsam besser erreicht werden. Natürlich kann es sein, dass Sie aktuell solche Aufgaben nicht ausüben können oder die betreffenden Situationen für Sie nicht unmittelbar vorhanden sind. Es sind aber nur Beispiele, die als Anregung dienen. Vielleicht finden Sie auch andere Situationen, die zu Ihnen und Ihrem aktuellen beruflichen Umfeld passen.

Lenken Sie aus Ihrer derzeitigen beruflichen Rolle heraus den Fokus darauf, geeignete Ansatzpunkte zu finden, um zum einen „Führung für sich zu lernen". Streben Sie zum anderen danach, für Ihr Unternehmen und Ihr Team einen Nutzen herzustellen. Suchen Sie also nicht irrelevante Spielwiesen, sondern realistische Herausforderungen, bei denen Sie sich konstruktiv und lösungsorientiert einbringen können. Sie verfeinern damit Ihr Fingerspitzengefühl, zu erkennen, in welchen Situationen wie geführt werden muss.

Achten Sie bitte auch darauf, dass Sie Ihre Kompetenzen nicht überschreiten und Entscheidungs- oder Weisungsbefugnisse Ihres Vorgesetzten außer Acht lassen. Halten Sie deshalb Rücksprache und informieren Sie Ihren Chef über Ihre Pläne, dort wo es passt, etwa als Moderator, Teamsprecher, Präsentator oder Projektleiter mitwirken zu wollen. Beachten Sie: Es geht nicht um direkte Leitungsaufgaben als Vorgesetzter. Vielmehr sind Sie als Teamplayer gefragt. Drängeln Sie sich nicht in den Vordergrund, sondern achten Sie auf Gelegenheiten, bei denen Sie engagiert die Initiative ergreifen können. Werden Sie nur dort aktiv, wo Sie andere nicht blockieren oder hemmen.

2.2 Chancen zum „Führen lernen" nutzen

2.2.1 Beispiel-Situation „kreative Lösungsfindung"

Stellen Sie sich vor, dass Sie als Teilnehmer in einer Arbeitsgruppe mitwirken, in der neue, weiterführende Lösungen für ein firmenspezifisches Problem erarbeitet werden sollen. Es könnte sich um eine neue Produktidee, ein Servicekonzept oder einen Ansatz zur Qualitätsverbesserung und Prozessoptimierung handeln. Mehrere

Spezialisten sind dazu aufgefordert, ein gemeinsames Konzept zu erarbeiten. Sie sind einer dieser Spezialisten; es gibt keinen formalen Leiter in dieser Gruppe.

Ihre Chance: Sie können durch eigene Vorschläge zur Strukturierung des Vorgehens, gezielte Inputs zu Prioritäten und Lösungsansätzen sowie durch Moderation der Gruppenarbeit dazu beitragen, dass die Ziele effektiv und zeitökonomisch erreicht werden. Vielleicht sind die Kollegen sogar dankbar dafür, dass Sie die Initiative ergreifen. Falls Sie sich eine solche Gruppenmoderation noch nicht zutrauen, können Sie in nächster Zeit Kurse besuchen, um das Leitungs- und Moderationsverhalten in kleinen Gruppen zu erlernen. Nutzen Sie sich bietende Gelegenheiten, um darauf hinzuwirken, dass Gruppenarbeiten geordnet ablaufen und zu über Konsens getragenen Ergebnissen führen. Fragen Sie Ihre Kollegen, ob diese damit einverstanden sind, wenn Sie die gelegentlich „undankbare Aufgabe" der Moderation übernehmen und damit die anderen unterstützen, gute Ideen zu entwickeln.

2.2.2 Beispiel-Situation „komplexe Projektarbeit"

Stellen Sie sich vor, Sie sind Mitglied einer Projektgruppe, die über einen begrenzten Zeitraum, zum Beispiel einige Wochen oder Monate, neben dem eigentlichen Job an einer kleinen Projektaufgabenstellung arbeitet. Gemeinsam mit einem Auftraggeber wurden Ziele, Meilensteine und Erfolgskriterien festgelegt. Nun wird ein Projektleiter gesucht, der hilft, die Projektarbeit in Gang zu bringen und zu einem guten Abschluss zu führen.

Ihre Chance: Wenn Sie sich zur Projektleitung bereit erklären und sich zutrauen, als Projektmanager akzeptiert zu werden, übernehmen Sie einen spezifischen Leitungsauftrag ohne Vorgesetztenfunktion. Sie sind jedoch verantwortlich für die Ausarbeitung des Projektplans, das Projektcontrolling und die Steuerung der Projektgruppe. Dies ist für Sie eine echte Herausforderung, da Sie ohne formale Positionsmacht die Kollegen dafür gewinnen müssen, gemeinsam an einem Strang zu ziehen, um ein gutes Projektergebnis zu erzielen.

2.2.3 Beispiel-Situation „Mentor oder Pate"

Stellen Sie sich vor, Sie haben die Gelegenheit, einen jüngeren, neuen oder weniger erfahrenen Mitarbeiter zu coachen und ihm oder ihr zu helfen, bestimmte Aufgaben im Unternehmen reibungslos zu übernehmen.

Ihre Chance: Wenn Sie sich bereit erklären, aktiv bei der Einarbeitung neuer Mitarbeiter mitzuwirken – oder auch einen Auszubildenden zu betreuen – üben Sie durchaus eine „kleine Führungsaufgabe" aus. Sie tragen (Mit-)Verantwortung dafür, dass etwa der Neue sich besser in die Organisation einfindet. Er kann Ihre Hilfestellung bei unterschiedlichen Problemen in Anspruch nehmen und durch Ihre persönliche Unterstützung besser lernen, mit den Anforderungen in seinem Arbeitsumfeld klarzukommen. Wenn Sie sich engagiert um Nachwuchskräfte kümmern und dabei Ihr Geschick beweisen, können Sie dies zugleich als Impuls für Ihre eigene Führungsentwicklung interpretieren.

2.3 Aufbau des persönlichen Förder- und Entwicklungsplans

Lassen Sie uns einen näheren Blick auf die mögliche Struktur eines Plans zur Vorbereitung auf eine Führungsaufgabe werfen. Am besten ist es, wenn Sie einen solchen Plan mit Ihrem Vorgesetzten entwerfen, da er gemeinsam mit Ihnen die Verantwortung dafür trägt, dass die vorgesehenen Aktivitäten umgesetzt werden. Es ist aber auch der Fall denkbar, dass eine interne Serviceabteilung in Ihrem Unternehmen für die Erstellung solcher Förderpläne zuständig ist – oder dass ein externes Unternehmen, zum Beispiel eine Personalberatung oder ein Trainingsinstitut, mit der Konzipierung beauftragt wird. Wer auch immer den Plan erstellt, beachten Sie bitte, dass Ihr Hauptansprechpartner für die Realisierung grundsätzlich Ihr Vorgesetzter ist: Er ist für Sie der maßgebliche Ansprechpartner und kann meist entscheiden, was Sie an zusätzlichen Trainings- oder Fördermaßnahmen in Angriff nehmen sollten. Häufig ist er auch für die betriebliche Veranlassung und die Kostenübernahme zuständig, sofern Sie nicht bestimmte Maßnahmen in Ihrer Freizeit initiieren.

> ### Achten Sie bei der Erstellung des Entwicklungsplans vor allem auf folgende Punkte:

(1) **Verbindliche Maßnahmendurchführung.** Es sollte klar geregelt sein, wer jeweils tätig wird, um eine bestimmte Aktivität, zum Beispiel ein Trainingsseminar oder die Übernahme einer Sonderaufgabe, einzuleiten. Dazu kann es sinnvoll sein, dass Ihr Vorgesetzter zu beachtende Rahmenbedingungen im Vorfeld abklärt und Sie dann zum gegebenen Zeitpunkt selbst initiativ werden, damit die Maßnahme stattfindet. Vorgesehene Förderaktivitäten sollten jedenfalls nicht nur auf dem Papier stehen. Sie tragen auch eine Verantwortung für die Umsetzung. Achten Sie darauf, dass nicht plötzlich andere Prioritäten im Tagesgeschäft gesetzt werden. Es kann aber durchaus vorkommen, dass wegen eines Kapazitätsengpasses einmal Verschiebungen nötig sind.

Denkbar ist auch, dass Ihr Vorgesetzter bestimmte Maßnahmen für Sie vorsieht, die in einem anderen Bereich erst präzisiert werden müssen. Ein Beispiel lautet, dass Sie an einem Trainingsseminar für Projektmanagement teilnehmen sollen. Die Auswahl des Seminaranbieters obliegt aber Ihrer Schulungsabteilung, die zum Beispiel nach Qualitätskriterien, nach Rahmenverträgen oder aufgrund zielspezifischer Überlegungen den geeigneten Anbieter aussucht. Erörtern Sie deshalb mit Ihrem Vorgesetzten die Frage, ob die jeweiligen Maßnahmen die frühzeitige Einbeziehung von Servicebereichen in Ihrem Hause erfordern.

(2) **Schriftliche Ausarbeitung und Dokumentation.** Wenn Ihr Entwicklungsplan konkretisiert wird, sollte er nicht nur als unverbindliche Notizensammlung auf einem Blatt Papier stehen! Achten Sie vor allem auf folgende Punkte:
- Sinnvoll ist eine Strukturierung der einzelnen Aktivitäten zum Beispiel nach den Überschriften
    - „Was soll erreicht werden?",
    - „Welche Maßnahme ist vorgesehen?",
    - „Warum wird die Maßnahme initiiert?",
    - „Von wem wird die Initiative ergriffen?",

2.3 Aufbau des persönlichen Förder- und Entwicklungsplans

- „Bis wann soll die Umsetzung erfolgen?" und
- „Wie wird der Erfolg/Nutzen überprüft?"
- Der Aktionsplan wird von Ihnen und Ihrem Vorgesetzten unterzeichnet – auch als Zeichen des Bekenntnisses zur gemeinsamen Verantwortung der Durchführung.
- Die Vereinbarungen liegen Ihnen und Ihrem Vorgesetzten als Kopie vor; das Original wird – zum Beispiel veranlasst vom Personalbereich Ihres Hauses – in der Personalakte, einer Personalentwicklungs-Datei oder einem Computersystem gespeichert, damit später Verlauf und Erfolg der Umsetzung überprüft werden können.

(3) **Thematische Ausrichtung nach unterschiedlichen Aktionsbereichen.** Wirken Sie darauf hin, dass der Entwicklungsplan praxisbezogene Fördermaßnahmen enthält, die nicht nur auf Seminare und Schulungen beschränkt sind. Wichtig ist, dass arbeitsplatznahe Aktivitäten mit aufgeführt werden – zum Beispiel Sonderaufgaben, Rotationen, Hospitationen oder Stellvertretungen. Es kommt darauf an, dass das Erfahrungslernen stark gewichtet wird. Sie lernen am besten, sich auf Führungsanforderungen vorzubereiten, wenn Sie konkrete Jobs und Aufträge in Ihrem Unternehmen bearbeiten, die Sie sukzessive an die künftig erweiterte Verantwortung heranführen.

(4) **Integration von Feedbacks durch erfahrene Praktiker.** Nehmen Sie solche Förderaktivitäten mit auf, bei denen Sie von Dritten Rückmeldungen über Ihr Verhalten, Ihre Wirkung und den Stand Ihrer Führungsentwicklung erhalten. Es reicht nicht aus, bestimmte Maßnahmen einfach zu durchlaufen. Sie benötigen vor allem Feedback, wie gut Sie bestimmte Anforderungen bewältigt haben und wo Sie noch an sich arbeiten sollten. Da Ihr Vorgesetzter bei der Umsetzung wahrscheinlich selbst nicht an allen Maßnahmen direkt beteiligt ist, hilft es Ihnen, wenn andere erfahrene Organisationspraktiker, Ausbilder, Mentoren oder Trainer Ihnen solche Rückmeldungen geben. Kümmern Sie sich darum, das Feedback selbst einzuholen und warten Sie nicht darauf, dass andere dies für Sie automatisch erledigen.

(5) **Realistische Chancen zur Verwirklichung.** Es ist zweifelsohne günstig für Sie, wenn Sie einen umfangreichen, gut durchdachten Entwicklungsplan vor sich liegen haben. Beachten Sie bitte, dass die meisten Maßnahmen voraussichtlich zusätzlich zu Ih-

> rem eigentlichen Job zu erledigen sind! Dies bedeutet, dass Sie eventuell in Zeitdruck geraten können, wenn Sie sehr viel auf dem Tisch haben und im Tagesgeschäft stark eingebunden sind. Stellen Sie sich darauf ein, dass Sie gelegentlich Überstunden machen müssen, zusätzliche Dienstreisen zu absolvieren haben und das eine oder andere in Ihrer Freizeit zu erledigen ist. Bestimmte Maßnahmen, etwa die Vor- und Nachbereitung, können Ihr zusätzliches Engagement am Abend oder am Wochenende erfordern. Seien Sie sich dieser Mehrbelastung bewusst und besprechen Sie dies frühzeitig mit Ihrem Partner bzw. Ihrer Familie.

2.4 Gleichen Sie Anforderungen und eigene Fähigkeiten ab

Wenn Sie Ihr eigenes Programm zur Vorbereitung auf eine Führungsaufgabe zusammenstellen wollen, kommt es darauf an, dass Sie sich zunächst einmal das Anforderungsprofil der angestrebten Funktion bewusst machen. Welche Fähigkeiten, Erfahrungen und Kenntnisse werden vorausgesetzt? Wo sehen Sie noch Diskrepanzen zwischen dem angestrebten Soll-Zustand und Ihren aktuellen Fähigkeiten? Machen Sie sich so gut es geht kundig und nehmen Sie eine Standortbestimmung vor. Prüfen Sie, in welchen Kompetenzbereichen für Sie weiterer Handlungsbedarf besteht.

2.4.1 Anforderungsprofile

Überlegen Sie, was im Einzelnen in der künftigen Funktion von Ihnen erwartet wird. Unter Umständen liegen nur recht unverbindliche Positionsbeschreibungen vor und die Anforderungen sind eher plakativ beschrieben, zum Beispiel auf der Verhaltensebene mit eher vieldeutigen Eigenschaften wie „Durchsetzungsstärke", „Führungskompetenz", „Entscheidungsfähigkeit", „Teamverhalten" usw. Während es im fachlichen oder methodischen Bereich leichter fällt, genau zu beschreiben, worauf es ankommt – zum Beispiel im Controlling „Erfahrung in der Erstellung von Konzernbilanzen für international verbundene Unternehmen" –, ist dies bei den Verhaltensanforderungen im Führungsumfeld eher schwierig.

Bestimmte Anforderungen, z. B. im Hinblick auf Ihre Kommunikationssteuerung, ergeben sich durch die Einbindung der Zielfunktion in Hierarchien und Organigramme sowie die jeweiligen Berichtswege – je nachdem, ob Sie in einer Linien-, einer Projekt- oder einer Matrixorganisation tätig sind. Richten Sie Ihren Blick vor allem auch auf zwischenmenschliche Anforderungen und das Umfeld, in das Sie sich hineinbegeben. Achten Sie auf verdeckte Hinweise oder implizite Erwartungen, die nicht in formalen Anforderungsprofilen genannt werden.

Typische Fragen zum Anforderungsprofil, die Sie sich stellen können, lauten:

- Kommen Sie voraussichtlich mit Ihrem neuen Chef gut aus?
- Sind die neuen Kollegen auf der Führungsebene Ihnen eher wohl gesonnen? Müssen Sie sich auf Rivalitäten oder sogar Machtkämpfe einstellen?
- Haben Sie den Eindruck, dass die Mitglieder Ihres künftigen Teams Sie in Ihrer Führungsrolle akzeptieren werden? Kommen schwierige Personalfragen, Personalengpässe oder Teamkonflikte auf Sie zu?
- Ist mit besonderen Belastungen und starkem Stress im Tagesgeschäft zu rechnen – z. B. durch hohe Flexibilitäts- und Mobilitätsanforderungen?
- Wird von Ihnen erwartet, dass Sie sofort die neuen Aufgaben übernehmen oder dass Sie langsam im Rahmen eines Einarbeitungsprogramms in die neue Rolle hineinwachsen?

Vielleicht fehlen Ihnen auch die nötigen Informationen, da Sie noch keine präzisen Vorstellungen von den genauen Anforderungen haben oder Ihre künftige Rolle noch nicht klar definiert ist. Versuchen Sie, so früh wie möglich herauszufinden, was auf Sie zukommt! Erst wenn Sie dies abschätzen können und sich dafür gewappnet fühlen, macht es Sinn, dass Sie die nächsten Schritte gehen.

2.4.2 Ihr aktueller Standort

Sofern für Sie feststeht, dass Sie in einem bestimmten Kontext Führungsverantwortung übernehmen wollen, sollten Sie genau analysieren, in welchen Kompetenzfeldern Sie mögliche Defizite oder Entwicklungsbedarfe haben. Die zu beachtenden Handlungsbereiche werde ich noch näher beschreiben. Setzen Sie vor allem dort an, wo Sie wissen, dass Sie in einem überschaubaren Zeitrahmen etwas erreichen können. Seien Sie ehrlich zu sich selbst!

> **BEISPIEL: Wenn Sie bisher in einem eher harmonischen Team gearbeitet haben**, kann es sein, dass Sie sich künftig auf etwas „rauen Wind" einstellen müssen. Ihre Fähigkeiten und Stärken in den Bereichen Stresstoleranz, Konfliktstärke und Selbstbehauptung sind dementsprechend „unter den neuen Vorzeichen" zu bewerten. Legen Sie die Messlatte etwas höher an und nehmen Sie zurückhaltende Einschätzungen Ihrer eigenen Kompetenzen vor. Gehen Sie im Zweifelsfalle davon aus, dass noch einiges zu tun ist, damit Sie den künftig erhöhten oder veränderten Anforderungen gewachsen sind.

Es ist zwar hilfreich, mit einem gewissen Optimismus und positivem Denken an neue Aufgaben heranzugehen. Aber bei der bevorstehenden Übernahme einer Führungsaufgabe sollten Sie eher mit einer gewissen Selbstkritik und einem hohen Realitätssinn an Ihre Eigenbewertung herangehen. Sie können so vorgehen, dass Sie die wesentlichen zehn Anforderungen, die voraussichtlich auf Sie zukommen, auf ein Blatt Papier schreiben, und festhalten, auf welchem Niveau Sie derzeit stehen:

- „0" bedeutet „Anfänger/Neuling, d. h. ganz am Anfang stehend, allenfalls theoretische Kenntnisse, aber noch kein praktisches Knowhow",
- „5" bedeutet „führungsrelevante Fähigkeit gemäß Erwartungen in guten, noch entwicklungsfähigen Ansätzen bereits vorhanden",
- „10" bedeutet „Kompetenz professionell ausgeprägt, wie sie bei einer souveränen Führungskraft erwartet wird".

Seien Sie aufrichtig zu sich selbst: Vielleicht liegen Sie in den meisten Dimensionen bei 0–3? Es ist zwar hilfreich, wenn Sie schon Seminare oder Trainings zum Thema „Führung" besucht haben, aber was nun zählt ist praktisches Know-how. Und ich vermute, dass Sie – verständlicherweise – dazu eher rudimentäre Kenntnisse und Erfahrungen besitzen. Es ist aber kein Beinbruch, wenn Sie sich eingestehen, dass Sie am Anfang stehen und eher „Lernender in Sachen Führung" sind. Kein „Top-Leader" ist einfach vom Himmel gefallen. Gefährlich ist eher eine unangemessene Selbstüberschätzung in der Form, dass Sie glauben, alles schon zu wissen und im Griff zu haben! Gerade dann, wenn Sie bisher eher akademische Ausbildungen durchlaufen haben, sind Sie gefährdet, die Welt der Führung zu sehr aus einem theoretischen Verständnis heraus zu beleuchten.

Seien Sie auf der Hut: Führung kann man nicht auf der Hochschule lernen, sondern nur in der Praxis – und die Anforderungen sind meist recht spezifisch für die einzelnen Firmen: Was in Unternehmen A funktioniert, muss nicht in Unternehmen B angemessen sein, um erfolgreich zu führen. Gerade dann, wenn Sie eine Führungskarriere in einem neuen Umfeld starten wollen, sollten Sie die unternehmenskulturellen Veränderungen nicht unterschätzen. Ihr Trainingsprogramm beinhaltet am besten einen Schwerpunkt auf solchen Handlungsfeldern, die es Ihnen erleichtern, mit den neuen Rahmenbedingungen vertraut werden. Beispiele lauten: Vertiefte Gespräche mit Entscheidern, ausgewählte Hospitationen, gezielte Dienstreisen an verschiedene Standorte und Niederlassungen oder themenorientierte Teamrunden mit Ihren Mitarbeitern – auch damit Sie die Erwartungen der Beteiligten besser kennen lernen.

2.4.3 Mögliche Aktionsfelder

Gehen Sie die folgenden Kompetenzbereiche im Einzelnen durch, vergleichen Sie „Soll" und „Ist". Treffen Sie besser intuitive Einschätzungen, als keine Einschätzungen vorzunehmen. Das heißt: Wenn Sie die Anforderungen nur vage bewerten können, versuchen Sie sich an das heranzutasten, was von Ihnen erwartet wird. Holen Sie in den nächsten Wochen weitere Informationen durch sondierende Gespräche ein, damit Sie noch besser in Erfahrung bringen können, woran Sie gemessen werden. Gehen Sie bei Ihrer Eigeneinschätzung nicht nur von Ihrer persönlichen Sicht aus, sondern konsultieren Sie auch Vertrauenspersonen, damit Sie realistischer einstufen können, wo Sie stehen. Besuchen Sie eventuell Feedbackseminare oder nutzen Sie sich bietende Gelegenheiten zu Potenzialentwicklungsgesprächen, damit Sie besser einordnen können, wie Sie konsequent vorankommen.

Gehen Sie systematisch an die Aktionsplanung heran und machen Sie keine Schnellschüsse. Setzen Sie vor allem auf Erfahrungslernen und Üben an Fallbeispielen. Weniger hilfreich sind unspezifische Theorie-Kurse zum Thema Führung oder Rhetorik-Seminare, die nicht an Ihrem Entwicklungsbedarf orientiert sind. Auch sondierende Gespräche mit Führungskräften haben ihre Grenzen, da sie nicht ohne weiteres nötiges praktisches Rüstzeug vermitteln. Nutzen Sie solche Gespräche eher, um Erwartungen zu klären und sich für die neuen Anforderungen zu sensibilisieren. Lassen Sie sich aber durchaus von erfahrenen Praktikern, Personal-Profis und Trainern Tipps geben, wo Sie vor allem in Ihrer Führungsentwicklung ansetzen können. Ihre persönliche Ausgangs-Situation erfordert spezielle Bausteine und Lerneinheiten, die auf Sie zugeschnitten sind! Und Sie müssen es wollen, sich auf den Führungsjob gut vorzubereiten.

Vielleicht sind Sie etwas frustriert, dass ich Ihnen nicht gleich eine Liste der wesentlichen Erfolgsfaktoren zur direkten Anwendung an die Hand gebe. Vorsicht: Dies würde der Komplexität der Menschenführung kaum gerecht! Außerdem kommen Experten in diesem Metier zu durchaus unterschiedlichen Einschätzungen, was zählt. Dies hängt auch damit zusammen, dass auf sehr unterschiedliche Art und Weise respektvoll geführt werden kann. Sie sind ein einzigartiger Mensch mit einer ganz individuellen Persönlichkeit und einer spezifischen Berufs- und Lebenserfahrung. Finden Sie Ihren eigenen Weg und die für Sie passenden Vorbereitungsfelder.

Verstehen Sie meine Ausführungen eher als Anregung, um einen eigenen Plan zu entwerfen. Denken Sie darüber nicht nur für sich alleine nach. Suchen Sie den Dialog. Konkretisieren Sie Ihr Vorgehen am besten mit Ihrem derzeitigen Chef. Und verabschieden Sie die einzelnen Schritte verbindlich, wenn Ihre Überlegungen ausgereift sind.

2.5 Schwerpunkte Ihres Aktionsprogramms zur Vorbereitung auf die Führungsaufgabe

Im Folgenden gehe ich davon aus, dass Sie in absehbarer Zeit eine Führungsaufgabe übernehmen wollen und sich nun gezielt darauf vorbereiten. Denken Sie über einen Zeithorizont von zumindest einigen Monaten, sofern dies möglich ist. Wenn Sie nur wenige Wochen bis zur bevorstehenden Funktionsübernahme vor sich haben, ist die Zeit knapp, um eigene Verhaltensmöglichkeiten substanziell zu erweitern. Sie sollten dann zwar ebenfalls einzelne Handlungsbereiche für sich definieren. Seien Sie sich aber dessen bewusst, dass nachhaltige Veränderungen etwa in Ihrer Sozial- und Persönlichkeitskompetenz nicht in wenigen Wochen zu leisten sind!

Sie können in diesem Falle durchaus Literatur lesen, einzelne vorbereitende Gespräche führen und einige Kurse besuchen. Versuchen Sie aber nicht in einen Aktionismus zu verfallen, wenn Sie schon relativ zeitnah in eine Führungsfunktion wechseln. Setzen Sie Prioritäten und wählen Sie nur diejenigen Bausteine aus, die jetzt für Sie Sinn machen. Brechen Sie nichts übers Knie! Sie können auch nach einer kurzfristig bevorstehenden Funktionsübernahme weiter an sich arbeiten.

Wenn Sie demgegenüber erst wesentlich später als in zwei Jahren damit rechnen, Führungsverantwortung zu übernehmen – beispielsweise in drei bis fünf Jahren –, oder sich noch unsicher sind, ob Sie Ihr weiterer beruflicher Weg in Richtung Führungskarriere weist, überlegen Sie bitte, ob ein solches „Vorbereitungsprogramm" derzeit Sinn macht. Zwar ist es wünschenswert, wenn Sie eine berufliche Vision haben und langfristig denken. Aber bei realistischer Betrachtung des sich rasch wandelnden Umfelds wird es in nur wenigen Firmen möglich sein, eine verbindliche Zukunftsplanung für eine bestimmte Position vorzunehmen. Konzentrieren Sie sich stattdessen eher darauf, anstehende Aufgaben gut zu erledigen und sich auf eine gewisse Breite alternativer Entwicklungsmöglichkeiten einzustellen.

2. KAPITEL Auf dem Weg zur Führungskraft

Wenn Sie über zu weite Zeitstrecken planen wollen und sich nur auf eine Zielfunktion fixieren, kann dies wie eine Art inneres Korsett wirken. Sie denken wahrscheinlich häufig daran, dass Sie in fünf Jahren Führungskraft werden wollen – und bereiten sich im Rahmen Ihrer Möglichkeiten vor – und dann kommt alles anders: Vielleicht wechseln Sie in eine andere Funktion, zum Beispiel in den Vertrieb, ins Projektmanagement oder in den Kundenservice. Oder Sie arbeiten an einem anderen Standort in einem völlig anderen Team mit neuen Anforderungen. Oder Sie wechseln das Unternehmen. Oder Sie machen sich selbstständig. Seien Sie vorsichtig mit einseitigen Festlegungen für Ihre berufliche Zukunft, selbst wenn Sie innerlich spüren, dass Ihnen Führung gut liegt.

Fazit: Wenn von einem Vorbereitungsprogramm mit einzelnen Bausteinen die Rede ist, konzentriere ich mich in Ihrem Interesse auf einen überschaubaren Zeithorizont und nicht auf eine Langfristplanung, die schnell Schnee von gestern ist! Nehmen Sie bei Ihren beruflichen Planungen keine willkürlichen zeitlichen Begrenzungen vor. Aber lassen Sie die Kirche im Dorf! Konzentrieren Sie sich auf Ihre nähere berufliche Zukunft und nicht auf ein fernes Wolkenkuckucksheim. Wenn bei Ihnen vieles noch unbestimmt ist, setzen Sie dort an, wo Sie derzeit stehen: Machen Sie einen guten Job und zeigen Sie, was in Ihnen steckt. Suchen Sie parallel nach einer gewissen Breite im Erfahrungslernen und in Ihrer Weiterbildung. Fahren Sie mehrgleisig!

Verfallen Sie nicht in einen inneren Zwang, alles auf „diesen einen Weg" ausrichten zu wollen. Sie schöpfen damit unnötig Energien ab, die Sie besser für aktuelle Ziele und die Bewältigung bevorstehender Anforderungen einsetzen. Zu viel Planung kann das Gegenteil dessen bewirken, was erreicht werden soll. Es sei denn, Sie beabsichtigen, eine fundierte Management-Ausbildung zu starten. Diese kann sich über viele Jahre erstrecken: zum Beispiel an einer Business-Hochschule oder einer Wirtschafts-Akademie, an der Sie nicht nur Führung lernen, sondern meist noch viele andere Themen vertiefen – wie etwa Recht, BWL, Steuern, Personal, Marketing, IT oder Unternehmenssteuerung.

2.5 Schwerpunkte Ihres Aktionsprogramms zur Vorbereitung

Mein Aktionsprogramm zielt nicht in Richtung einer umfassenden akademischen Ausbildung – vielleicht haben Sie die schon! – oder verwandter berufsbegleitender Weiterbildungen etwa an Verwaltungs- und Wirtschaftsakademien. Vielmehr wird beleuchtet, was Sie als Praktiker in einem Full-time-Job in einem Unternehmen tun können, um die Wahrscheinlichkeit zu erhöhen, dass Sie etwa als Teamleiter erfolgreich sein werden. Es geht darum, dass Sie in wichtigen Handlungs-, Klärungs- und Erfahrungsbereichen Ihren aktuellen Standort bestimmen und prüfen, wie Sie Ihre führungsbezogenen Kompetenzen aufbauen oder weiter verfeinern können. Dies hat nichts mit einer MBA-Ausbildung oder einem Aufbau-Studium zu tun. Die Betrachtungsebene ist eine andere: Ein Weiterbildungs-Curriculum mit akademischem Anspruch dient eher zur langfristigen, auch theoretischen Vorbereitung auf eine Fach- oder Führungsaufgabe und wird meist „off-the-job" absolviert. Dies kann überaus nützlich und im Einzelfall als Qualifizierungsmodell sehr empfehlenswert sein!

Ich wende mich an Sie als kompetenten Mitarbeiter, der im turbulenten Business-Geschehen steht: Sie haben vielleicht einen 10-Stunden-Tag, einen vollen Terminkalender und konzentrieren sich auf das, was bald auf Sie zukommen könnte. Ihre Prioritäten sind darauf gerichtet, punktuell noch fehlendes Rüstzeug zu erwerben, um dann in naher Zukunft zum Beispiel ein Team zu leiten, für das Sie Personalverantwortung tragen. Sie sind gewillt, Ihren aktuellen Job weiterhin gut zu machen und für Ihre Firma bereit zu stehen, wenn Not am Mann (oder der Frau) ist. Was Ihnen derzeit wahrscheinlich noch fehlt, ist einschlägige Führungspraxis. Und da wollen Sie jetzt in einigen Monaten hin, ohne sich einen Flop zu leisten …

2.5.1 Klärung der eigenen Entwicklungs- und Optimierungsbereiche

Ihre Ausgangssituation lautet: Entweder Sie haben schon einen konkreten Führungsjob in Aussicht oder Sie setzen alles daran, sich in diese Richtung zu entwickeln. Ich unterstelle, dass Ihre Zukunftsüberlegungen eine gewisse Verbindlichkeit haben und Sie nicht in einigen Wochen schon wieder alles in Frage stellen. Gehen Sie deshalb noch einmal in sich: Was wollen Sie? Sind Ihre Planungen realistisch? Haben Sie schon eine konkrete Leitungsfunktion im Auge? Entweder bevorzugt im eigenen Unternehmen, wenn sich eine Vakanz abzeichnet? Oder alternativ in einer anderen Firma, bei der Sie sich gute Chancen ausrechnen, nach derzeit schon laufenden Bewerbungsaktionen in die „engere Wahl" zu kommen? Wie konkret sind Ihre Perspektiven?

Konzentrieren Sie sich auf das Wesentliche. Tanzen Sie nicht auf „mehreren Hochzeiten". Womöglich durchdenken Sie noch vieles und wissen noch nicht genau, welchen Weg Sie einschlagen werden. Stellen Sie im Zweifelsfall Ihre Vorbereitungsüberlegungen noch zurück, um mit sich selbst ins Reine zu kommen. Je klarer Ihre Zukunftsperspektiven sind, desto mehr werden Sie innere Ressourcen dafür entfalten können, sich auf die Umsetzung Ihrer Zielvorstellungen zu konzentrieren. Je halbherziger Sie an Ihre Vorbereitungen herangehen, desto weniger beharrlich werden Sie sich bei aufkommenden Widerständen und Barrieren für Ihre Sache einsetzen.

Denken Sie daran, dass Sie Ihre aktuellen Aufgaben weiterhin bewältigen müssen. Ich gehe davon aus, dass Sie zur Zeit schon voll ausgelastet sind und einen anspruchsvollen Job zu erledigen haben – aber eben nicht als Führungskraft, sondern als Fachkraft mit vielfältiger Verantwortung in Ihrem speziellen Metier: sei es im Kundenservice, im Vertrieb, im Controlling oder in anderen Unternehmensbereichen, in denen Sie als geschätzter Mitarbeiter vielleicht sogar fast unabkömmlich sind ...

Die persönliche Zielfindung setzt bei einer realistischen Selbsteinschätzung und einer persönlichen Standortbestimmung an. Denken Sie über die oben schon angedeutete Leitfrage nach: Wo bestehen Diskrepanzen zwischen Ihren aktuellen Fähigkeiten und Erfahrungen einerseits und den Anforderungen in einer in Aussicht stehenden Führungsaufgabe andererseits?

Gehen Sie so vor, dass Sie sich eine Liste mit sieben bis zehn Punkten machen, bei denen Sie glauben, dass Sie noch besser werden müssen, wenn Sie in einem Führungsjob erfolgreich sein wollen.

2.5 Schwerpunkte Ihres Aktionsprogramms zur Vorbereitung

Dieser „intuitive Ansatz" dient Ihnen zur Orientierung, zum Einstieg und als erster Schritt. Sie können die Liste später weiter aktualisieren und nach Erweiterung Ihres Betrachtungshorizontes verfeinern oder revidieren. Sie erstellen damit in vereinfachter Form ein erstes, wohlgemerkt vorläufiges Raster, das Ihnen als Richtschnur für die spätere Ableitung der Handlungsfelder dient. Tragen Sie formlos einfach Stichworte ein, nachdem Sie sich Gedanken hierzu gemacht haben – vielleicht „schlafen Sie einige Tage darüber":

Liste der Bereiche, in denen Sie an sich arbeiten wollen:	
Persönlicher Optimierungs- und Entwicklungsbereich	W
(1)	
(2)	
(3)	
(4)	
(5)	
(6)	
(7)	

Nehmen Sie im zweiten Schritt noch eine Bewertung vor, indem Sie die Relevanz der einzelnen Handlungsfelder gewichten:

- sehr hohe Wichtigkeit (W = 1)
- hohe Wichtigkeit (W = 2)
- mittlere Wichtigkeit (W = 3)

Werden Sie sich darüber bewusst: Hier habe ich noch Defizite, oder ich weiß, dass in diesem Kompetenzbereich noch Entwicklungsbedarf besteht. Machen Sie sich klar, welche Anforderungen auf Sie zukommen. Befassen Sie sich mit verfügbaren Anforderungsprofilen oder lassen Sie sich genau erläutern, worauf es in der jeweiligen Führungsaufgabe ankommt. Sprechen Sie mit kompetenten Vertrauenspersonen. Gehen Sie in sich und lassen Sie diese Fragestellung gedanklich von Zeit zu Zeit kreisen.

Tasten Sie sich an die Materie heran und beginnen Sie mit einem „leeren Blatt Papier" vor Ihren Augen. Nutzen Sie ein freies Wochenende, um etwa bei einer Wanderung oder einer Selbstreflexion eine innere Gewissheit und ein intuitives Gespür zu entwickeln, worauf Sie sich vorrangig konzentrieren möchten. Gehen Sie dabei nicht zu kritisch mit sich selbst um. Lassen Sie Ihre Gedanken und Empfindungen „sprudeln" und schreiben Sie alles auf, was Ihnen einfällt. Vielleicht haben Sie am Anfang eine Liste mit 50 Punkten, oder Ihnen fallen nur drei Zielbereiche Ihrer Führungsentwicklung ein. Dies ist alles ok! Sie können nichts falsch machen – außer dass Sie meinen, bereits aus dem Stand heraus ein verbindliches Ergebnis zu erzielen!

Ich nenne Ihnen einige Beispiele für denkbare Zielfelder und Entwicklungsbereiche; lassen Sie sich dadurch aber nicht beeinflussen: Konfliktstärke, Entscheidungsfähigkeit, Kenntnisse im Arbeitsrecht, Know-how über Unternehmensführung, visionäres Denken, Belastbarkeit, Rhetorik, Delegationsverhalten, Zielvereinbarungen, Moderationskompetenz, guter Umgang mit dem neuen Chef, Blickkontakt halten, Selbstmanagement in der Führungsrolle, Teamsitzungen professionell leiten, im Führungskreis selbstbewusst auftreten, Kritik konstruktiv annehmen usw.

Formulieren Sie in Ihren eigenen Worten und benennen Sie Ihre selbst durchdachten Zielbereiche zu Ihrer Führungsentwicklung. Verzichten Sie auf eine „innere Zensur" und lassen Sie Ihren Gedanken freien Lauf. Später können Sie dies verfeinern, überarbeiten, verwerfen, neu ordnen, systematisieren! Gehen Sie an diese erste Aufgabenstellung ernsthaft heran und finden Sie die Bereiche heraus, in denen Sie noch intensiv an sich arbeiten möchten. Wenn Sie meinen, schon alles im Griff zu haben, brauchen Sie nichts einzutragen! Dies ist aber eher scherzhaft gemeint, denn ich kann mir nicht vorstellen, dass Sie nicht doch das eine oder andere bei sich finden, wo Sie noch besser werden können. Denken Sie an Hinweise oder spontanes Feedback, das Sie im Laufe der letzten Monate durch andere erhalten haben. Bei kritischer Selbstbetrachtung wissen Sie wahrscheinlich schon: Hier will ich professioneller werden, wenn ich als Führungskraft gut aussehen will!

2.5.2 Handlungsfeld „strategische Kompetenz"

In einer Führungsrolle wird von Ihnen erwartet, dass Sie „strategisch denken". Was heißt das genau? Bei genauerer Betrachtung geht es um die Frage, welchen Beitrag Sie und Ihr Team zur Erreichung übergeordneter Unternehmensziele leisten können. Als Führungskraft tragen Sie Verantwortung dafür, dass Kundenerwartungen erfüllt werden, Qualitäts- und Serviceziele erreicht werden und Prozesse fortlaufend optimiert werden. Sie sind gefordert, Budgets einzuhalten und kosteneffizient zu denken, um die Wertschöpfung zu steigern. Ihr Handeln sollte darüber hinaus Innovationen und kontinuierliche Verbesserungen fördern.

Behalten Sie den Auftrag Ihres Unternehmens im Blick. Dazu gehört die langfristige Existenzsicherung und fortlaufende Gewinnmaximierung unter Berücksichtigung der übergeordneten Leitvorstellungen. Denken Sie etwa an den jeweiligen Unternehmenszweck, die Firmenvision, die Produktphilosophie, die kulturellen Leitlinien für Zusammenarbeit und Führung sowie ethisch-moralische Wertmaßstäbe zur kundenorientierten Kommunikation und fairen Kooperation – auch mit Vertriebspartnern und Lieferanten.

Strategisches Denken bedeutet auch, sich über Markt- und Wettbewerbsverhältnisse zu orientieren und die Produktpolitik des Hauses aktiv nach innen und außen zu vertreten. Als Führungskraft haben Sie eine „Mittlerfunktion": Sie müssen die meist abstrakten und wenig greifbaren Firmenstrategien und Unternehmensziele anschaulich in die Sprache der Mitarbeiter übersetzen, damit diese verstanden werden. Und sich Ihre Mitarbeiter damit identifizieren und ihren eigenen Leistungsbeitrag darauf ausrichten. In der Firmenpraxis ist dies oft ein Manko, da Strategien häufig nicht ausreichend explizit sind und Führungskräfte nicht immer ausreichend über strategische Leitziele informieren. Manche Führungskräfte begründen die Informationsdefizite mit dem Druck des Tagesgeschäftes oder sogar mit eigener Unkenntnis über strategische Zielstrukturen.

Wenn Sie dem Anspruch einer kompetenten Führungskraft gerecht werden wollen, sollten Sie hier einen Schwerpunkt setzen: nämlich sich selbst in strategischem Denken zu üben und auch die künftige Informations- und Kommunikationsverantwortung in der Leitungsrolle ernst zu nehmen. Leider ist das Konzept der strategischen Kompetenz etwas nebulös: In Firmen wird viel über Strategien gesprochen. Jedoch wird nicht immer das Entscheidende für die Mitarbeiter auf den Punkt gebracht. Strategien dürfen aber nicht nur in den Köpfen der Geschäftsleitung entstehen oder in ausgefeilten Strategiepapieren ihren Niederschlag finden. Jeder Vorgesetzte sollte es sich auf seine eigenen Fahnen schreiben, sich sowohl selbst ernsthaft mit den Strategien des Hauses zu befassen („Holschuld") als auch die Mitarbeiter in geeigneter Form zeitnah darüber zu informieren („Bringschuld").

Strategische Kompetenzen in der Vorbereitungsphase auf eine Führungsaufgabe zu trainieren kann bedeuten:

- Seminare zum strategischen Management und zum strategischen Denken besuchen – zur ersten Orientierung, worauf es ankommt.
- Mit Ihrem eigenen Vorgesetzten über Strategiekonzepte Ihres Unternehmens sprechen.
- Selbst Strategien – im überschaubaren, praxisgerechten Rahmen – für Ihren aktuellen oder künftigen Verantwortungsbereich entwickeln.
- Eine übergreifende Betrachtungsperspektive einnehmen, von der aus Sie die Frage stellen: Welcher Kundenauftrag, welcher Wertschöpfungsbeitrag und welches Qualitäts- oder Serviceverständnis liegen einzelnen Leistungsprozessen in Ihrem Hause zugrunde?
- Ein ganzheitliches Verständnis mit „Top-down"-Zielableitungen entwickeln, um besser zu erkennen, wie einzelne Ziele für Unternehmenseinheiten, Bereiche und Teams aufeinander bezogen und vernetzt sind, so dass Sie zum Nutzen des Gesamtunternehmens zusammenwirken.

Strategisches Denken ist oftmals das Resultat langjähriger Erfahrung in einer Schlüsselfunktion im Unternehmen. Selbst erfahrene Führungspraktiker haben in diesem Kompetenzfeld gelegentlich Hand-

2.5 Schwerpunkte Ihres Aktionsprogramms zur Vorbereitung

lungsbedarf! Manche Vorgesetzte fühlen sich dafür nicht verantwortlich, da nach ihrer Auffassung lediglich die Geschäftsleitung strategisch zu denken hätte ... Zutreffend ist aber: Jede Führungskraft hat einen strategiebezogenen Gestaltungsauftrag für ihr Team und die von ihr erwarteten Wertbeiträge – sonst wäre sie keine Führungskraft.

Strategische Kompetenz hat auch etwas mit einer „Grundhaltung" zu tun: nämlich das Handeln und Leisten im Unternehmen immer unter Bezug zu übergeordneten Zielen, Nutzenüberlegungen und Kundenanforderungen zu betrachten. Dies erfordert es, von Zeit zu Zeit in eine „Vogelperspektive" zu wechseln! Strategisches Denken setzt voraus, die Firmenwelt, den Markt und die Kundenwünsche von einem übergeordneten Betrachtungshorizont aus zu beleuchten. Wer stattdessen nur aus dem Druck des Tagesgeschäftes heraus agiert, nicht vorausschauend führt und eher reaktiv „die Feuerwehr spielt", wird diesem Anspruch nicht gerecht. Nehmen Sie diese Herausforderung ernst. Machen Sie sich Gedanken dazu, welche Schritte für Sie persönlich die richtigen sind, um Ihre Fähigkeiten im strategischen Denken zu vertiefen.

Entwickeln Sie hierzu Ihr eigenes Aktionsprogramm, das Sie dem Ziel ein Stück näher bringt, Strategien besser zu verstehen, zu kommunizieren und zu deren Umsetzung beizutragen. Und sogar selbst einen kleinen Beitrag zu übernehmen, Strategien künftig aktiv mit zu entwickeln, wenn dies von Ihnen erwartet wird.

Aktionsprogramm „strategische Kompetenz":
Was Sie hierzu tun können, um weiter voranzukommen ...
(1)
(2)
(3)
(4)
(5)

2.5.3 Handlungsfeld „sozial-kommunikative Kompetenz"

Als Führungskraft müssen Sie Ihr Team zielorientiert führen. Dies setzt eine effektive, mitarbeiterbezogene Kommunikation und die Förderung einer produktiven, ergebnisförderlichen Zusammenarbeit voraus. Dazu sind Ihre zwischenmenschlichen und dialogorientierten Kompetenzen besonders gefordert: Zum einen brauchen Sie Geschick in der Mitarbeiterkommunikation, also dem Gespräch mit dem Team und jedem Einzelnen. Zum anderen wird von Ihnen erwartet, die teamübergreifende Kommunikation souverän zu handhaben – etwa mit angrenzenden Bereichen, Vorgesetzten, Kunden, Lieferanten, Partnern und der interessierten Öffentlichkeit. Dazu gehören Bewerber oder Menschen, die sich über Ihr Unternehmen näher informieren möchten. Effektive Kommunikation und Interaktion sind bei kompetenter Führung miteinander verzahnt: Dialog und Kooperation dienen letztendlich der Wertschöpfung und der Leistungserstellung für die Kunden, aber auch einem harmonischen Miteinander, das Zufriedenheit und Freude bei der Arbeit ermöglicht.

Die zwischenmenschliche Kommunikation und Interaktion ist nicht nur rational geprägt: In jedem Dialog, in jeder Form der Zusammenarbeit schwingen „emotionale Töne" mit. Neben der Sachebene, auf der Informationen und Meinungen ausgetauscht werden, gibt es eine Beziehungsebene, die das Zu- und Miteinander der Beteiligten zum Ausdruck bringt. Die Beziehungsebene beschreibt vor allem das wechselseitige, gefühlsbetonte Verhältnis der Kommunikations- und Interaktionspartner: Es kann im günstigen Falle geprägt sein durch Vertrauen, Sympathie, Wertschätzung, Respekt und Anerkennung. Bei gestörter, gehemmter oder unzureichender Kommunikation stehen meist eher Misstrauen, Antipathien oder gegenseitige Vorbehalte im Mittelpunkt.

Die Kunst glaubhafter Kommunikation besteht darin, selbst bei verborgenen Vorbehalten, Ängsten oder gar Ablehnung eine gute Basis dafür zu schaffen, dass das Vertrauen und das Miteinander gestärkt werden. Ein guter Kommunikator „sendet" im Zeitverlauf eines Dialoges förderliche, Vertrauen stiftende Signale, die dazu beitragen, Spannungen und eine eher zurückhaltende bis ablehnende Grundhaltung aufzulösen. Nicht zu Unrecht ist die Rede von einer „gewinnenden Persönlichkeit", also einem Menschen, der durch seine Ausstrahlung und persönliche Wirkung Barrieren aufbricht und damit nicht nur auf der Ebene des Gesprächs, sondern auch auf der Ebene des praktischen Handelns Mitarbeiter motiviert und damit etwas in Gang setzt.

Eine gute Führungskraft benötigt ausgeprägte sozial-kommunikative Fähigkeiten, um andere von ihren Zielvorstellungen zu überzeugen, für die gemeinsame Sache zu gewinnen und gelegentlich sogar eigene Sichtweisen durchzusetzen. Der Begriff „Durchsetzung" ist allerdings mit Vorsicht zu betrachten. Von einer kompetenten Führungskraft erwarte ich nicht, dass sie manipuliert oder rücksichtslos eigene Erwartungen und Bedürfnisse anderen überstülpt. Gemeint ist vielmehr eine auf Partnerschaftlichkeit, Offenheit und Überzeugungsstärke fußende Kommunikation, die hilft, Vertrauen zu stiften, Widerstände zu überwinden und in beiderseitigem Interesse nützliche Resultate herbeizuführen.

Als künftige Führungskraft sollte es Ihnen gelingen, mit unterschiedlichen Gesprächspartnern, Mentalitäten und Persönlichkeiten so umzugehen, dass der Dialog durch Echtheit, Glaubwürdigkeit und Wertschätzung geprägt ist – selbst wenn der andere inhaltlich ganz andere Auffassungen vertritt als Sie. Streben Sie bei konfliktträchtigen Gesprächen „Gewinner-Gewinner-Lösungen" an. Versuchen Sie nicht, Ihrem Gegenüber etwas aufzuoktroyieren, weil Sie am längeren Hebel sitzen. Überzeugen Sie stattdessen durch verständliche, nachvollziehbare Argumente, die andere dazu führen, eigene Positionen zu überdenken und wieder aufeinander zuzugehen. Suchen Sie den Konsens, zumindest den Kompromiss – und wenn dies nicht gelingt –, wenigstens ein faires Respektieren der abweichenden Meinung. Bemühen Sie sich, teils verborgene Konflikte zu erkennen, einfühlsam zu bearbeiten und so gut es geht einer Lösung zuzuführen.

Sozial-kommunikative Kompetenz erfordert es auch, im Falle eines tief greifenden Dissenses und dringendem Handlungsbedarf auf

2. KAPITEL Auf dem Weg zur Führungskraft

Konsequenzen hinzuwirken. Damit ist gemeint: Nicht aussitzen oder nichts tun, sondern zügig handeln, wieder in den Dialog eintreten, keine Türen zuschlagen und Lösungen herbeiführen, die von allen Beteiligten mitgetragen werden. Schwelende Konflikte hemmen produktives Kooperieren! Wenn Teams ständig auf der Beziehungsebene im Clinch liegen, entstehen allenfalls mittelmäßige Teamleistungen: Der Aufwand für das interne Konfliktmanagement ist so hoch, dass dies wichtige Energien von kundenorientierten Problemlösungen abzieht.

Für Sie bedeutet dies: Nehmen Sie Ihre Verantwortung als Gestalter von Dialogen im Team ernst. Kehren Sie Konflikte nicht unter den Tisch. Fühlen Sie sich nicht nur als Moderator, sondern eben als Führungskraft, die neue Wege aufzeigt und hilft, aufeinander zuzugehen. Schrecken Sie auch vor gelegentlich unangenehmen, der gemeinsamen Sache dienlichen Entscheidungen nicht zurück. Beweisen Sie Konfliktstabilität und weichen Sie nicht aus. Gehen Sie nicht in die Defensive oder gar „aus dem Felde", sondern suchen Sie die produktive Auseinandersetzung. Leben Sie eine ernst gemeinte Konflikt- und Streitkultur, nicht passives „Wegbügeln" von Meinungsverschiedenheiten. Konflikte zeigen meist auf: Es besteht Klärungsbedarf! Die Kommunikationspartner vertreten nachhaltig eigene Interessen, sind gefühlsmäßig stark beteiligt, geben verständlicherweise nicht gleich nach und wünschen sich eine tiefer gehende Problemlösung.

Als Führungskraft sind Sie gefordert, an Ihren sozial-kommunikativen Kompetenzen ständig zu arbeiten. Verwechseln Sie dies bitte nicht mit reiner Rhetorik oder oberflächlicher Dialektik! Gesucht wird als Führungskraft nicht der Überflieger in Sachen Gesprächstechniken, der immer das letzte Wort hat und selbst zweifelhafte Zielvorstellungen anderen „verkaufen" kann. Manche Rhetorik- und Kommunikationstrainings vermitteln eine verkürzte Philosophie: Es wird gelegentlich suggeriert, dass man vor allem durch das Erlernen von rhetorischen Raffinessen und psychologischen Gesprächstechniken die persönliche Wirksamkeit als Vorgesetzter erhöhen könne.

2.5 Schwerpunkte Ihres Aktionsprogramms zur Vorbereitung

Dies geht jedoch leicht auf Kosten der Glaubwürdigkeit: Wer nur eine aufgesetzte, scheinbar geschliffene Rhetorik praktiziert, wird dadurch keineswegs zur souveränen Führungskraft. Gehaltvolle, vertrauensstiftende Kommunikation ist gekennzeichnet durch Partnerorientierung, Stimmigkeit, Klarheit, Prägnanz, Nachdenklichkeit, gelegentliche Selbstkritik und Wertschätzung für andere. Dazu können die unterschiedlichsten, teilweise sehr individuellen Gesprächsmittel zum Einsatz kommen. Es gibt keine „Erfolgs-Rhetorik" an sich.

Kommunizieren Sie so, wie es zu Ihnen passt. Bleiben Sie authentisch. Versuchen Sie nicht, sich zu verbiegen. Pflegen Sie Ihren eigenen Kommunikationsstil. Achten Sie dabei auf Optimierungsmöglichkeiten in Ihrem eigenen Verhalten und in Ihrer persönlichen Wirkung. Gehen Sie vor allem auf andere Menschen zu. Sprechen Sie klar, deutlich und verständlich. Setzen Sie sich mit Gegenargumenten ernsthaft, gelassen und bewusst auseinander. Respektieren Sie abweichende Meinungen. Setzen Sie Ihre Gestik so ein, dass Ihre verbalen Botschaften unterstützt werden. Stellen Sie Blickkontakt her und beachten Sie die Merkmale professioneller Kommunikation. Verfallen Sie nicht in eine aufgesetzte, oberflächliche Rhetorik! Üben Sie keine standardisierten Redewendungen oder Floskeln ein. Versuchen Sie stattdessen, sich auf Ihre Mitmenschen noch besser einzustellen, noch aktiver zuzuhören und noch besser zu verstehen, was andere bewegt. Von Ihnen als Führungskraft wird erwartet, dass Sie Ihre Äußerungen mit Bedacht wählen und nicht einen einseitigen Standpunkt beziehen, der Irritationen auslöst. Ihre Gesprächsposition sollte auf die Beteiligten eher ausgleichend wirken statt zu polarisieren.

Konstruktive, durch Respekt und Wertschätzung geprägte Kommunikation können Sie zwar durchaus üben – hierzu empfehlen sich Seminare, Trainings, Feedbacks oder Lektüre. Entwickeln Sie aber vor allem eine reflektierte innere Einstellung – eine konstruktive Grundhaltung – zur Kommunikation in der Führungsrolle: Kümmern Sie sich als Führungskraft vor allem darum, was andere wahrnehmen, denken und erwarten. Sie sind gefordert, zu integrieren, auf Ergebnisse hinzuwirken und sowohl die Klaviatur der informellen als auch der formellen Kommunikation überzeugend zu spielen. Dazu gehören Smalltalk, spontane Konversation, logisches und verständliches Argumentieren sowie Interesse am Mitmenschen. Arbeiten Sie daran, in Ihrer partnerschaftlichen Kommunikation und in Ihrer persönlichen Wirkung noch besser zu werden. Überlegen Sie, welche Maßnahmen Sie als geeignet ansehen, um Ihr persönliches Aktionsprogramm zu erweitern.

Aktionsprogramm „sozial-kommunikative Kompetenz":
Was Sie hierzu tun können, um weiter voranzukommen …
(1)
(2)
(3)
(4)
(5)

2.5.4 Handlungsfeld „Verhaltenskompetenz Führung"

Wenn Sie ein Team führen wollen, benötigen Sie praktisches Knowhow, wie Sie eine Gruppe von Menschen dafür gewinnen, gemeinsame Ziele effektiv zu verfolgen. Führungskompetenz „auf den Punkt gebracht" bedeutet somit, dass Sie über ein Repertoire an unterschiedlichen Verhaltensweisen oder Instrumenten zur Förderung der Zielerreichung verfügen. Geeignete Führungsinstrumente sollten Sie so einsetzen, dass je nach Anforderung, Situation und individuellen Voraussetzungen der Geführten die angestrebten Ergebnisse erreicht werden. Führungserfolg ist letztendlich eine Funktion der Qualität der Aufgabenerledigung bezogen auf das, was erreicht werden soll.

Allerdings wäre es eine starke Vereinfachung, gute Führung nur daran messen zu wollen, was unter dem Strich herauskommt. Nicht nur das Was, sondern auch das Wie ist maßgebend! Die einfühlsame Leitung eines Teams sollte bewirken, dass die Mitarbeiter sich aus ihrem eigenen Blickwinkel gut geführt fühlen. Dazu gehören subjektive Wahrnehmungen wie:

2.5 Schwerpunkte Ihres Aktionsprogramms zur Vorbereitung

- Es geht gut voran! Wir erkennen, was wesentlich ist.
- Wir fühlen uns kompetent in unserer Arbeit begleitet und bei aufkommenden Problemen zugleich wirksam unterstützt.
- Wir können viel selbst gestalten und es bestehen Spielräume zur Selbststeuerung und Eigenverantwortung.
- Der Teamgeist stimmt und wir gehen aufeinander zu, wenn es einmal zu Konflikten kommt.

Eine souveräne Führungskraft wird folglich nicht nur auf den Output schauen, sondern gleichermaßen auf die wirksame Prozessbegleitung des Teams beim Erzielen von Wertschöpfungsbeiträgen. Dabei spielen die bereits angesprochenen ethisch-moralischen Wertmaßstäbe und Leitprinzipien einer dialogorientierten Führungskultur eine wichtige Rolle: Verhaltenskompetenz in Sachen Führung meint folglich keineswegs „Machtausübung qua Hierarchie", „Anweisen und Kontrollieren", „Disziplinieren" oder „zum Rapport bitten" – Stichwort „Bitte Rücksprache …". Gemeint sind somit nicht ein autoritär-direktiver Führungsstil durch „Vorgaben von oben" oder Instruktionen, die kaum Handlungsspielräume gewähren. Es geht auch nicht um das generalstabsmäßige Verständnis preußischer Militärführung, fußend auf Gehorsam, Disziplin, Autoritätshörigkeit und kritikloser Anpassung, womöglich zur Stabilisierung des vor allem auf Seilschaften beruhenden „Old-Boys-Network".

Wer kompetentes Führungsverhalten demonstriert, ermutigt vielmehr zum autonomen Handeln, zum Teamgeist und zur Selbststeuerung beim Erzielen kundenorientierter Leistungsbeiträge. Dies setzt engagierte Mitarbeiter mit Selbstvertrauen, innerer Beteiligung und Erfolgszuversicht voraus. Es mag sein, dass mancher Chef sich eher angepasste Mitarbeiter wünscht, die unauffällig im Umgang sind, nicht viele Fragen stellen und keine Kritik üben. Dann braucht der betreffende Vorgesetzte sich aber nicht zu wundern, wenn wenige oder gar keine Impulse zu Verbesserungen oder Innovationen aus dem eigenen Team kommen.

Wenn Sie professionell führen wollen, müssen Sie als Vorgesetzter in der Lage sein, mit kritischen, gelegentlich „anders denkenden" Mitarbeitern konstruktiv und ermutigend umzugehen.

2. KAPITEL   Auf dem Weg zur Führungskraft

Ihr Führungsstil sollte deshalb vor allem folgende Anforderungen erfüllen:

- Je nach Situation setzen Sie unterschiedliche, passende Führungs-Skills mitarbeitergerecht und flexibel um, so dass Ihre Teammitglieder das Gefühl haben, wirksam bei der Erledigung ihrer Aufgaben unterstützt zu werden.
- Sie gewähren Freiräume und fördern eigeninitiatives Handeln. Und Sie gestatten es Ihren Mitarbeitern, eigene Wege zu gehen und persönliche Stärken so einzusetzen, dass anstehende Aufgaben effektiv erledigt werden.
- Sie fördern das Miteinander und nicht das Gegeneinander im Team. Sie schaffen Möglichkeiten für interdisziplinäre Zusammenarbeit und bereichsübergreifende Kommunikation im Interesse Ihrer Kunden. Abteilungsegoismen und „Revierabgrenzungen" wirken Sie entgegen und schaffen stattdessen offene Kommunikationsräume, auch über scheinbare Grenzen von Standorten und Organigrammen hinweg.
- Sie vermitteln Werte, Strategien und Orientierung zu übergeordneten Zielen, so dass Ihre Teammitglieder diese verstehen und mit Überzeugung verinnerlichen können.
- Sie fördern Innovationen, Qualitätsdenken und konsequente Ausrichtung am Kundennutzen, denn nur zufriedene und loyale Kunden tragen dazu bei, die Existenz des Unternehmens – und die Daseinsberechtigung Ihres eigenen Teams – langfristig zu sichern.

Welche Führungsinstrumente und Verhaltenskompetenzen gilt es, im Einzelnen zu erlernen und sicher zu beherrschen? Ich glaube, es gibt kein „Geheimwissen" hierzu: Gute Führungskräfte haben grundsätzlich eines gemein: Sie zeigen Richtung auf, vereinbaren Ziele, übertragen Aufgaben zur eigenständigen Erledigung und unterstützen einfühlsam bei der Aufgabenerledigung. Sie geben zeitnah Rückmeldungen, äußern Lob und sprechen sichtbar Anerkennung aus. Sie üben aber auch konstruktive Kritik, wenn es nötig ist und können selbst Kritik annehmen und „aushalten". Sie bemühen sich, Konflikte zu erkennen, zu bearbeiten und darauf hinzuwirken, dass Lösungen herbeigeführt werden. Sie fördern ihre Mitarbeiter und zeigen Entwicklungsperspektiven auf. Führung bedeutet, den Dialog

2.5 Schwerpunkte Ihres Aktionsprogramms zur Vorbereitung

zu suchen, Mitarbeitergespräche zu führen, sich Zeit zu nehmen für den Einzelnen, Teamsitzungen zu leiten und sich um die Belange der Mitarbeiter angemessen zu kümmern.

Diese Liste könnte noch fortgesetzt werden ... In der Praxis kommt es vor allem darauf an, Führungsaufgaben mit Geschick und Einfühlungsvermögen zu bewältigen. Eine schriftliche Darstellung der einzelnen Verhaltenskompetenzen „en detail" stößt an Grenzen, denn die geforderten Fähigkeiten und Fertigkeiten lassen sich nur begrenzt theoretisch beschreiben. Führungs-Skills müssen erprobt, geübt und verfeinert werden, am besten durch unmittelbares Handeln, das durch Feedback begleitet wird und somit zur Weiterentwicklung der Kompetenzen beiträgt.

Führung bedeutet, Verantwortung für die gemeinsame Sache zu übernehmen und sich glaubhaft und kongruent, d. h. stimmig, im Dialog mit dem Team zu verhalten. Es gibt leider Vorgesetzte, die nur pro forma führen: Das heißt, sie üben zwar gemäß hierarchischer Position die Rolle des Vorgesetzten aus, kümmern sich aber nur wenig um die Belange der Mitarbeiter. Man sagt: „Der Fisch stinkt vom Kopf". Und damit ist im Business gemeint, dass in manchen Firmen sogar einzelne Manager – wissentlich oder unwissentlich – ein passives, an Anpassung orientiertes Führungsverhalten in den nachgeordneten Leitungsfunktionen begünstigen. Und das wirkt sich eher ungünstig auf die Motivation und das Engagement der Mitarbeiter aus.

Vielleicht denken Sie auch, dass Ihr eigener Chef diesen zweifelsohne hohen Ansprüchen an ein modernes Führungsverhalten (noch) nicht genügt. Ich möchte Ihren Blick aber nicht auf Führungsschwächen lenken, sondern lieber ein positives Leitbild von Führung aufzeigen, das Ihnen Orientierung vermitteln kann. Dabei spielen einzelne Techniken nur eine sekundäre Rolle. Es geht mehr um das Gesamtverständnis. Führungsfähigkeiten zu besitzen bedeutet zunächst nicht: „Wie delegiere oder lobe oder kritisiere ich richtig?" Sondern: „Was ist der Maßstab für professionelle Führungskompetenz? Was kann Sie in Ihrer eigenen Führungsentwicklung inspirieren? Wo wollen Sie hin, und wie lautet Ihr ganz persönliches Verständnis und Ihre Vision für kompetente Führung?"

Finden Sie hierzu eher Ihre eigenen Leitvorstellungen heraus, als dass Sie nur eine Liste von Führungstechniken notieren, die Sie einüben wollen! Es kommt insbesondere auf Ihre innere Einstellung und Ihre Grundüberzeugung an. Daran sollten Sie vorrangig arbeiten. Einzelne Skills lassen sich vor diesem Hintergrund besser verfeinern und weiterentwickeln. Vergegenwärtigen Sie sich, dass Sie die nötigen Instrumente wohl noch nicht wie ein Profi beherrschen. Sehen Sie sich deshalb realistisch als „Anfänger", der vor Neuland steht und noch hinzulernen will oder muss.

Stellen Sie sich zu Ihren Leitvorstellungen bitte folgende Fragen:

- Wissen Sie, wie Ziele partnerschaftlich mit Mitarbeitern vereinbart werden?
- Haben Sie ein Verständnis dafür, wie ein strukturiertes Mitarbeitergespräch geführt werden sollte?
- Worauf kommt es beim Delegieren an?
- Können Sie Konflikte erkennen und sie effektiv einer Lösung zuführen?
- Haben Sie ein Gespür für die Stärken von Mitarbeitern und können den Betreffenden dabei helfen, diejenigen Aufgaben zu übernehmen, die ihnen liegen?
- Können Sie Lob, Anerkennung und Kritik fair, dem Mitarbeiter und der Situation gerecht ansprechen?
- Haben Sie Erfahrung darin, Teamsitzungen zu leiten, zu moderieren und sie so zu steuern, dass gemeinsam getragene Ergebnisse erzielt werden?
- Fühlen Sie sich kompetent, die Leistung von Mitarbeitern zu beurteilen, Entwicklungsbereiche aufzuzeigen und Förderpläne für Einzelne zu erarbeiten?

Ich nehme an, dass Sie solche und ähnliche Fragen bei ehrlicher Einschätzung Ihrer derzeitigen Fähigkeiten und Möglichkeiten nur begrenzt bejahen können. Vielleicht gibt es einzelne Facetten des Führungsverhaltens, bei denen Sie sich schon einiges zutrauen, während sie in anderen Bereichen gemäß Ihrer Selbsteinschätzung noch am Anfang stehen. An dieser Stelle bitte ich Sie, herauszuarbeiten, inwiefern Sie Handlungsbedarf für sich erkennen. Notieren Sie diejenigen Bereiche des praktischen Führungsverhaltens, für die

2.5 Schwerpunkte Ihres Aktionsprogramms zur Vorbereitung

Sie glauben, noch hinzulernen zu müssen. Das erforderliche Knowhow können Sie sich zum Beispiel durch weitere Lektüre, durch geeignete Trainingsmaßnahmen, durch Verhaltensbeobachtung bei kompetenten Vorgesetzten oder auch schrittweise durch „Learning-by-doing" aneignen.

Mein Anliegen an dieser Stelle besteht darin, Sie zu veranlassen, dass Sie zwischen „Ist" und „Soll" abgleichen: Wo stehen Sie, und wo wollen Sie hin? Beschaffen Sie sich vertiefende Literatur zum Thema Führung, um die einzelnen Instrumente, zum Beispiel Zielvereinbarungen, Mitarbeitergespräche, Delegation, Feedback, Mitarbeiterförderung und vieles mehr noch besser kennen zu lernen. Setzen Sie dort an, wo Sie bei sich vorrangigen Bedarf zum Weiterlernen erkennen: Vergleichen Sie sich an dieser Stelle mit einem Schüler in der Fahrschule, der sein Fahrzeug beherrschen will, aber noch nicht alle Fähigkeiten und Fertigkeiten im Griff hat, um einen PKW sicher zu steuern.

Bedenken Sie, dass Menschenführung keine Technik an sich ist. Es gibt letztlich keine ethisch vertretbaren „Tricks oder Tools", um andere einseitig zu beeinflussen oder zu manipulieren. Das Ziel besteht darin, dass Sie durch überzeugendes Führungsvorbild und sichtbares Führungsverhalten an Profil gewinnen – und sich damit das Vertrauen von Menschen verdienen, für die Sie Führungsverantwortung tragen. Konzentrieren Sie sich auf die ganzheitliche Selbstentwicklung hin zur Führungspersönlichkeit!

Aktionsprogramm „Verhaltenskompetenz Führung":
Was Sie hierzu tun können, um weiter voranzukommen ...
(1)
(2)
(3)
(4)
(5)

2.5.5 Handlungsfeld „fachliche Führungskompetenz und Führungswissen"

Wenn Sie ein Team leiten, müssen Sie nicht nur wissen, wie etwas gemacht wird, sondern warum es gemacht wird. Anders ausgedrückt: Sie benötigen Hintergrundwissen, das im weitesten Sinne als führungs-fachliches Know-how bezeichnet werden kann: In welchen Situationen ist aus welchen Gründen was zu tun? Erst dieses erweiterte Führungswissen ermöglicht es Ihnen, flexibel, situationsgerecht und nach bestem Wissen und Gewissen kompetent zu handeln.

Es mag sein, dass viele Führungskräfte „aus dem Bauch heraus" führen und damit auch gute Erfahrungen sammeln. Manchmal gibt es hierzu keine Alternativen, da viele Führungssituationen neuartig sind und man nicht einfach in einer „Führungs-Enzyklopädie" nachschlagen kann, was jetzt zu tun ist. Praktische Beispiele hierfür sind: Es sind herausfordernde Ziele in einer Prozesskette zu vereinbaren; ein spezielles Team muss für eine Sonderaufgabe zusammengestellt werden; ein schwieriges Projekt, das zu kippen droht, muss noch gerettet werden. Oder ein neuer Spezialist soll gefunden und in ein Service-Team integriert werden, damit eine qualitativ anspruchsvolle Kundenerwartung zügig erfüllt werden kann.

Zweifelsohne ist das hierzu benötigte Bedingungswissen, „was wann wie zu tun ist", erfahrungsgeleitet und vor allem durch praktisches Tun zu verfeinern. Viele Führungskräfte lernen schlichtweg durch Ausprobieren, durch Verwerfen von Handlungsvarianten, die sich nicht bewährt haben oder durch „Lernen am Erfolg": Was funktioniert, wird beibehalten – natürlich mit der Gefahr, dass sich Verhaltensmuster einschleifen, die nicht effektiv oder lediglich suboptimal sind. Eine Alternative hierzu besteht darin, sich mit erfahrenen Praktikern oder eigenen Vorgesetzten zu beraten, was in bestimmten Situationen am besten zu tun ist. Hiervon leben auch viele Berater, die oftmals eine „zweite, neutrale Meinung" präsentieren, und damit zur Absicherung weitreichender Entscheidungen herangezogen werden.

2.5 Schwerpunkte Ihres Aktionsprogramms zur Vorbereitung

Bei realistischer Betrachtung der Komplexität und Vielfalt der Führungsvarianten gilt es, einen persönlichen Stil zu finden: Viele Wege führen nach Rom. Während der eine eher eng auf Ziele, Entscheidungen, Meilensteine und auf die fortlaufende Ergebnisbewertung hin führt, praktiziert der andere einen mehr diskursiven, auf viel Dialog, Reflexion und Feedback ausgerichteten Führungsstil. Finden Sie Ihren persönlichen Ansatz! Und führen Sie so, dass Sie gemäß Ihrem eigenen Naturell, Ihren Ziel- und Wertvorstellungen, Ihrem jeweiligen Team und Ihren eigenen Handlungsmöglichkeiten bestimmt und sicher auf das Erreichen der gemeinsamen Ziele hinwirken.

Es gibt jedoch eine spezielle Form des fachlichen Führungswissens, das einen gewissen verbindlichen Standard kompetenter Führung zum Ausdruck bringt.

> **Denken Sie bitte an folgende Kenntnisse, die zum „Kanon guter Führung" gehören:**
>
> - Arbeitsrechtliche Fragen zur Personalführung, zum Beispiel zu Themen wie Gestaltung von Arbeitsverträgen, Einstellung, Einsatz, Versetzung oder Freisetzung von Mitarbeitern: Hierzu zählen auch „unangenehme" Disziplinarmaßnahmen, über deren Handhabung Sie zumindest informiert sein sollten – selbst wenn Sie diese gar nicht oder hoffentlich selten benötigen.
> - Fragen zur Mitarbeiter-Leistungsbeurteilung und die damit verbundene Problematik der fairen Vergütung von Leistungen – einschließlich der Eingruppierung von Mitarbeitern in Gehalts- oder Tarifsysteme sowie die Gewährung von monetären und nicht-monetären Nebenleistungen.
> - Führungspraktisches Know-how zur individuellen Mitarbeiterführung, zum Beispiel zum Treffen von Zielvereinbarungen bei qualitativen und quantitativen Zielen, zum Definieren von Aufgabenschwerpunkten gemäß einem Funktionsprofil oder zum Führen systematischer Jahres-Mitarbeitergespräche.
> - Kenntnisse über tarifliche und branchenspezifische Regelungen, gültige Betriebsvereinbarungen oder Arbeits- und Datenschutzbestimmungen, Regelungen zur Respektierung von Persönlichkeitsrechten und zur Sicherung der Vertraulichkeit von Informationen, Regelungen zur Altersvorsorge, Kündigungs-

2. KAPITEL   Auf dem Weg zur Führungskraft

> schutz-Bestimmungen sowie Arbeitszeit- und Pausenregelungen etc.
> - Sonderregelungen für einzelne Mitarbeitergruppen in Ihrem Hause, zum Beispiel leitende Angestellte, gewerbliche Arbeitnehmer, Auszubildende, Behinderte, Schwangere, Teilzeitbeschäftigte, Jugendliche oder Praktikanten.
> - Kenntnisse über das Betriebsverfassungsgesetz, in dem Mitbestimmungs-, Mitwirkungs- und Informationsrechte des Betriebs- bzw. Personalrates festgehalten sind.

Vielleicht gewinnen Sie jetzt den Eindruck, dass Sie mit der Fülle dieser Bestimmungen und der Einarbeitung in diese komplexe Materie etwas überfordert sind. Daraus sollten Sie aber nicht den Schluss ziehen, alles auf sich zukommen zu lassen. Und abzuwarten, welche konkreten Fragestellungen an Sie herangetragen werden. Besser ist es, wenn Sie ausreichend Zeit einplanen, um sich im Vorfeld so gut es irgend geht zumindest im Überblick kundig zu machen. Damit Sie nicht den roten Faden verlieren, sollten Sie sich beraten lassen, wie Sie sich am besten schrittweise in diese Materie einarbeiten. Empfehlenswert sind zum Beispiel Kompaktseminare mit Profis des Arbeitsrechtes, damit Sie schnell einen umfassenden, systematischen Zugang erhalten und bei Bedarf Einzelthemen vertiefen können.

Dazu gehört auch, dass Sie nach Bedarf Gespräche mit Personalspezialisten, Arbeitnehmervertretern oder Arbeitsrechtlern in Ihrem Hause führen, um für Eventualitäten gewappnet zu sein, wenn Sie Personalverantwortung übernehmen. Der Anspruch, in einigen Monaten in diesen fachlichen Themen zum Experten zu werden, wäre jedoch überhöht. Sie benötigen zum Einstieg allerdings ein solides Basiswissen, um dann im Laufe der Jahre kontinuierlich hinzuzulernen. Nehmen Sie diese Thematik keineswegs auf die leichte Schulter: Es ist schon so manche Führungskraft gleich am Anfang in der neuen Funktion über den Mangel an Führungswissen gestolpert. Sie haben keine Schonfristen: Führungsverantwortung – formalrechtlich – tragen Sie vom ersten Tag Ihrer Leitungsaufgabe an. Und da sich beispielsweise arbeitsrechtliche Regelungen ständig ändern, sind Sie gefordert, zumindest in Ansätzen gleich am Anfang auf dem neuesten Stand zu sein, um nicht unangenehm überrascht zu werden.

Bedenken Sie, dass ein Ihnen weniger wohl gesonnener Mitarbeiter kundige Arbeitsrechtler einsetzen kann, um seine Interessen durchzusetzen oder um Ihnen, zum Beispiel nach einer Abmahnung oder Kündigung, ein Bein zu stellen. Als Führungskraft vertreten Sie Ihren Arbeitgeber häufig auch formal in der Vorgesetztenrolle, ohne dass Sie es immer im Einzelfall wissen. Informieren Sie sich deshalb frühzeitig über Ihre Rechte und Pflichten, damit Sie nicht gerade in diesem Bereich Schiffbruch erleiden. Sie benötigen eventuell auch einen erfahrenen Berater, den Sie hierzu bei Bedarf konsultieren können.

Wenn Sie gravierende rechtliche Verhaltensfehler als Führungskraft machen, nützt Ihnen auch der beste Führungsstil und ein souveräner zwischenmenschlicher Umgang wenig. Sehen Sie den Realitäten ins Auge und sichern Sie sich ab, damit Ihnen nicht womöglich durch Ihren eigenen Arbeitgeber fahrlässiges Verhalten unterstellt wird.

Aktionsprogramm „fachliches Führungswissen":	
Was Sie hierzu tun können, um weiter voranzukommen …	
(1)	
(2)	
(3)	
(4)	
(5)	

2.5.6 Handlungsfeld „methodisches Führungs-Know-how"

Wenn ich von methodischem Know-how spreche, geht es mir darum, wie Sie einerseits Ihre Arbeit als Führungskraft organisieren und wie Sie sich andererseits selbst steuern und „managen". Die persönliche Herausforderung für Sie besteht darin, dass Sie an die anstehenden Aufgaben effektiv und effizient herangehen. Und zugleich

2. KAPITEL   Auf dem Weg zur Führungskraft

Ihre innere Ausgeglichenheit und Lebensfreude bewahren! Vorgesetzter zu sein wird manchmal so interpretiert, dass man sich um alles kümmern muss und am besten rund um die Uhr für die Firma da ist. Oder zumindest in „ständiger Bereitschaft", um sofort zu reagieren, wenn irgendetwas nicht nach Plan läuft. So manche Führungskraft richtet dementsprechend fast ihr ganzes Leben auf den Job aus, was zum einen zu sehr vielen Überstunden und zum anderen zu einer Art „Sieben-Tage-Arbeitswoche" führt.

Ich will nicht in Abrede stellen, dass bestimmte Führungskonstellationen es erfordern, deutlich mehr Zeit als üblich aufzuwenden. Wer für vieles in der Firma Verantwortung trägt, muss auch bereit sein, gelegentlich mehr als den üblichen Job zu leisten. Für Sie bedeutet dies aber nicht zwangsläufig, dass sich alles nur noch um Ihre Führungsaufgabe dreht! Es gibt durchaus vorbildliche Führungskräfte, die „ganz normal" arbeiten. Das heißt: Die Welt besteht eben nicht nur aus Business, sondern es werden noch andere Sinnbereiche und Tätigkeitsfelder verfolgt, die für ein erfülltes, ausgewogenes Leben mindestens genauso wichtig sind: Familie, Partnerschaft, Kinder, Hobbys, Sport, Vereine, gesellschaftspolitische Aktivitäten, geistiger und mentaler Ausgleich oder auch spirituelle Themen.

Meine Botschaft an Sie lautet deshalb: Muten Sie sich nur das zu, was Sie bewältigen können, ohne sich selbst aufzugeben und Ihre eigenen Ressourcen überzustrapazieren. Es spricht grundsätzlich nichts dagegen, dass Sie eine 60-Stunden-Arbeitswoche praktizieren – sehen wir einmal ab von psychischen und physiologischen Grenzen, denen Sie unterliegen. Es kann auch sein, dass nicht alles, was als Arbeit definiert wird, inhaltlich diesen Charakter trägt: Vielleicht sehen Sie Ihren Job als Ihr Hobby, oder Sie haben viele soziale Kontakte am Arbeitsplatz und nutzen reichhaltige Gelegenheiten zum Smalltalk und zur informellen Kommunikation. Oder Sie erleben es als abwechslungsreich und spannend, häufig auf Dienstreisen zu sein und für Ihre Firma und für Ihre Kunden an verschiedenen Einsatzorten tätig zu werden.

Ein gewisses Maß an Stress wirkt auch aktivierend; es darf eben nur nicht zu viel werden, was Sie sich zumuten. Und es kann durchaus sein, dass Sie faktisch gar nicht wesentlich mehr als andere arbeiten,

2.5 Schwerpunkte Ihres Aktionsprogramms zur Vorbereitung

aber durch die zusätzliche Verantwortung und die hohe Beanspruchung in der Führungsrolle besonderem psychischen Druck ausgesetzt sind. Dies kann Sie im ungünstigen Falle sogar „ausknocken". Durch ein bewusstes Selbstmanagement können Sie Ihre eigenen Grenzen erkennen, diese respektieren und mit sich und der verfügbaren Zeit so umgehen, dass Ziele erreicht und Prioritäten richtig gesetzt werden – ohne die innere Balance zu verlieren.

Vermeiden Sie es, sich auf Dauer nur noch einseitig auf die Welt in Ihrer Firma zu konzentrieren. Natürlich gibt es Spitzenzeiten. Bedenken Sie, dass Ihre Seele und Ihr Körper natürliche Signale senden, wenn es Ihnen zu viel wird. Achten Sie auf diese mehr oder weniger deutlichen Botschaften von innen heraus. Und steuern Sie frühzeitig gegen. Spielen Sie nicht ständig „Feuerwehr" oder helfen Sie nicht unbedacht ständig aus, wenn andere anscheinend mit ihren Fachaufgaben nicht klarkommen. Eine gute Führungskraft muss nicht ständig und überall präsent sein.

Es ist ein wesentliches Merkmal professioneller Führung, die eigenen Energien vor allem auf die ergebnisorientierte Steuerung der gemeinsamen Auftragserfüllung im Team auszurichten. Ihr Führungsverhalten sollte Ihre Mitarbeiter gerade befähigen, Aufgaben eigenständig zu erledigen und Ziele auch ohne ständige Intervention durch den Chef zu verfolgen. Es mag sein, dass Sie sogar einen Fehler machen, wenn Sie aufkommende Unsicherheiten oder einzelne Barrieren und Widerstände gleich ausschalten wollen. Sie können als Führungskraft nicht die erste Anlaufstelle für die direkte Bewältigung von anfallender Mehrarbeit sein; Ihre Mitarbeiter lernen im günstigen Falle auch aus gesammelten Erfahrungen und unvorhergesehenen Fehlern für sich selbst. Trotzdem sollten Sie stets ein offenes Ohr haben, um die Sorgen und Wünsche Ihrer Mitarbeiter bei Bedarf zu besprechen. Dies setzt wiederum eine gute Arbeitsmethodik als Führungskraft voraus, damit Sie entsprechende Freiräume flexibel bereitstellen können.

Kompetente Delegation bedeutet, Mitarbeitern fähigkeitsgerecht Aufgaben zu übertragen, so dass sie Verantwortung übernehmen können und gemäß ihren fachlichen und persönlichen Voraussetzungen neue Herausforderungen zu bewältigen haben. Wenn Sie vorschnell eingreifen, zu viel kontrollieren und mögliche Fehler schon im Keim ersticken wollen, machen Sie Ihre Mitarbeiter eher abhängig und brauchen sich nicht zu wundern, wenn ständig nach Ihnen verlangt wird. Manche Mitarbeiter denken sogar: Wenn der Chef das alles selbst machen will oder sowieso vieles besser weiß, bitte sehr: dann soll er sich doch auch gleich drum kümmern. Sie haben dann schnell mit Rückdelegationen zu kämpfen. Eigenverantwortung zu übernehmen wird durch Ihr Verhalten in diesem Falle sogar eher behindert.

Methodisches Führungs-Know-how bedeutet, Ihre Arbeit als Leitungskraft bewusst zu strukturieren, fortlaufend auf die Ziele hin zu steuern und das eigene Handeln auf das Wesentliche für Ihren Verantwortungsbereich auszurichten. Sie benötigen dazu nicht nur ein ausgewogenes Team-Management, sondern auch ein gutes Selbstmanagement, damit Sie nicht den Überblick verlieren! Ich gebe Ihnen einige Empfehlungen, worauf Sie besonders achten sollten – und in Ihrer Vorbereitung auf die Führungsaufgabe am besten durch Selbstreflexion in sich gehen. Finden Sie heraus, welchen Vertiefungs- und Nachholbedarf es für Sie geben könnte.

Empfehlungen:

- Versuchen Sie, Ihr Handeln als Führungskraft an den Zielen auszurichten, die Sie mit Ihrem eigenen Chef vereinbart haben. Sehen Sie sich in der Rolle desjenigen, der einen maßgeblichen Wertschöpfungsbeitrag zum Erreichen der übergeordneten Unternehmensziele leisten will. Betrachten Sie sich bei der Zielverfolgung gemeinsam mit Ihrem Team als ergebnisverantwortlich. Achten Sie darauf, dass Sie in der verfügbaren Zeit den Output erreichen, der für die Zielerfüllung nötig ist. Betrachten Sie Ihren künftigen Job somit als Verantwortung für vorausschauende, proaktive Zielerreichung – und nicht unter dem Blickwinkel der reaktiven Erledigung von einzelnen Aufgaben, die von Tag zu Tag auf Ihrem Schreibtisch ankommen.

- Klären Sie frühzeitig, wie in Ihrem Hause von der übergeordneten Ebene Ziele inhaltlich definiert und abgeleitet werden. Welche Erwartungen bestehen im Hinblick auf die Qualität der Zielerfüllung? Das setzt voraus, dass Sie mit Ihrem eigenen

2.5 Schwerpunkte Ihres Aktionsprogramms zur Vorbereitung

Chef über die wesentlichen Eckpfeiler, das Anspruchsniveau und die Zeithorizonte reden. Es mag sein, dass Sie als Newcomer einen Vertrauensvorschuss genießen und sich die eine oder andere Zielverfehlung (noch) erlauben können. Geben Sie sich keinen Illusionen hin: Es ist nur eine Frage der Zeit, bis Sie vor allem danach beurteilt werden, wie gut Sie Ihre Führungsrolle gestalten, um Ihre Ziele gemeinsam mit Ihrem Team zu erreichen.

- Achten Sie auf Ihre Arbeitsorganisation: Dokumentieren Sie wesentliche Ziele, den Status der Zielerreichung, eingeleitete Aktivitäten und was Sie noch vorhaben, um bis zu einer bestimmten Deadline – zum Beispiel das Geschäftsjahres-Ende – gut voranzukommen. Das ist nicht so gemeint, dass Sie penible Aktennotizen erstellen sollen. Aber stellen Sie sich darauf ein, dass Status-Reports von Ihren Vorgesetzten abgefragt werden. Seien Sie dafür gewappnet, relativ spontan darzustellen, was schon erreicht wurde – und was bei Ihnen noch „in der Pipeline" ist. Nehmen Sie sich die Zeit für solche Reflexionsschritte. Denken Sie daran, dass Sie in Ihrer künftigen Rolle primär als Manager und nicht als Sachbearbeiter oder „universeller Springer" gefordert sind.

- Machen Sie sich fit in Methoden-Know-how, das Sie zusätzlich im Führungsjob brauchen. Denken Sie z. B. an Tools zur Projektsteuerung und zum Projekt-Controlling, Reporting-Methoden auf Kennzahlen-Basis, Management-Informations-Systeme, Balanced-Scorecard-Ansätze, Zielvereinbarungs- und Zielvernetzungs-Systeme, spezielle IT-Technologien zur Prozesssteuerung oder Qualitätssicherung – und vieles andere mehr, was in Ihrem Unternehmen gefordert ist, um die Führungsarbeit zu optimieren.

- Überprüfen Sie Ihr Selbstmanagement: Wenn Sie Führungskraft werden, kann vieles auf Sie einprasseln, so dass Sie sich rasch ein dickes Fell zulegen müssen. Sind Sie weniger hart im Nehmen, eher sensibel und gehen harmonieorientiert an die Dinge heran, werden Sie es vergleichsweise schwer haben. Schauen Sie bei sich auf diejenigen Entwicklungsbereiche, die Ihnen helfen, noch standfester, belastbarer und konfliktstabiler zu werden. Es gibt zum Einstieg gute Bücher zum Thema Selbstmanagement und effektives Arbeiten in der Führungsfunktion: Schauen Sie dort einmal hinein, damit Sie sich auf Ihre neue Verantwortung einstimmen. Achten Sie darauf, dass keine Schieflage entsteht, weil Sie bestimmte sensible Anteile Ihrer persönlichen Identität ausklammern, die für Sie in der Führungsposition hemmend sein können. Arbeiten Sie an sich, um die nötigen inneren Kräfte zu mobilisieren, damit Sie mit Stress-Situationen, Rivalitäten, Machtkämpfen und spannungsgeladenen Auseinandersetzungen besser klarkommen.

Aktionsprogramm „methodisches Führungswissen":

Was Sie tun können, um Ihre Arbeit und sich selbst besser zu managen …

(1)
(2)
(3)
(4)
(5)

2.5.7 Klärungsbereich „Werteverständnis, Vorbildrolle und ethische Maßstäbe"

Wenn Sie sich mit der Thematik befassen, wie geführt werden soll, stoßen Sie unweigerlich auf die Grundfrage, an welchen Leitvorstellungen Sie Ihr Führungsverhalten ausrichten wollen. Führungskompetenz ist wesentlich mehr als nur ein standardisiertes Rüstzeug, das Sie sich schrittweise aneignen und dann einfach anwenden. Natürlich müssen Sie ähnlich wie bei einem Handwerk eine Fülle von nötigen Fähigkeiten und Fertigkeiten erwerben und verfeinern. Aber mindestens genauso wichtig ist die „Führungsbotschaft", die Sie Ihrem Team vermitteln. Dies hat viel mit der inneren Haltung zu tun, mit der Sie an Ihre Leitungsaufgabe herangehen. Souveräne Führung setzt eine respektierende, wertschätzende Grundeinstellung gegenüber anderen Menschen voraus, bei der Sie nicht beweisen wollen, dass Sie besser sind, über mehr Macht verfügen oder den anderen zeigen, wo es langgeht.

2.5 Schwerpunkte Ihres Aktionsprogramms zur Vorbereitung

Beziehen Sie zu grundlegenden Wertefragen Stellung: Was befähigt und berechtigt Sie, andere Menschen zu führen? Welche Verantwortung übernehmen Sie, wenn Sie Ihre Mitarbeiter dafür gewinnen wollen, bestimmte Ziele zu verfolgen, die Sie für wichtig halten? Welche Anforderungen resultieren daraus an Ihre eigene ethisch-moralische Orientierung, Ihre sinnstiftenden Überzeugungen und Ihr eigenes Verhaltensvorbild? Meines Erachtens ist es nicht altmodisch, zu erwarten, dass Führungskräfte selbst mit gutem Beispiel vorangehen sollten. Bemühen Sie sich, durch stimmiges, authentisches und beständiges Handeln prägend zu wirken. Nur wenn Sie selbst verlässlich auftreten und nach übergeordneten Sinn- und Wert-Maßstäben verantwortungsvoll handeln, können Sie letztlich beanspruchen, dass andere Ihnen mit gutem Gewissen folgen.

Leider werden ethisch-moralische Wertmaßstäbe im Business manchmal nur halbherzig verfolgt. Viele Manager stehen stark unter Erfolgsdruck. Dies kann dazu führen, dass beispielsweise Fairness-Prinzipien gelegentlich nur einen untergeordneten Stellenwert erhalten. Führungskräfte werden vor allem daran gemessen, wie gut die von ihnen erreichte wirtschaftliche Performance ausfällt. Es besteht die Gefahr, dass man sämtliche Energien darauf konzentriert, hohe Renditen und Deckungsbeiträge zu erzielen, ohne die moralische Integrität der eingesetzten Methoden, etwa in der Verhandlungsführung, genügend zu hinterfragen. Beim Zwang zu fortlaufender Prozessoptimierung und Kostensenkung in vielen Firmen wird allzu oft nur noch darauf geschaut, wo Einsparpotenziale bestehen und zusätzliche Umsätze generiert werden können. Ethisch begründetes Handeln kann im hektischen Tagesgeschäft leicht vernachlässigt werden. Es ist auch nicht ohne weiteres ein zwingender Bestandteil der Erfolgsmessung von Führungsleistungen. Auch die langfristige Förderung der Mitarbeiter sowie die Stärkung von Mitarbeiterzufriedenheit und Teamgeist durch professionelle Führung fallen gelegentlich unter den Tisch. Obwohl dies doch oftmals zugleich eine wichtige Voraussetzung für eine tragfähige Unternehmenskultur und die Steigerung der Kundenzufriedenheit ist.

Ich gebe zu bedenken, dass Führungskräfte, die sich nicht an übergeordneten Sinn- und Wertebezügen orientieren, leicht in das Fahrwasser geraten, ihr Fähnchen nach dem Wind auszurichten. Dadurch verlieren sie schnell an Glaubwürdigkeit. Dies wiederum pflegen Mitarbeiter nicht zu honorieren: Im Gegenteil: Es resultiert schnell Vertrauensverlust, reines Taktieren gewinnt die Oberhand – und jeder versucht sich bestmöglich „zu verkaufen", um nicht in die Schusslinie zu geraten. Bedenken Sie, dass Sie als gute Führungskraft den Rückhalt Ihrer Mitarbeiter brauchen – gerade auch dann, wenn Sie gelegentlich unangenehme Positionen zu vertreten haben und für Entscheidungen kämpfen müssen, die nicht die spontane Zustimmung im Team finden. Dies schaffen Sie aber langfristig nur, wenn ein gutes Vertrauensverhältnis zu Ihrem Team besteht. Und Sie nicht einfach per Macht- und Weisungsbefugnis anordnen, „von oben regieren" oder nur auf die „facts und figures" unter dem Strich schauen.

Ich empfehle Ihnen, noch bevor Sie in eine Führungsrolle hineinwachsen, sich gründlich mit werteorientierter Führung auseinanderzusetzen. Das bedeutet nicht, dass Sie jetzt ein Philosophiestudium beginnen sollen oder sich nur noch mit Ethik-Literatur befassen müssen. Arbeiten Sie für sich klar heraus, mit welchem inneren Anspruch Sie Ihre Führungsaufgabe antreten.

> **Denken Sie über folgende, bewusst etwas provokative Fragen nach:**
>
> - Wollen Sie vor allem führen, damit Sie mehr Geld verdienen, einen größeren Dienstwagen fahren, über einen größeren Schreibtisch verfügen und vor allem mehr Macht ausüben?
> - Sehen Sie sich schon auf dem nächsten Karriere-Treppchen, um bald noch weiter aufzusteigen und um endlich zu den Entscheidern „ganz oben" zu gehören?
> - Wollen Sie vor allem andere Menschen steuern und beeinflussen, damit sie die Dinge tun, die vor allem für Sie selbst und Ihre Karriere wichtig sind?

Ich hoffe, dass Sie alle drei Fragen spontan mit „nein" beantworten und solchen Handlungsmaßstäben folgen, die auf den Unternehmenszweck und die Kundenerwartungen ausgerichtet sind, ohne

2.5 Schwerpunkte Ihres Aktionsprogramms zur Vorbereitung

die eigene soziale Verantwortung gegenüber Mitarbeitern und Kollegen zu vernachlässigen.

Passen folgende Feststellungen eher zu Ihnen?

- Sie sind ein respektierter, geschätzter Kollege, den man gerne um Rat fragt und zu dem viele ein positives Verhältnis haben, auch wenn Sie Ihre „Ecken und Kanten" haben.
- Ihnen ist es wichtig, in der künftigen Führungsrolle von der menschlichen Seite derjenige zu bleiben, der Sie sind – und sich nicht vollständig zu verbiegen und einfach stromlinienförmig anzupassen.
- Sie können auch „Nein" sagen und gelegentlich zu unbequemen Positionen stehen, die nicht unbedingt spontan den „Mehrheitswillen" zum Ausdruck bringen – aber im Interesse eines übergeordneten Sinnverständnisses stehen, für das es sich Ihres Erachtens zu kämpfen lohnt.

Wenn Sie werteorientiert führen wollen, haben Sie den Auftrag, mitzuhelfen, die langfristige Existenz Ihres Unternehmens und den Erhalt der Arbeitsplätze zu sichern. Dies zieht die Verpflichtung nach sich, Zielkriterien wie Kundenorientierung, Kundenzufriedenheit, Servicedenken und Qualitätsbewusstsein in den Mittelpunkt zu rücken. Anspruchsvolle Kundenerwartungen können jedoch nur dauerhaft erfüllt werden, wenn das Leistungs- und Produktspektrum den Anforderungen am Markt entspricht, die Kosten-Nutzen-Relationen vergleichsweise ausgewogen sind und Ihre Mitarbeiter die Qualitäts- und Servicephilosophie mittragen. Dabei kommt Ihr Werteverständnis maßgeblich zum Tragen: Wenn Sie Mitarbeiter für das Erreichen einer hohen Kundenzufriedenheit motivieren wollen, müssen Sie mehr tun, als nur Ziele vorzugeben, Delegieren, Koordinieren, Kontrollieren oder gut bezahlen: Fördern Sie vor allem die innere Bereitschaft Ihres Teams, aus eigenen Stücken heraus mit überzeugtem Bemühen dafür einzustehen, dass Kundenorientierung gelebt wird.

In manchen Firmen verbirgt sich hier ein Engpassfaktor: Mitarbeiter machen nur ihren „Job nach Vorschrift" und interessieren sich gar nicht mehr für den Kunden.

2. KAPITEL Auf dem Weg zur Führungskraft

> **BEISPIEL: Wenn Kundenbeschwerden eingehen**, erklärt man sich als nicht zuständig, möchte dem Kundendialog am liebsten aus dem Weg gehen oder versucht, dem unzufriedenen Kunden zu zeigen, dass er selbst daran schuld ist. Die Arbeit könnte so schön sein, wenn da nur nicht der Kunde wäre ... Zugegeben: Mag sein, dass dies etwas überzeichnet klingt. Ich hoffe, Sie verstehen, was ich meine: Wenn die innere Überzeugung, für den Kunden Nutzen zu stiften, nicht von der verantwortlichen Führungskraft vorgelebt wird, braucht man sich nicht zu wundern, dass die Mitarbeiter an engagiertem Kundenservice kein Interesse haben.

Werteorientierung zu leben bedeutet vor allem, den Kunden ernst zu nehmen und ihn gerade auf der menschlichen Ebene so zu behandeln, wie man es wohl auch unter Freunden tun würde: Nämlich einen Vertrauensvorschuss zu gewähren, sich für den anderen einzusetzen und bei einem Konflikt nicht gleich auf Distanz zu gehen. Dies setzt eine hohe zwischenmenschliche Kompetenz und vor allem auch die Bereitschaft voraus, fair, ehrlich, respektierend und authentisch miteinander umzugehen. Wertschätzung beinhaltet im übertragenen Sinne auch, den Wert des Kunden schätzen zu lernen! Und gleichermaßen sollte eine Führungskraft sich für ihre Mitarbeiter engagieren, die in gewissem Sinne auch Kunden der Führungskraft sind: Nur wenn die Mitarbeiter sich respektvoll und mit Fingerspitzengefühl behandelt fühlen, werden sie sich auch mit Spaß und Engagement für Kundenwünsche engagieren. Kundenzufriedenheit erfordert immer auch ein gewisses Maß an Mitarbeiterzufriedenheit. Gerade dort sollte Führung ansetzen, denn Kunden spüren sehr schnell, ob Mitarbeiter nur pro forma auf Kundenwünsche achten, oder ob sie deren Erfüllung als echte Herausforderung begreifen.

Vielleicht erscheinen Ihnen meine Ausführungen fast als selbstverständlich. Oder Sie haben den Eindruck, dass viele Manager sich gar nicht um Kundenorientierung kümmern, Hauptsache, sie haben das Sagen und der Umsatz stimmt. Sie können an dieser Stelle keine direkten „To-do's" mit Terminhorizonten für Ihre weitere Vorbereitung auf die Führungsaufgabe ableiten. Die Devise lautet wohl mehr: „Nicht nur reden, sondern glaubhaft handeln". Leben Sie in

Ihrer Leitungsverantwortung das, was von einer professionellen Führungskraft mit einem ethisch-moralischen Anspruch erwartet wird.

Ich lege Ihnen nahe, von Zeit zu Zeit in den nächsten Wochen und Monaten in sich zu gehen und zu überlegen, was Sie in der Führungsrolle bewirken wollen. Eine tragfähige innere Werteorientierung können Sie nicht unmittelbar durch Seminare oder das reine Abarbeiten von Maßnahmen aufbauen. Sie benötigen dazu ein hohes Maß an Selbstkritik und Selbstreflexion. Dazu passt eher: Innehalten, Auszeit nehmen, Sinnbezüge klären und den Betrachtungswinkel verändern. Zu neuen Erkenntnissen kommen Sie unter Umständen bei Wanderungen, Meditationen oder in Phasen des Bewusstwerdens, in denen Sie mit sich alleine sind. Auch der Dialog mit Vertrauenspersonen zu ganzheitlichen Sinnfragen kann Ihnen weiterhelfen, um sich klarer darüber zu werden, was Ihnen im Beruf und im Leben wichtig ist. Planen Sie hierzu ein ausreichendes Zeitbudget ein, damit Sie nicht „vergessen", warum Sie Führungskraft werden wollen ...

Handlungsfeld „Werteverständnis":
Wie stellen Sie sicher, dass Sie hierzu von Zeit zu Zeit in sich gehen?
(1)
(2)
(3)
(4)
(5)

2.5.8 Klärungsbereich „Führungsmotivation"

Mit Führungsmotivation ist gemeint, dass Sie sich selbst überprüfen, wie es um Ihren „inneren Willen" zur Ausübung einer Leitungsfunktion bestellt ist. Dazu gehören auch Anforderungen wie Durchhaltevermögen, langer Atem, Standhaftigkeit und Verlässlichkeit. Dies setzt wiederum bei Ihrem persönlichen Werteverständnis an: Es geht dabei nicht nur darum, wie Sie führen wollen, sondern eher darum, ob Sie überhaupt führen wollen. Die Versuchung ist groß, aufgrund der mutmaßlichen Attraktivität und des Status einer Führungsposition die berufliche Karriere zwangsläufig in diese Richtung zu steuern. Und zwar trotz womöglich anderer Stärken und Neigungen oder abweichender eigener Potenziale.

Nun vermute ich, dass Sie dieses Buch wahrscheinlich primär deshalb lesen, weil Sie für sich bereits eine Vorentscheidung in Richtung Führungskarriere getroffen haben. Ich möchte Sie an dieser Stelle nicht verunsichern oder Ihnen von einer Führungsaufgabe abraten. Dennoch gilt es, Ihre innere Einstellung zu einem künftigen Führungsjob noch einmal auf den Prüfstand zu stellen. Wenn Sie führen wollen, benötigen Sie eine Art innerer Mission. Damit ist gemeint, dass Sie den Auftrag und Anspruch, Menschen zu führen, so verinnerlicht haben, dass Sie guten Gewissens auch trotz mancher Barrieren und Widerstände Ihren künftigen Weg konsequent verfolgen.

Sie brauchen nun kein spirituelles Sendungsbewusstsein in sich zu tragen – das wäre wohl falsch verstanden: Sie werden im Unternehmen kaum als Messias erwartet, sondern als pragmatisch denkender Verantwortungsträger, der im Spannungsfeld zwischen Firmenstrategie, Kundenerwartungen und Mitarbeiterwünschen den bestmöglichen Weg zum Erfolg sucht. Führung ausüben zu wollen bedeutet auch, die damit gelegentlich verbundenen Konfliktpotenziale bewusst zu akzeptieren und sich selbst als Dienstleister für die eigenen Mitarbeiter zu verstehen. Gemäß dem modernen Führungsverständnis sind Sie eben nicht gefordert, anzuweisen und zu kontrollieren, sondern vor allem Richtung aufzuzeigen, Mitarbeiter zu beraten und sie bei Bedarf zu coachen. Führen zu wollen bedeutet auch, dass Sie von eigenen Bedürfnissen abstrahieren und Ihren persönlichen Nutzenbeitrag danach bemessen, was Sie für Ihr Team bewirken können, damit die Firmenstrategie langfristig besser umgesetzt und die Kundenerwartungen erfüllt werden.

Sie müssen es wollen, sich vor allem um die langfristigen, strategischen Anforderungen und auch gerade um die zwischenmenschlichen Belange im Wertschöpfungsprozess zu kümmern. Leider sind manche Vorgesetzte noch eher Sachverwalter ihres Ressorts; sie küm-

2.5 Schwerpunkte Ihres Aktionsprogramms zur Vorbereitung

mern sich um alles Mögliche, was auf sie einprallt und engagieren sich nur nachrangig etwa für Mitarbeiterdialog, Teamentwicklung, Konfliktmanagement oder das Herausarbeiten des kundenbezogenen Serviceauftrags. Das gelegentlich zu vernehmende Rechtfertigungs-Argument, es „bleibe zu wenig Zeit" oder die „Geschäftsleitung fordere (anscheinend) andere Prioritäten", ist letztlich ein Armutszeugnis. Vorgesetzte, die nur dann reagieren, wenn sie mit ernsthaften Mitarbeiterproblemen konfrontiert sind, erfüllen nicht den Führungsanspruch: Formal wird zwar die Vorgesetztenfunktion ausgeübt – auch um Macht- und Besitzstandsinteressen zu wahren –, faktisch wird aber nicht mehr geführt, sondern nur noch verwaltet. Dies kann ausufern bis hin zur Selbstinszenierung, zur rein symbolischen Führung (über Statussymbole) und zur Verteidigung eines Terrains, das man sich einmal erkämpft hat – und sei es über die formalen Rechte eines unterzeichneten Arbeitsvertrags, wo vermerkt ist „… leitet die Abteilung X …".

Ich will Sie ausdrücklich davor warnen, Führung als Besitzstand zu interpretieren. Etwas philosophisch ausgedrückt: Führung ist eher ein Seins- als ein Habenszustand: Erkämpfen Sie sich Ihre Akzeptanz immer wieder neu, wenn Sie als Führungskraft dauerhaft in Ihrem Team – und bei Ihren Vorgesetzten – geschätzt sein wollen. Seien Sie sich darüber bewusst, dass Sie künftig nicht einfach Vorgesetzter „qua arbeitsvertraglichem Titel" sein können. Sondern dass Sie sich die Berechtigung zu diesem Anspruch durch überzeugtes und überzeugendes praktisches Tun in der Führungsverantwortung fortlaufend erarbeiten müssen.

Lassen Sie eigene Lebens- und Berufsstationen Revue passieren, in denen Sie bereits eine Art von Führungsverantwortung ausgeübt haben.

Denken Sie nicht nur an berufliche Situationen, sondern auch an Aktivitäten in Ihrem privaten Umfeld, in der Freizeit oder in der Familie:

- Kennen Sie sich selbst als einen Menschen, der in schwierigen zwischenmenschlichen Konstellationen mit Konsequenz und Ausdauer nach tragfähigen Lösungen sucht?
- Sind Sie sich sicher, dass Ihre berufliche und persönliche Zufriedenheit maßgeblich dadurch geprägt ist, dass Sie für andere gerne wert-

2. KAPITEL Auf dem Weg zur Führungskraft

> schätzende, unterstützende und förderliche Hilfestellungen erbringen?
> - Ist Ihnen die Dienstleistung für Menschen wichtiger als die Sachaufgabe? Sind Sie beispielsweise in Vereinen, oder Verbänden tätig und engagieren sich ehrenamtlich für andere Menschen? Leiten Sie in Ihrer Freizeit bereits Gruppen, z. B. als Übungsleiter in einem Sportverein?
> - Erhalten Sie öfters Feedback von Menschen Ihres Vertrauens, die Ihnen bestätigen, dass Ihr Rat, Ihre Tatkraft, Ihr Einfühlungsvermögen, Ihre Gesprächsimpulse und Ihre Verhaltenshinweise nützlich waren, um andere weiter voranzubringen?
> - Sind Sie genügend selbstkritisch, um Ihre eigenen „Schattenseiten" – den so genannten „blinden Fleck" oder auch die kleinen Schwächen – von Zeit zu Zeit in den Blick zu nehmen, um weiter hinzuzulernen, sich zu vervollkommnen und in Ihrer Reifeentwicklung an sich zu arbeiten?
> - Kennen Sie sich als „informellen Führer", der gerne von anderen in Gruppenprozessen gesucht wird, um Richtung zu finden, voranzukommen und neue Lösungsperspektiven zu entwickeln?

In Ihrer persönlichen Vorbereitung auf eine künftige Führungsaufgabe sind Sie wieder an einem Punkt angelangt, wo Ihnen Techniken, kumulative Wissensaneignung oder theoretisches Lernen kaum etwas nützen. Sie werden gezwungen sein, an den konkreten Aufgaben, die Ihnen die Führungspraxis stellt, weiter zu wachsen, wenn Sie nicht scheitern wollen. Im Hier-und-Jetzt, d. h. in den nächsten Wochen und Monaten vor der Übernahme eines Führungsjobs – sollten Sie in sich gehen und Ihre Mission in Sachen Führung noch besser „abklopfen". Dazu gehört auch das Hören auf Ihre innere Stimme: Was spüren Sie in stillen Stunden in sich, wenn Sie Ihre „life-line" (Ihre Lebenslinie) vor sich sehen und wie beim Blick in ein nach vorne offenes Tal voraus schauen" ...

Natürlich sind Sie kein Hellseher und es kann Ihnen wahrscheinlich auch keine Wahrsagerin weiterhelfen! Bestimmt können Sie bei sich so manches an das Tageslicht befördern, um Hinweise zu erhalten, wie es um Ihre Führungsmotivation bestellt ist. Suchen Sie dazu nach persönlichen Rückmeldungen durch andere, z. B. im vertrauensvollen Dialog mit lebens- und berufserfahrenen Praktikern. Reservieren Sie sich Zeit für das gelegentliche Innehalten, um in vertiefter Selbstreflexion Signale zu Ihrer Führungsmotivation zu erkunden.

Bleiben Sie dabei in Ihrer Grundhaltung positiv und optimistisch geprägt. Sie blockieren sich nur, wenn Sie ständig überlegen, was im Führungsjob alles schiefgehen kann. Suchen Sie stattdessen nach aussagefähigen Botschaften von innen heraus, die Ihnen die nötige Selbstgewissheit und Selbstmotivation vermitteln. Am besten mit dem Ergebnis: „Ja, ich erkenne – und erspüre –, Führung, das ist mein Ding!" Dann haben Sie das, was die Amerikaner als „mental ownership" bezeichnen, nämlich eine innerliche Gewissheit und ganzheitlich geprägte Grundüberzeugung, dass Sie der Richtige für diesen Führungsjob sein werden. Und auch am Ball bleiben, wenn Sie gelegentlich in schwieriges Fahrwasser geraten, was sich bei den meisten Führungsaufgaben nicht vermeiden lässt.

Klärungsbereich „Führungsmotivation":
Wie stellen Sie sicher, dass Sie mehr über Ihre Selbstmotivation erfahren?
(1)
(2)
(3)
(4)
(5)

2.6 Effektives Umsetzen des persönlichen Aktionsprogramms

Nehmen Sie die Ausarbeitung Ihres Vorbereitungsprogramms ernst und versuchen Sie, die einzelnen Aktionsbereiche mit Inhalt zu füllen. Es kommt nicht darauf an, dass Sie viele Aktivitäten festhalten. Im Gegenteil: Lassen Sie Leerräume! Arbeiten Sie das Wesentliche heraus und nutzen Sie die nächsten Wochen, um Prioritäten zu setzen. Sinnvoll ist es, wenn Sie nach Durchsicht der einzelnen Handlungs- und Klärungsbereiche eine überschaubare Liste von Einzelschritten erzeugen, die Sie mit einer Priorisierung, zum Beispiel gemäß dem ABC-Schema (A: sehr hohe Wichtigkeit, B: hohe Wichtigkeit, C: mittlere Wichtigkeit) versehen. Vermischen Sie nicht Wichtigkeit und Dringlichkeit. Führen Sie vor allem das Wichtige auf. Arbeiten Sie nicht unter Zeitdruck. Überarbeiten Sie auch Ihren Aktionsplan von Zeit zu Zeit, zum Beispiel alle vierzehn Tage.

Manche Relevanz-Bewertungen können sich im Laufe der Zeit verschieben. Neue Vorbereitungsbedarfe treten hinzu und andere entfallen. Das klingt fast schon trivial. Aber ich möchte Sie dafür sensibilisieren, dass Sie erstens Ihren Plan von Zeit zu Zeit „updaten" und zweitens nicht zwanghaft Vorbereitungsschritte verfolgen, die offensichtlich später überholt sind – sei es, dass Sie etwas schon weitgehend abgearbeitet haben, oder dass sich mit einem gewissen Abstand die Prioritäts- und Wichtigkeitseinschätzungen relativieren.

Setzen Sie einen Schwerpunkt bei den Reflexionsschritten in den Klärungsbereichen „Werteverständnis" und „Führungsmotivation". Dort können Sie im Gegensatz etwa zu den methodischen und fachlichen Vorbereitungsmaßnahmen nicht so schnell etwas in die Wege leiten oder klare Ergebnisse erzielen. Leben Sie mit einer gewissen Unsicherheit! Vielleicht kommen Ihnen von Zeit zu Zeit auch Zweifel, ob Sie auf dem richtigen Weg sind. Dies ist aber völlig normal. Wenn Sie jedoch feststellen, dass in Ihnen immer wieder grundlegende Bedenken aufkommen, sollten Sie in sich gehen.

Es bringt Ihnen wenig, ein Vorbereitungsprogramm für einen angestrebten Führungsjob durchzuziehen, wenn Ihre innere Stimme Ihnen eher davon abrät. Auch „unterbewusste" Signale sind sehr wichtig: Wenn zum Beispiel beim Einschlafen, in Ihren Träumen oder beim Aufwachen Zweifel aufkommen, ob Sie für die Führungsverantwortung gewappnet sind, nehmen Sie dies ernst. Ignorieren Sie solche Botschaften nicht. Es soll schließlich nicht dazu kommen, dass Sie später zwar Führungskraft sind, aber dann eher unzufrieden, unausgeglichen oder sogar völlig überfordert wirken. Zwingen Sie sich nicht in eine berufliche Entwicklungsrichtung hinein, nur weil diese scheinbar attraktiv ist, Ihnen aber gar nicht liegt.

gegen die Lastschrift dem Unternehmen oder einem von ihm beauftragt
Dritten auf Aufforderung meinen Namen und meine Adresse mitzuteile
In diesem Falle behält sich das Unternehmen vor, zu meinen Lasten sein
Anspruch gegen mich geltend zu machen. Verzug tritt gemäß § 286
BGB bei Rücklastschriften ohne Mahnung ein.

Unterschrift (Betrag siehe Vorderseite)

Kennen Sie unseren Onlineshop?

Bei uns können Sie aus **über 7 Millionen Artikeln** Ihre Favoriten wählen.

Haltbarkeit des Kassenbons
Dieser Kassenbon ist im Thermo-Druck-Verfahren erstellt und verblas
im Laufe der Zeit. Um diesen Prozess nicht zu beschleunigen, bitte de
Kassenbon nicht in Klarsichthüllen (enthalten Weichmacher) od
längerfristig in Leder-Brieftaschen (enthalten Gerbmittel) aufbewahre
und eine längere Einwirkung von Sonnen- und Neonlicht vermeiden.

Ermächtigung zum Lastschrifteinzug
Ich ermächtige hiermit das umseitig genannte Unternehmen, den umseit
ausgewiesenen Rechnungsbetrag von meinem durch Konto-Nummer u
Bankleitzahl bezeichneten Konto durch Lastschrift einzuziehen.

Ermächtigung zur Adressenweitergabe
Ich weise mein Kreditinstitut an, das durch die umseitig angegeber
Bankleitzahl bezeichnet ist, bei Nichteinlösung oder bei Widerspruc
gegen die Lastschrift dem Unternehmen oder einem von ihm beauftragte
Dritten auf Aufforderung meinen Namen und meine Adresse mitzuteile
In diesem Falle behält sich das Unternehmen vor, zu meinen Lasten seine
Anspruch gegen mich geltend zu machen. Verzug tritt gemäß § 286
BGB bei Rücklastschriften ohne Mahnung ein.

Unterschrift (Betrag siehe Vorderseite)

Kennen Sie unseren Onlineshop?

2.6 Effektives Umsetzen des persönlichen Aktionsprogramms

Wenn Sie jedoch mit gutem Gefühl und innerer Überzeugung Ihr Vorbereitungsprogramm abarbeiten, von Zeit zu Zeit aktualisieren und kleine Fortschritte feststellen, hat sich der Aufwand für Sie gelohnt. Pflegen Sie das Prinzip der Schriftlichkeit: Halten Sie Änderungen, Neueinschätzungen und Erfolgsbewertungen regelmäßig fest. Eventuell hilft Ihnen dabei ein Tabellenkalkulations-Blatt, in dem Sie alles eintragen und jeweils auf den neuesten Stand bringen, zum Beispiel mit den folgenden Überschriften:

- **Nr. und Priorität:** „Was ist wichtig, was halten Sie im Vorbereitungsprogramm für wesentlich?"
- **Ziel:** „Was soll erreicht werden, ggf. auch warum?" (zum Beispiel Handlungsbedarf im Bereich Arbeitsrecht, Führungsinstrumente, Selbstmotivation etc.)
- **Maßnahmen:** „Wie sehen die einzelnen Aktivitäten oder Reflexionsschritte aus, die Sie in den nächsten Wochen und Monaten angehen wollen?"
- **Terminhorizont:** „Bis wann wollen Sie etwas umgesetzt – oder für sich geklärt – haben?"
- **Erfolgseinschätzung:** „Wie ist die Aktivität gelaufen, was wurde erreicht – und inwiefern muss nachgearbeitet oder neu nachgedacht werden?"

Packen Sie es an. Nehmen Sie sich Zeit für eine gute Vorbereitung. Lassen Sie nichts unversucht, sich bestmöglich auf den künftigen Führungsjob vorzubereiten. Sehen Sie den künftigen Realitäten ins Auge: Es ist noch keine Führungskraft vom Himmel gefallen! Besser Sie nutzen die verfügbare Zeit, um sich mental und durch gezielte Maßnahmen auf die neuen Anforderungen einzustellen, als einfach alles auf sich zukommen zu lassen. Das wäre eher ein riskanter Weg, der ins Auge gehen kann! Also: Gehen Sie Ihre eigene berufliche Zukunft bewusst an und überlassen Sie nichts dem Zufall. Planen Sie vorausschauend.

2.7 Verlaufscontrolling – Den Erfolg Ihres Vorbereitungsprogramms steuern und kontrollieren

Überprüfen Sie bei der Umsetzung der einzelnen Maßnahmen von Zeit zu Zeit, wo Sie stehen. Dazu hilft es Ihnen, wenn Sie Ihre Ziele gelegentlich Revue passieren lassen und analysieren, ob es vorangeht. Es kann durchaus der Fall auftreten, dass einzelne Vorbereitungsschritte nur bedingt dazu beitragen, Ihre Führungskompetenz sukzessive zu verfeinern. Führen Sie sich vor Augen: Ob Ihr Vorbereitungsprogramm effektiv war, sehen Sie erst dann, wenn Sie eine gewisse Zeit im Führungsjob tätig sind und das Gefühl haben, mit den gestellten Anforderungen zurechtzukommen. Streben Sie an, bereits vor der Übernahme Ihrer neuen Leitungsaufgabe zu klären, ob das, was Sie zur Vorbereitung tun, nutzbringend ist.

Gehen Sie dabei zum Beispiel so vor, dass Sie alle zwei Wochen einen „Check-up" durchführen, am besten in Ruhe außerhalb Ihrer Arbeitszeit, damit Sie nicht durch das Tagesgeschäft gestört werden und durch die Hektik des Alltags lediglich oberflächliche Einschätzungen zum Status quo vornehmen. Stellen Sie sich etwa folgende Fragen:

- Haben Sie den Eindruck, dass die Aktivitäten Sie voranbringen? Nehmen Sie dazu gerne eine ganzheitliche Einschätzung vor. Nicht immer können Sie objektive Belege für den Nutzen einzelner Steps finden. Verlassen Sie sich auf Ihr Gespür und auf das Feedback von anderen.
- Gehen Sie alle wesentlichen Aktionsbereiche an? Gewinnen Sie den Eindruck, dass Sie in einzelnen Kompetenzfeldern langsam, aber stetig Schritte nach vorne machen? Oder haben Sie das Gefühl, in bestimmten, vielleicht für Sie sensiblen Bereichen, mehr auf der Stelle zu treten? Vernachlässigen Sie nicht Anforderungsbereiche im Bereich Sozial- und Persönlichkeitskompetenz wie Konfliktstärke, Einfühlungsvermögen, Überzeugungskraft oder aktives Zuhören.
- Sehen wichtige Vertraute und Bezugspersonen Fortschritte bei Ihnen? Wie ist der Eindruck Ihres derzeitigen Chefs? Erkennt er, dass Sie sich konsequent engagieren und vorankommen? Was meinen

2.7 Verlaufscontrolling – Den Erfolg Ihres Vorbereitungsprogramms

> Trainer, Kollegen oder gute Freunde? Wer auch immer Ihnen als Feedbackgeber besonders wichtig ist: Lassen Sie sich regelmäßig Rückmeldungen geben, wie Sie gesehen werden. Führen Sie dazu zum Beispiel Feedbackgespräche. Setzen Sie sich in Ruhe mit Personen Ihres Vertrauens zusammen. Sprechen Sie einzelne Entwicklungsbereiche, an denen Sie arbeiten, offen an. Entwickeln Sie für sich ein „persönliches Coachingumfeld". Damit ist gemeint: Nutzen Sie die Hinweise, Impulse und Anregungen von wichtigen Bezugspersonen, um selbst weiter zu lernen.
>
> – Wenn Sie einzelne Schritte Ihres Aktionsprogramms abgearbeitet haben, schauen Sie, was es Ihnen gebracht hat – am besten mit einigen Tagen Abstand, um ein realistisches Bild über Ihre eigene „Lernkurve" zu erhalten. Sie selbst können meist am besten einschätzen, wo es gut vorangeht und wann etwas ins Stocken geraten ist.

Geben Sie sich nicht der Illusion hin, Sie könnten alles perfekt planen und vorbereiten. Versuchen Sie mit der Unsicherheit zu leben, dass erst mit Übernahme der Personalverantwortung die Stunde der Wahrheit schlägt. Insofern greift der Begriff „Verlaufscontrolling" etwas zu kurz: Sie können nicht ohne weiteres Konzepte aus der Betriebswirtschaftslehre auf Ihre eigene Persönlichkeits- und Führungsentwicklung übertragen. Es klingt zwar gut, solche modernen Begriffe zu verwenden. Aber seien Sie ehrlich zu sich selbst: Vergleichen Sie Ihre jetzige berufliche Phase eher mit einem Survival-Training in der Wildnis, in dem Sie vielleicht einen Löwen erlegen wollen, aber bisher nur Mäuse gefangen haben.

Es wird eine neue Herausforderung auf Sie zukommen, wenn Sie Mitarbeiter führen und bisher nur als Fachkraft tätig waren. Wenn Sie später „on-the-job" tätig sind, müssen Sie sich als Leader immer wieder neu beweisen. Es gibt Zeiten, in denen Sie vielleicht ein sicheres Händchen für die Belange Ihres Teams beweisen. Plötzlich geraten Sie in eine krisenhafte Phase, in der Sie achtgeben müssen, dass Sie nicht den Bodenkontakt verlieren. Manchmal können sich die Umstände kurzfristig und dramatisch in einem Führungsjob ändern: Etwa dann, wenn Sie ein Kostensenkungsprogramm einleiten müssen, mit knappen Budgets zu kämpfen haben oder Ihr Auftrag sogar darin besteht, Mitarbeiter freizusetzen. Die Luft wird dünner, wenn Sie selbst die Rolle des Vorgesetzten ausüben.

Achten Sie in Ihrem Vorbereitungsprogramm darauf, dass Sie Kurs halten: hin zu verantwortlichem Handeln, Verbindlichkeit, Standfestigkeit und einer gewissen Härte – auch zu sich selbst. Entwickeln Sie ein Gefühl dafür, wo es für Sie und Ihr Team hingehen soll. Kreieren Sie eine „kleine" persönliche Vision, die aber nicht abgehoben sein darf: Sonst werden Sie womöglich scheitern. Beziehen Sie Ihre Leit- und Zielvorstellungen stattdessen auf das Machbare. Sie werden daran gemessen, wie Sie mit gelegentlich schwierigen, konfliktträchtigen und spannungsgeladenen Konstellationen im Team oder im Kundenkontakt umgehen. Und trotzdem Richtung aufzeigen und Ihren Weg beibehalten.

Legen Sie sich das nötige Rüstzeug zu, das Ihnen hilft, flexibel, situationsgerecht und mitarbeiterorientiert zu führen. Versteifen Sie sich nicht auf einen bestimmten, einzigen Führungsstil. Etwas überzeichnet: Am besten Sie beherrschen mindestens zehn bis zwanzig Führungsstile, um je nach Anforderung den besten Weg für Ihre Firma, Ihre Kunden, Ihre Mitarbeiter – und natürlich auch für sich selbst – zu finden. Entwickeln Sie eine innere Standfestigkeit und Gelassenheit, die Ihnen hilft, nicht unterzugehen, wenn gleich am Anfang vielfältige Barrieren und Widerstände zu überwinden sind. Hängen Sie nicht dem Wunschglauben einer Schönwetter-Führung nach – stellen Sie sich eher auf eine „steife Brise" ein. Üben Sie das „Mann-über-Bord-Manöver" gleich von Anfang an: Behalten Sie die Belange aller Mitglieder Ihres Teams im Blick. Wirken Sie integrativ und zeigen Sie Entwicklungschancen für jeden Einzelnen auf. Bemühen Sie sich um Akzeptanz für Ihren neuen Kurs auch bei etwaigen Bedenkenträgern.

Es wird nicht lange dauern, bis Sie sich in Ihrem Führungsjob mit ersten kniffligen Mitarbeiterfragen auseinanderzusetzen haben. Stellen Sie sich darauf ein, dass Sie hart kämpfen müssen, um zum Beispiel frustrierte Mitarbeiter, die nur noch Dienst nach Vorschrift machen, wieder ins Boot zu holen. Innere Kündigung ist ein sehr ernstzunehmendes Phänomen. Manche Beschäftigte haben sich leider mehr oder weniger deutlich in eine solche innere Distanzierung

2.7 Verlaufscontrolling – Den Erfolg Ihres Vorbereitungsprogramms

hineinentwickelt. Sie werden daran gemessen, wie gut Sie gerade auch schwierige persönliche Einzelschicksale aufarbeiten und Mitarbeiter in solchen Situation unterstützen, beraten und fördern, damit sie wieder mit Engagement und Spaß bei der Sache sind.

Setzen Sie sich frühzeitig mit sensiblen Führungsfragen auseinander. Wenn Sie einen Führerschein erwerben, müssen Sie lernen, mit Ausnahmesituationen umzugehen. Leider gibt es bei der Vorbereitung auf den Führungsjob keine praktischen Fahrstunden, in denen ein Fahrlehrer neben Ihnen sitzt und auf die Bremse tritt, wenn etwas schiefgeht. Sie sind immer auch etwas Einzelkämpfer, da Sie eine weitreichende Verantwortung tragen, die Ihnen selbst der beste eigene Vorgesetzte nicht abnehmen kann: nämlich Menschen so zu führen, dass sie auch in schwierigem Fahrwasser ihre Ziele bestmöglich erreichen und dabei nicht schon auf halber Strecke aufgeben.

Überprüfen Sie, ob Sie sich in wichtigen „Reifefaktoren" der Führungskompetenz weiterentwickeln. Dazu gehören Ihre Glaubwürdigkeit, Ihre Berechenbarkeit, Ihre Integrität, Ihr Entscheidungsvermögen Ihr Fingerspitzengefühl und Ihre Klarheit im Führungsanspruch. Sie benötigen eine hohe Gewissheit, dass Sie führen wollen – und können –, damit Sie nicht bereits beim ersten Windstoß umfallen.

Leitfragen zu Ihrer aktuellen Standortbestimmung

(1) Denken Sie bitte an die einzelnen Aktionsbereiche, die Sie für sich identifiziert haben. Was können Sie tun, um sicherzugehen, dass Sie an den richtigen „Baustellen" ansetzen? Es besteht eine gewisse Gefahr, dass Sie Maßnahmen planen, die Sie selbst für zweckmäßig halten, bei denen andere, die Sie gut kennen, zu abweichenden Empfehlungen kommen. Identifizieren Sie wichtige Vertrauens- und Bezugspersonen, die Ihnen helfen können, Ihr Selbstbild und Ihre Selbsteinschätzungen zu überprüfen.

(2) Kann Ihr eigener Vorgesetzter unter Umständen noch mehr als Coach für Sie wirken? Gerade Ihr Chef, der Sie wahrscheinlich sehr gut kennt, kann ein wichtiger „Karrierepromotor" für Sie sein. Zögern Sie nicht, ihn einzubinden, sofern Ihr beiderseitiges Vertrauensverhältnis stimmt. Falls Sie das Gefühl haben, Ihrem Chef nicht alles offenbaren zu können (oder zu wollen), überlegen Sie genau, woran

2. KAPITEL   Auf dem Weg zur Führungskraft

das liegt. Gehen Sie eher den Weg, zum richtigen Zeitpunkt mit „offenen Karten" zu spielen als verdeckte Manöver einzuleiten. Am besten Sie erörtern Ihr Vorbereitungsprogramm mit Ihrem Chef. Und im Idealfall sorgt Ihr Vorgesetzter sogar dafür, dass Ihr Plan umgesetzt werden kann: etwa durch Rückendeckung, durch Bereitstellung von Ressourcen in der Personalentwicklung oder durch Beratung und Feedback.

(3) Sind Sie sicher, dass Sie die einzelnen Aktions- und Klärungsbereiche zweckmäßig für sich gewichtet haben? Legen Sie den Schwerpunkt auf eine langfristige berufliche Zielklärung für sich selbst. Rücken Sie übergreifende Sinn- und Wertefragen in den Mittelpunkt: Was ist Ihnen in Ihrer beruflichen Karriere wichtig? Setzen Sie Prioritäten. Überfordern Sie sich nicht und setzen Sie auf Ihre eigenen Stärken. Binden Sie Ihre Familie und Ihren Partner ein. Präsentieren Sie Ihr Aktionsprogramm zuhause und achten Sie auf die Reaktionen.

(4) Unternehmen Sie auch nicht zu viel auf einmal? Weniger ist meist mehr. Straffen Sie Ihr Aktionsprogramm. Konzentrieren Sie sich auf das Wesentliche. Verlieren Sie den roten Faden nicht aus dem Auge. Greifen Sie die Top-Aktionsbereiche heraus und investieren Sie zunächst dort, wo es am wichtigsten ist. Es kommt darauf an, dass Sie schon kleine Erfolgserlebnisse bei der Vorbereitung auf die Führungsaufgabe erzielen. Setzen Sie vor allem auf Persönlichkeitsentwicklung, nicht nur auf führungs-fachliches oder methodisches Lernen. Machen Sie sich fit, um den Risiken und Beanspruchungen, denen Sie künftig als Teamleiter ausgesetzt sind, gewachsen zu sein.

3. Kapitel

Die ersten Tage in der neuen Führungsverantwortung – Worauf müssen Sie besonders achten?

Mit Beginn dieses Kapitels möchte ich den Blickwinkel verändern: Ich nehme ab sofort an, dass Sie den Führungsjob bereits übernommen haben. Dabei unterstelle ich, dass Sie in der Leitungsfunktion Ihr Bestes geben und die anstehenden Herausforderungen erfolgreich bewältigen wollen. Falls Sie aber noch nicht die Weichenstellung in Richtung Führungsverantwortung eingeleitet haben, können Sie trotzdem weiterlesen. Es dient hoffentlich ebenfalls zu Ihrer weiteren Vorbereitung auf Ihre veränderte berufliche Zukunft, wenn Sie eine kleine Gedankenreise machen: Stellen Sie sich einfach vor, Sie haben die Leitung eines Teams übernommen und wollen zeigen, was in Ihnen steckt.

Manchmal ist es hilfreich, sich in künftige berufliche Situationen sehr intensiv hineinzuversetzen. Sie können dadurch innerlich gut erspüren, wie es Ihnen dabei geht, wenn Sie ein neues Aufgabengebiet übernehmen. Natürlich können Sie sich auch in ganz andere berufliche Tätigkeitsfelder hineinversetzen, zum Beispiel als Trainer, als Berater, als Verkäufer oder als freier Unternehmer. Dies möchte ich jedoch eher Ihnen und Ihrer Phantasie überlassen. Im Folgenden steht die Frage im Mittelpunkt: Was passiert – oder besser: was kann alles passieren – wenn Sie die Leitung einer Gruppe von Mitarbeitern als Vorgesetzter neu übernehmen?

Dabei sind verschiedene Konstellationen denkbar: Sie leiten ein Team mit Mitarbeitern, die Sie überhaupt noch nicht kennen. Oder

Sie kennen die Mitarbeiter schon, hatten aber bisher zu ihnen noch keinen engen Kontakt. Oder Sie werden sogar aus dem eigenen Team heraus zum Vorgesetzten befördert. Die zuletzt genannte Situation hat ihre besonderen Konfliktpotenziale. Es ist nicht leicht, plötzlich vom Kollegen zum Vorgesetzten zu werden! Solch ein Rollenwechsel gelingt nicht unbedingt spontan. Es gibt vielfältige Barrieren gerade auf der zwischenmenschlichen Ebene, etwa im aufgebauten Vertrauensverhältnis und in der gewachsenen Rollenidentität als „Kollege" – im Gegensatz zum Chef.

Richten Sie den Blick nicht gleich zu Beginn auf mögliche Schwierigkeiten, sondern Betrachten Sie eher den Fall, dass Sie günstige Startbedingungen haben. Und das bedeutet: Ihnen wird die Führungsverantwortung nach guter Vorbereitung übertragen. Das Vertrauensverhältnis zu Ihrem neuen (oder alten) Chef stimmt. Sie haben engagierte Mitarbeiter, zu denen spontan ein guter Draht entsteht. Und Sie wissen, was auf Sie fachlich zukommt und welche Anforderungen im Führungsumfeld gestellt werden. Also: Es sieht gut aus! Und Sie haben durchaus das Gefühl, mit Ihrer Entscheidung die Weichen richtig gestellt zu haben.

3.1 Ab sofort sind Sie Führungskraft

Gehen Sie davon aus, dass Sie Ihren neuen oder veränderten Arbeitsvertrag in der Tasche haben. Sie sind zum „Chef" befördert worden. Ab sofort tragen Sie Personalverantwortung und sind für die Leitung eines Teams zuständig. Was nun? Zunächst gehen Ihnen vielleicht folgende Gedanken durch den Kopf: „Endlich geschafft". „Jetzt will ich es gut machen." „Nun bin ich gespannt, was alles auf mich zukommt." Eventuell stellt sich auch eine noch unbestimmte Erwartungshaltung oder sogar eine leichte Anspannung ein: „Hoffentlich mache ich alles richtig." „Jetzt muss ich die richtigen Prioritäten setzen." „Wie gewinne ich das Vertrauen ‚meiner' neuen Mitarbeiter?"

In der Tat ist es eine große Herausforderung, dass Sie sich nun auf das konzentrieren, was einerseits Ihr Arbeitgeber als Leiter von

3.1 Ab sofort sind Sie Führungskraft

Ihnen erwartet, und was anderseits an Bedürfnissen und Wünschen von Ihren Mitarbeitern an Sie herangetragen wird. Aus Firmensicht, d. h. aus dem Blickwinkel der Unternehmensleitung und Ihres Vorgesetzten, steht ohne Zweifel eine Kernanforderung im Mittelpunkt: Sie müssen bestimmte, meist anspruchsvolle Ziele erreichen. Und Sie werden vor allem daran gemessen, wie gut Ihnen das unter dem Strich gelingt. Natürlich wird erwartet, dass Sie sowohl effektiv als auch effizient arbeiten: Es gilt, bestimmte Resultate zu erreichen, und dies in kurzer Zeit unter Beachtung von vorgegebenen Ressourcenbeschränkungen. Von Ihnen wird gefordert, dass Sie vernünftig mit Ihren verfügbaren Mitteln haushalten. In Zeiten wirtschaftlicher Unsicherheit und knapper finanzieller Mittel bedeutet dies häufig: Kosten senken oder zumindest die Budgetgrenzen genau im Blick behalten, Prozesse optimieren, Kundenanforderungen bestmöglich erfüllen und dabei mitwirken, gute Deckungsbeiträge für Ihre Firma zu erwirtschaften.

Die Mitarbeiter versprechen sich wahrscheinlich ebenfalls einiges davon, dass Sie nun die Leitungsaufgabe übernommen haben: Ihre Teammitglieder wünschen sich einen angenehmen Umgang mit Ihnen, einen guten Führungsstil, Einbeziehung in Entscheidungen, Chancen zur Mitgestaltung und günstige Arbeitsbedingungen mit Freiräumen – und nicht zu viel Stress und Hektik! Wenn Sie als Führungskraft ein Team neu übernehmen, werden Sie sofort danach beurteilt, wie gut Sie die Erwartungen der einzelnen Mitarbeiter erfüllen. Dabei können die Interessen der Einzelnen sehr unterschiedlich sein: Ein Teammitglied wünscht sich womöglich eine Gehaltserhöhung, der Zweite erhofft sich selbst eine Beförderung, der Dritte möchte neue Aufgaben mit erweiterten Befugnissen übernehmen, der Vierte will sich weiterbilden, der Fünfte beabsichtigt, in Teilzeit zu gehen. Dies ist eine willkürliche Aufzählung! Ich will damit verdeutlichen: Die Erwartungen an Sie sind meist hoch, oft sehr heterogen und in vielen Fällen nicht spontan von Ihnen zu erfüllen.

Selbst wenn Sie sich um einen sehr partizipativen Führungsstil bemühen, wo Sie Mitarbeiter frühzeitig informieren, in Entscheidungsprozesse einbinden und nach besten Möglichkeiten delegieren, werden Sie nicht umhin kommen, auch öfters einmal „Nein" zu sagen. Die Kunst der Führung besteht jetzt für Sie darin, einerseits auf Ihre Mitarbeiter zuzugehen, deren Erwartungen besser kennen zu lernen und das Machbare umzusetzen. Setzen Sie andererseits glaubhaft Grenzen, denn Sie werden kaum ein „Füllhorn" mitbringen, um alle Wünsche zu erfüllen. Eine wichtige Anforderung besteht folglich darin, „balanciert" zu führen. Damit ist gemeint, dass Sie die übergeordneten Ziele für Ihren Verantwortungsbereich stets im Blick behalten, aber dennoch soweit wie möglich Ihren Mitarbeitern Entscheidungs- und Gestaltungsspielräume übertragen.

Damit Sie dies überhaupt tun können, lautet eine erste Aufgabenstellung für Sie in der neuen Führungsverantwortung: Gespräche führen, aktiv zuhören, sich ein Gesamtbild machen! Natürlich wünschen sich fast alle in Ihrem neuen Umfeld, dass Sie schon gleich Ziele konsequent verfolgen, Entscheidungen treffen, Erwartungen erfüllen und Position beziehen. Aber Vorsicht! Sie dürfen nicht in einen voreiligen Aktionismus verfallen oder gar versuchen, es jedem recht zu machen. Dies führt leicht in eine Sackgasse. In der Firmen-Realität sind viele Erwartungen von Vorgesetzten, Kollegen und Mitarbeitern vollkommen verständlich, wenn man diese aus dem jeweiligen Blickwinkel betrachtet. Praktisch sind die jeweiligen Erwartungen aber meist unklar, heterogen und überhöht – oder stehen sogar im Widerspruch zueinander.

> **BEISPIEL: Wenn Ihr Vorgesetzter anspruchsvolle Ziele vorgibt**, bedeutet dies, dass Sie von vornherein sehr rationell und ökonomisch arbeiten müssen. Sie stehen sofort unter Erfolgsdruck, haben viele Termine und Verpflichtungen wahrzunehmen und deshalb womöglich nicht genügend Zeit für Ihre Mitarbeiter. Gerade Ihr Team erwartet eventuell das genaue Gegenteil: differenzierte Informationen, ausführliche Gespräche, umfangreiche Diskussionen, genaue Begründungen, viel Zeit für den vertieften Dialog sowohl individuell als auch im Team. Diese Erwartungen sind durchaus verständlich und häufig berechtigt, sofern der hierfür benötigte Zeitaufwand angemessen ist. Unter Umständen erwartet Ihr Vorgesetzter, dass Sie gleich deutlich Kosten senken. Demgegenüber hoffen Ihre Mitarbeiter darauf, dass endlich mehr Budget bereitgestellt wird, um sich weiterzubilden, neue Arbeitsmittel anzuschaffen oder um den Stress im Tagesgeschäft zu reduzieren.

3.1 Ab sofort sind Sie Führungskraft

Ich nehme an, Ihnen wird deutlich, worauf ich hinaus will: Sie kommen in den meisten Fällen nicht umhin, sich Gedanken über die unterschiedlichen Anforderungen und Bedürfnisse zu machen. Vermeiden Sie gleich von Anfang an, unglaubwürdige Zusagen zu machen, einseitig Stellung zu beziehen oder durch unüberlegte Schnellschüsse das gute Vertrauen und eine positive Grundstimmung zunichte zu machen.

Meine Empfehlung lautet deshalb, dass Sie sich genügend Zeit nehmen, um Einzelgespräche zu führen, um Erwartungen zu klären und um sich ein eigenes Bild zu machen. Es kann niemand von Ihnen fordern, dass Sie von heute auf morgen „die Welt verändern" und es allen recht machen. Finden Sie erst Ihren eigenen Standort. Deshalb brauchen Sie jetzt vor allem innere Ruhe, Besonnenheit, Bewusstheit über die wesentlichen Ziele und ein gutes Gespür für das richtige Setzen von Prioritäten. Nehmen Sie sich gerade in der Startphase viel Zeit für Gespräche mit Ihren Mitarbeitern, um herauszuhören, was sowohl das Team insgesamt als auch Einzelne erwarten.

Vermeiden Sie es, sofort zu bewerten, Zusagen zu machen und vielfältige Maßnahmen anzukündigen. Halten Sie sich bedeckt. Eine wesentliche Anforderung an Sie lautet: Situationsanalyse, sich ein Bild machen, Überblick gewinnen, Konfliktpotenziale erspüren. Machen Sie dies auch Ihrem eigenen Chef deutlich. Er könnte leicht nach ein paar Tagen vergessen, dass Sie noch Neuling sind. Einzige Ausnahme: Unausweichliche Entscheidungen sind zu treffen, die zur Erfüllung Ihres Auftrag in der neuen Führungsaufgabe im Kundeninteresse nötig sind.

Konsultieren Sie dazu sehr eng Ihren eigenen Chef. Lassen Sie sich von ihm beraten, damit Sie keine Fehler mit weitreichenden Konsequenzen machen. Aber: Sie werden es kaum vermeiden können, auch einmal falsche Entscheidungen zu treffen. Überdenken Sie bei weit reichenden Entschlüssen gleich von Anfang an die mögliche Tragweite. Überprüfen Sie mögliche Konsequenzen für die Beteiligten und lassen Sie lieber etwas Zeit verstreichen, bevor Sie verbindlich entscheiden. Werden Sie jedoch nicht zum Zauderer und Perfektionisten, der sich plötzlich nicht mehr traut, überhaupt noch zu entscheiden, weil „etwas schiefgehen könnte". Interpretieren Sie unvorhergesehene Fehler als Lernchance. Lassen Sie sich nicht aus der Bahn werfen, wenn das eine oder andere nicht nach Plan läuft.

Begründen Sie getroffene Entscheidungen nachvollziehbar im Team. Hören Sie im Vorfeld diejenigen Mitarbeiter, die zur Entscheidungsfindung beitragen können. Nutzen Sie die Erfahrung Ihrer Teammitglieder. Wenig zweckmäßig wäre es, wenn Sie alles alleine machen wollen, weil Sie sich für am kompetentesten halten. Bedenken Sie: Ab sofort sind Sie Führungskraft, nicht der beste Sachbearbeiter im Team: Delegieren Sie und vertrauen Sie auf die fachlichen Fähigkeiten und das Können Ihrer Mitarbeiter: Sonst erleiden Sie Schiffbruch oder werden schnell als Führungskraft nicht mehr ernst genommen.

3.2 Ihre ersten Tage in der neuen Führungsrolle

Wenn Sie die Führungsaufgabe neu übernehmen, kommt es für Sie darauf an, zunächst Vertrauen und Akzeptanz zu gewinnen. Vergegenwärtigen Sie sich, was Führen bedeutet: Gewinnen Sie andere Menschen dafür, Ziele zu verfolgen, die Sie und Ihr Unternehmen für wichtig halten. Dies gelingt am besten, wenn Sie auf der persönlichen Ebene, also im zwischenmenschlichen Bereich, einen guten Draht zu den Menschen in Ihrem Arbeitsumfeld herstellen können. Denken Sie dabei sowohl an eigene Vorgesetzte, Kollegen, Lieferanten, Kunden als auch vor allem an Ihr eigenes Team. Ihre Mitarbeiter werden Ihnen und Ihren Leitvorstellungen nur mit Überzeugung folgen, wenn die Betreffenden das Gefühl haben, dass Sie Richtung aufzeigen können und die Bedürfnisse der Einzelnen im Blick behalten. Dies ist eine ständige Gratwanderung: Nicht immer werden Ihre Entscheidungen von allen mitgetragen. Und meistens können Sie es nicht jedem recht machen.

Es ist leichter für Sie, auch im Einzelfall abweichende Sichtweisen zu vertreten oder sich mit gelegentlich unbequemen Positionen durchzusetzen, wenn Sie als Führungskraft Rückhalt in Ihrem Team spüren. Gerade dann, wenn Sie in die Leitungsrolle hineinwachsen, können Sie es nicht vermeiden, dass gelegentlich eine gewisse Skepsis oder auch persönliche Vorbehalte vorhanden sind. Vertrauen

3.2 Ihre ersten Tage in der neuen Führungsrolle

lässt sich nicht von heute auf morgen aufbauen. Sie brauchen dazu Zeit – vielleicht einige Wochen, vielleicht auch etliche Monate –, da wahrscheinlich noch keiner Ihrer Mitarbeiter abschätzen kann, wie Sie sich als Teamleiter auf Dauer verhalten werden. Selbst dann, wenn Sie im günstigen Falle als Kollege bereits gut bekannt sind, ist es doch etwas grundlegend anderes, wenn Sie Führungsverantwortung übernehmen: In Ihrer neuen Rolle müssen Sie erst „beweisen", dass Sie führen können und sich Respekt und Wertschätzung schrittweise erarbeiten.

Stellen Sie sich auf eine längere Phase des gegenseitigen Abtastens ein, sofern Sie ein Team übernehmen, in dem Ihnen die Mitarbeiter weitgehend fremd sind, zum Beispiel an einem anderen Standort Ihres Unternehmens oder sogar in einer anderen Firma. Ihre Mitarbeiter wollen meist erst abschätzen, mit „wem sie es da zu tun haben". Dies kann auch zur Folge haben, dass Sie in unterschiedlichen Situationen auf den Prüfstand gestellt werden. Schließlich besitzen Sie zwar die formale Positionsmacht als Teamleiter. Aber die informelle, auf Vertrauen gestützte Akzeptanz in der Leitungsfunktion werden Sie sich erst erkämpfen müssen.

Typische Verhaltensweisen von Mitarbeitern, die Sie als Vorgesetzten noch nicht näher kennen:

- Ihnen werden zunächst viele kritische Fragen gestellt. Vorschläge und Entscheidungen von Ihnen werden besonders intensiv diskutiert. Einzelne Teammitglieder wünschen sich genaue Begründungen für Ihre Sichtweisen.
- Selbst scheinbar belanglose Entschlüsse von Ihnen oder anscheinend leicht umzusetzende Maßnahmen dienen als Anlass für umfangreiche Diskussionen.
- Zu aktuellen Ereignissen im Unternehmen werden Sie um ausführliche Einschätzungen und Bewertungen gebeten. Man will sehen, wie Sie dazu stehen und was Sie über Ihre Firma, Ihr Team, anstehende Maßnahmen und Ihren Job als Leiter denken.
- Es interessiert nicht nur, was Sie im beruflichen Umfeld vorhaben und tun; man möchte Sie als „ganzen Menschen", also mit Ihren persönlichen und privaten Anteilen näher kennen lernen. Deshalb versuchen Ihre Mitarbeiter, viel über Sie als Person in Erfahrung zu bringen.

3. KAPITEL Die ersten Tage in der neuen Führungsverantwortung

Folglich werden von Ihnen gerade in der Startphase vielfältige Begründungen und Erläuterungen zu Ihrem Vorgehen verlangt. Achten Sie darauf, dass Sie nicht zu kühl, distanziert oder nüchtern erlebt werden. Reagieren Sie auch in der Hektik des Tagesgeschäftes spontan, wohlwollend und herzlich. Teilen Sie das eine oder andere Unverfängliche aus Ihrem Privatleben mit – zum Beispiel über Ihre Hobbys, Ihre Familie, Ihre Kinder –, ohne jedoch zu sehr in allzu persönliche Intimbereiche abzugleiten. So werden Sie auf der zwischenmenschlichen Ebene eher Nähe herstellen, als wenn Sie nur über die Firma und die Arbeit sprechen.

Dies bedeutet keineswegs, dass Sie Ihr Innerstes preisgeben sollen. Nein, trennen Sie deutlich zwischen beruflichem und privatem Leben. Vermeiden Sie es, konfliktträchtige Themen etwa im gesellschaftspolitischen Feld anzuschneiden, wenn Sie von vorneherein wissen, dass die Meinungen stark auseinandergehen und leicht Ressentiments und Vorbehalte aufgrund abweichender Wertvorstellungen entstehen können. Üben Sie eine gewisse Neutralität, um sich nicht die Sympathien derjenigen zu verscherzen, die vielleicht ganz andere Grundüberzeugungen haben als Sie. Stellen Sie sich dem informellen Dialog, üben Sie von Zeit zu Zeit „Small-Talk" und versuchen Sie, auch außerhalb von regulären Arbeitsbesprechungen einen Gesprächskontakt zu Ihren Mitarbeitern herzustellen – ohne sich jedoch aufzudrängen oder den Eindruck zu erwecken, dass Sie sich überall einmischen wollen. Sie benötigen einerseits eine gewisse Distanz, was man von Ihnen als Führungskraft fast selbstverständlich erwartet. Zum anderen sollten Sie jedoch nicht als abgehoben, hölzern oder „unpersönlich" auf andere wirken.

Wichtig ist, dass Sie eine hohe Bereitschaft erkennen lassen, sich auf Ihre Teammitglieder einzustellen und deren Interessen und Gesprächsthemen aufgreifen – und auch für scheinbar Nebensächliches offen sind. Denn es kann helfen, Kontakt herzustellen. Natürlich sollten Sie nicht nur über das Wetter oder über Fußball reden! Das heißt auch nicht, dass Sie abends mit Ihren Mitarbeitern „ein Bier trinken" gehen müssen. Kumpanei ist nicht gefragt. Aber es wirkt als positives Signal Ihres Interesses am Gegenüber, wenn Sie zum Beispiel beim Mittagessen oder in Pausen das informelle Ge-

3.2 Ihre ersten Tage in der neuen Führungsrolle

spräch suchen, selbst einmal „abschalten", und dabei aus Ihrer Rolle als Vorgesetzter etwas herausgehen.

Vertrauen gewinnen Sie am besten, wenn Sie als Mensch erkennbar werden: mit Stärken und Schwächen, auch mit kleinen Fehlern, was man Ihnen durchaus verzeihen wird, wenn Sie auf andere von sich aus zugehen. Sie brauchen auch keine große Reden zu schwingen und ständig brillant zu argumentieren: Ihre Mitarbeiter wollen erkennen, dass Sie Ihnen ernsthaft Wertschätzung, Anerkennung und Respekt entgegenbringen. Gesucht wird nicht ein „Papagei" oder ein „Ober-Rhetoriker", sondern eine natürliche Zugangsweise im partnerschaftlichen Dialog, die deutlich macht, dass Sie sich nicht für etwas Besseres halten – und auch andere Meinungen akzeptieren können.

Verzichten Sie unbedingt auf Machtspiele, Schauspielerei und Selbstdarstellungs-Rituale! Vielleicht denken Sie jetzt, dass manche gerade deshalb „nach oben" gekommen sind. Versuchen Sie stattdessen, auf authentische, glaubhafte und vorbildliche Weise mit Ihren Mitmenschen umzugehen. Wenn Sie auf Ihr Team zu karrieristisch wirken, gehen viele leicht auf Distanz. Es mag sein, dass Sie sich sowieso gut durchsetzen können und Ihre Ziele irgendwie erreichen, aber bedenken Sie eines: Wenn Sie sich gerade am Anfang schon viele Sympathien durch eingebildetes Gehabe und Besserwisserei verscherzen, oder Ihre Mitarbeiter ständig beaufsichtigen und kontrollieren wollen, sind Sie schnell „unten durch". Man folgt dann zwar scheinbar Ihren Anweisungen. Hinter vorgehaltener Hand wird aber schnell Kritik laut. Und wie ein Lauffeuer können sich Antipathien verbreiten, die Ihnen die Arbeit schwer machen.

Wenn ein Spezialist in einer Fachaufgabe nicht mit allen klarkommt und etwas zur Eigenbrötlerei neigt, ist dies wahrscheinlich noch kein Weltuntergang. Als Fachkraft kann sich der Betreffende dann eventuell in einer Nische doch seine eigene Existenz aufbauen, sofern ein gewisses Maß an Teamgeist mitgebracht wird. Aber als Führungskraft können Sie sich das nicht erlauben: Sie sind gefordert, zu jedem einen Draht herzustellen. Das heißt nicht, dass Sie alle Teammitglieder zu Ihren Freunden machen sollten. Aber Sie gewinnen erheblich an Vertrauen, wenn Sie allseits soweit geschätzt werden, dass man gerne mit Ihnen nicht nur über fachliche Fragen redet, sondern Ihre Sichtweisen und Ihren Rat zu ganz unterschiedlichen Problemstellungen würdigt. Wichtig ist, erkennen zu lassen, dass Sie hinter allen im Team stehen und niemanden ausgrenzen. Ihre Mitarbeiter benötigen das Gefühl, dass Sie sich auch um Dinge kümmern, die dazu beitragen können, dass die Arbeit mehr Spaß macht, oder dass Sie dem Einzelnen zumindest den Rücken freihalten – selbst wenn Sie einen gewissen Druck im Tagesgeschäft nicht abstellen können.

> **Tipps, die Ihnen behilflich sein können, um mehr Akzeptanz zu gewinnen:**

1. Achten Sie im Mitarbeiterdialog auf ausgewogene Gesprächsanteile. Vermeiden Sie es, ständig das Wort an sich zu reißen. Manche Führungskräfte hören sich am liebsten selbst reden. Das sollte Ihnen nicht passieren!
2. Hören Sie bewusst zu, wenn Mitarbeiter Probleme vortragen oder bestimmte Erwartungen, zum Beispiel zu gewünschten Veränderungen am Arbeitsplatz, artikulieren. Sie müssen nicht sofort eine Lösung parat haben – im Gegenteil: Versuchen Sie erst einmal zu verstehen, wo der Schuh drückt, statt vorschnell Ratschläge zu geben. Häufig wollen Ihre Mitarbeiter erkennen, dass Sie zuhören und die Sorgen oder Wünsche ernst nehmen. Dazu passt nicht, durch schnelle Lösungsvorschläge gleich alles scheinbar Unangenehme vom Tisch zu fegen!
3. Lassen Sie sich nicht durch zu viele externe Termine, Meetings und Dienstreisen blockieren. Als Führungskraft brauchen Sie viel Zeit für Mitarbeitergespräche, gerade in der Startphase. Schaffen Sie sich Freiräume, so dass Sie wenigstens eine Stunde am Tag für spontane Gespräche bereitstellen können.
4. Suchen Sie den persönlichen Dialog, vermeiden Sie zuviel Schriftlichkeit in der Kommunikation. Manchmal ist ein Telefonat oder ein Aufsuchen eines Mitarbeiters an dessen Arbeitsplatz besser als viele (unpersönliche oder missverständliche) E-Mails, Notizen oder die Weitergabe von Postmappen! Halten Sie die Informationsflut in Grenzen und suchen Sie den persönlichen Gedankenaustausch. Zitieren Sie Mitarbeiter nicht einfach in Ihr Büro oder bitten Sie „von oben" um Rücksprache,

3.2 Ihre ersten Tage in der neuen Führungsrolle

> sondern gehen Sie eher auf Ihre Mitarbeiter zu und investieren Sie selbst dafür genügend Zeit. Es kommt besser an!
> 5. Ersetzen Sie Kontrolle durch Vertrauen. Vereinbaren Sie partnerschaftlich erwünschte Arbeitsergebnisse. Erläutern Sie übergeordnete Vorgaben. Gewähren Sie Freiraum bei der Auswahl geeigneter Wege, die zum Ziel führen. Messen Sie jeden Einzelnen vor allem an seinem Engagement und der Zielerreichung. Auch wenn ein gewisses Maß an Kontrolle unvermeidlich ist: Setzen Sie eher auf Feedback und Lernen aus der Praxis, ohne gleich einzugreifen, wenn etwas anders läuft, als Sie es sich vorgestellt haben.

Gerade in den ersten Tagen im neuen Führungsjob sind Sie gut beraten, vor allem eines zu tun: Mit jedem im Team ausführlich zu reden, zuzuhören, Erwartungen aufzunehmen, ein Gespür für unterschwellige Botschaften zu entwickeln. Und zu signalisieren, dass Sie jedem mit Wertschätzung und Respekt begegnen. Dazu gehört auch, dass Sie keine unbegründeten Zweifel am Leistungswillen oder an der Leistungsfähigkeit von Einzelnen üben. Beweisen Sie stattdessen, dass Sie sich als Führungskraft Mühe geben und sich etwas als Dienstleister für Ihre Mitarbeiter verstehen. Sie erreichen Ihre Ziele nur, wenn auch Ihre Mitarbeiter ihre eigenen Ziele erreichen!

Versuchen Sie einen Beitrag zum offenen, produktiven Miteinander zu leisten. Dazu gehört durchaus eine gewisse Streitkultur, wo Konflikte ernst genommen und Probleme nicht einfach unter den Tisch gekehrt werden. Vermitteln Sie als Führungskraft nicht den Eindruck einer „heilen Welt" und setzen Sie nicht auf einen realitätsfernen Schmuse- oder Harmoniekurs! Kümmern Sie sich vor allem um das, was aus dem Weg geräumt werden muss, damit mehr Zufriedenheit entsteht und Ihr Team Kundenerwartungen besser erfüllen kann. Nicht Bürokratie, Abteilungsegoismus, Konkurrenzdruck und Misstrauen sind gefragt, sondern wechselseitiger Respekt und das Bekenntnis zu ehrlicher Zielverfolgung mit dem Anspruch, für Kunden gemeinschaftlich das Beste zu leisten.

3.3 Ab sofort tragen Sie volle Verantwortung für die Zielerreichung

Nehmen wir an, dass Sie in einer Runde von Gesprächen sowohl mit Ihrem Vorgesetzten, Ihrem Team als auch mit Kollegen in angrenzenden Bereichen persönliche Sondierungsgespräche geführt haben. Vielleicht haben Sie auch bereits dezentrale Einheiten besucht und mit weiteren Führungskräften auf der Leitungsebene oder Kooperationspartnern auf angrenzenden Prozessstufen erste Kontaktgespräche geführt. Gehen wir weiter davon aus, dass Sie sich zunächst ausführlich persönlich vorgestellt und zugleich Erwartungen, Wünsche und Zielvorstellungen Ihrer Gesprächspartner aufgenommen haben. Wahrscheinlich konnten Sie bereits in Umrissen eigene Vorstellungen dazu aufzeigen, wie Sie Ihre Arbeit künftig gestalten wollen. Möglicherweise haben Sie bereits Ihre Überlegungen zum Auftrag und zum künftigen Leistungsbeitrag Ihres Teams zum Ausdruck gebracht.

Wenn Ihnen diese Situation vertraut vorkommt, können Sie vielleicht schon erahnen, worauf ich hinaus will: Sie kommen nicht umhin, bereits in den ersten Tagen und Wochen Stellung zu beziehen. Dazu gehört, dass Sie zu Ihrer künftigen Rolle oder zu wichtigen Zielen, die Sie mit Ihrem Team verfolgen wollen, Einschätzungen mitteilen oder sogar vorsichtige Bewertungen zu strategischen Themen abgeben. Selbst wenn Sie sich vorgenommen haben, sich erst einmal weitgehend bedeckt zu halten, lässt es sich nicht vermeiden, dass Sie da und dort einen Standpunkt vertreten, der nicht unmittelbar auf Zustimmung stößt. Vielleicht treten Sie auch in das eine oder andere Fettnäpfchen, indem Sie spontan eine Sichtweise vertreten, die Sie später nach besserem Wissen über bestimmte Zusammenhänge so nicht mehr aufrechterhalten würden.

Nun brauchen Sie sich aber nicht bewusst zu verstellen oder alles offenzulassen. Es gehört einfach dazu, dass Sie gerade am Anfang vieles nicht richtig beurteilen können und deshalb mit bestimmten Positionen schlichtweg „daneben" liegen. Dennoch möchte ich Sie auf eine Gefahr hinweisen: Wenn Sie allzu locker bestimmte Meinungen vertreten, die Sie später wieder revidieren, verlieren Sie unter Umständen an Glaubwürdigkeit. Es ist deshalb besser, sich nicht zu weit aus dem Fenster zu lehnen und womöglich vollendete Tatsachen zu schaffen. Besonders kritisch sind weitreichende Zusagen, die Sie letztlich in den ersten Tagen noch nicht machen können, ohne sich zuvor einen umfassenden Überblick verschafft zu haben. Besondere Vorsicht ist geboten, wenn Mitarbeiter Wünsche artikulieren, die Sie gleich unter Zugzwang setzen: Typische Beispiele lauten: Gehaltserhöhungen, Neuordnung der Aufgabengebiete, Umstellungen von Abläufen, substanzielle Veränderungen von Arbeitszeiten und Arbeitsbedingungen, mehr Weiterbildungsgelegenheiten, Kompetenzerweiterungen oder Anschaffungen, die mit Folgekosten verbunden sind.

Bei realistischer Betrachtung der Ausgangssituation können Sie am Anfang gar keine verbindlichen Zusagen machen, da Sie wahrscheinlich noch nicht die Ziele und Budgets mit Ihrem Vorgesetzten abgeklärt haben. Es kann sein, dass einige Ihrer Gesprächspartner sogar versuchen, Sie ein bisschen zu überrumpeln und aus Ihrer fehlenden Erfahrung Kapital schlagen wollen. Dies muss gar nicht bewusst oder mit Absicht geschehen. Vielleicht sind die Mitarbeiter in Ihrem Team auch sehr zufrieden damit, dass gerade Sie die Leitung übernehmen und einen kooperativen Führungsstil erkennen lassen. Ich warne Sie jedoch davor, allzu leichtgläubig an Ihre Leitungsaufgabe heranzugehen. Es kann Ihnen passieren, dass Sie sich verstricken und später viel Zeit und Mühe darauf verwenden müssen, Ankündigungen und Versprechungen wieder zurückzunehmen.

Verheddern Sie sich nicht in der Falle „verborgener Zusagen":

1. Sie erfragen in persönlichen Gesprächen individuelle Wünsche, Erwartungen und Zielvorstellungen.
2. Sie bringen zum Ausdruck, dass Sie berechtigte Forderungen zu gegebener Zeit gerne aufgreifen und auch dazu beitragen wollen, offensichtliche Missstände oder Schwachstellen baldmöglichst abzustellen.

3. KAPITEL Die ersten Tage in der neuen Führungsverantwortung

> 3. Sie vermeiden aber jede Art von verbindlicher Zusage, zum Beispiel mit den Argumenten, dass Sie sich erst einen Gesamteindruck verschaffen wollen und später Prioritäten setzen werden. Bedenken Sie, dass Sie wahrscheinlich noch die wesentlichen Rahmenbedingungen Ihrer Führungsaufgabe abzustimmen haben.
> 4. Vermeiden Sie es, zu früh Entscheidungen zu treffen, die Sie in eine prekäre Lage bringen. Konsultieren Sie im Zweifelsfalle Ihren Vorgesetzten, damit Ihnen keine voreiligen Schnellschüsse unterlaufen.
> 5. Erbitten Sie sich auch bei scheinbar hohem Handlungsdruck ausreichend Bedenkzeit, um sich eine fundierte Meinung zu bilden. Gehen Sie in sich, um die „Pros und Cons" abzuwägen. Und lassen Sie lieber einige Tage verstreichen, bevor Sie sich festlegen. (Manchmal können dies auch einige Wochen sein, wenn es die Umstände erfordern.)

Nehmen Sie sich gerade in der Startphase Ihres Führungsjobs die Zeit, um sich nicht in eine Sackgasse hineinzumanövrieren. Fatal sind überhastete Entscheidungen, die Ihnen zwar das spontane Wohlwollen einzelner Mitarbeiter erbringen mögen, aber letztlich zu Ihrem eigenen Nachteil gereichen. Seien Sie sich darüber bewusst, dass Sie in der Führungsaufgabe vor allem daran gemessen werden, wie Sie bestimmte Ziele erreichen, die aus Sicht Ihrer Vorgesetzten als wesentlich und vorrangig eingestuft werden. Dies kann bedeuten, dass Sie Prozesse optimieren, Effizienzsteigerungen herbeiführen oder Kosten senken sollen. Man erwartet von Ihnen wahrscheinlich Beiträge zu mehr Kundenservice, Innovation und Qualität, was letztlich auch in sichtbarer Wertschöpfung für Ihre Firma und Ihre Kunden resultieren muss. Wo aber die richtigen Hebel anzusetzen sind, wissen Sie meist am Anfang gar nicht.

Es kann durchaus der Fall auftreten, dass Sie unangenehme Entscheidungen durchsetzen müssen, die schon seit längerem überfällig sind, und an die sich Ihr Vorgänger nicht herangetraut hat! Nun stehen Sie vielleicht gleich am Anfang unter Druck, möglichst schnell Ergebnisse zu erzielen, die bei Ihren Vorgesetzten das Vertrauen in Sie steigern. Auf jeden Fall sollten Sie in ausführlichen Gesprächen

3.3 Ab sofort tragen Sie volle Verantwortung für die Zielerreichung

mit Ihrem eigenen Linienvorgesetzten darauf hinwirken, dass eine vernünftige Ziel- und Aufgabenstruktur für Ihren Verantwortungsbereich – mit plausiblen Terminhorizonten – erarbeitet wird. Erst dann können Sie bei realistischer Betrachtung gegenüber Ihren Mitarbeitern Äußerungen tätigen, was machbar ist und was nicht. Versäumen Sie dies, geraten Sie in eine Zwickmühle, aus der Sie so schnell nicht herauskommen.

Als Führungskraft sind Sie zwar mit erweiterten Entscheidungsbefugnissen ausgestattet. Sie dürfen diese jedoch nicht im luftleeren Raum einsetzen. Schätzen Sie genau die Rahmenbedingungen Ihrer Handlungs- und Gestaltungsspielräume ab. Kompetenzüberschreitungen sind unbedingt zu vermeiden, wenn sie zu Lasten Dritter gehen oder Irritationen bei Entscheidungsträgern auslösen. Dies bedeutet nicht, dass Sie nur noch kleinkariert gemäß Stellenbeschreibung agieren oder sich „nach oben" anpassen sollen. Im Gegenteil: Durchaus ist es wünschenswert, wenn Sie kraftvolle und mutige Entscheidungen treffen, die Ihre Firma und Ihr Team nach vorne bringen: Hüten Sie sich aber davor, aus dem Stand heraus gleich zu Beginn Ihrer Führungsverantwortung womöglich folgenreiche Entscheidungen treffen zu wollen.

Sie benötigen eine Orientierungsphase, in der Sie sich selbst vor gravierenden Fehlern schützen müssen. Auch wenn andere dies unter Umständen kritisch als Zaudern oder Zögern interpretieren mögen: Es ist besser, Sie denken jetzt einige Tage länger nach. Später, wenn Sie mehr Routine und bessere Kenntnisse über Organisationszusammenhänge haben, sieht das wieder anders aus. Dann können Sie durchaus zügig entscheiden und auch unbequeme Positionen vertreten. Nur in den ersten Tagen und Wochen verscherzen Sie es sich leicht, wenn Sie gleich Berge versetzen wollen und in Ihrer Naivität einiges übersehen, was Ihre Pläne zunichte macht.

Bedenken Sie, dass Sie nicht einfach sagen können: „Das habe ich nicht gewusst" oder „Ich wollte doch nur das Beste". Maßgebend ist, dass Sie kontinuierlich an der Verfolgung Ihrer neuen Ziele arbeiten und diese schrittweise auch erreichen. Dazu müssen Sie erst umlernen: Sofern Sie noch keine einschlägige Führungserfahrung besitzen, stolpern Sie leicht, wenn Sie aus dem Blickwinkel Ihrer bisherigen Fach- oder Expertenrolle heraus unvorsichtig agieren. Das bereitet vielen Neulingen im Führungsjob gelegentlich Probleme. Glauben Sie nicht, dass Sie aufgrund Ihres bisher erworbenen Sachverstandes heraus zu entscheiden hätten. Sondern bedenken Sie, dass sich die wesentliche Marschrichtung verändert hat: Wer führt, muss übergeordnete Ziele kennen, aktiv vertreten und auch gelegentlich unliebsame Positionen durchsetzen, selbst wenn dies zu Härten im Einzelfall führen kann.

Es kommt nicht darauf an, „Goodies" zu verteilen und es allen recht zu machen, sondern mit Konsequenz und Bestimmtheit darauf hinzuwirken, dass die firmenstrategischen Ziele im Blick behalten werden. Wenn es dann auch noch gelingt, die Erwartungen der Mitarbeiter weitgehend zu erfüllen und ein gutes Maß an Mitarbeiterzufriedenheit und Teamgeist zu erreichen, ist dies zweifelsohne ein guter Einstieg in die Führungsverantwortung. Erfolgreiche Führungskräfte zeichnen sich dadurch aus, dass sie sich des Spannungsverhältnisses zwischen Unternehmens- und Mitarbeitererwartungen bewusst sind. Und dennoch einen Weg finden, um unter weitgehender Einbeziehung des Teams in knifflige Entscheidungsprozesse dem Einzelnen Erfolgserlebnisse und Spaß bei der Arbeit zu vermitteln.

3.4 Erwartungen und Zielvorstellungen Ihres Vorgesetzten

Wenn Sie Ihren Führungsjob gut machen wollen, müssen Sie sich zuerst fragen, was „gut" eigentlich heißt. Sie brauchen Klarheit darüber, woran Sie und Ihre Leistung künftig gemessen werden. Insofern kommt dem engen Dialog mit Ihrem Vorgesetzten eine Schlüsselfunktion zu. Gemeinsam mit ihm sollten Sie klären, was wirklich wesentlich ist und was von Ihnen erwartet wird. Es kann sein, dass nicht nur Ihr direkter Vorgesetzter Ziele und Erfolgsmaßstäbe mit Ihnen vereinbart, sondern dass weitere Führungskräfte dabei ein Wörtchen mitzureden haben.

Denken Sie etwa an einzelne Geschäftsführer oder an andere übergeordnete Führungskräfte, die auf strategischer Ebene Ziele vorge-

3.4 Erwartungen und Zielvorstellungen Ihres Vorgesetzten

ben. Vielleicht haben Sie mehreren Führungskräften gegenüber Rechenschaft abzugeben. Oder es sind noch weitere fachliche „Berichtslinien" definiert, aufgrund derer Sie für einzelne Spezialaufgaben mit Ihrem Team Leistungsbeiträge zu erbringen haben. Denken Sie zum Beispiel an einen Vertriebsleiter, der einerseits an den Vertriebs-Geschäftsführer berichtet und andererseits über eine „dotted line" – d. h. eine fachliche, nicht disziplinarische Berichtsfunktion – an ein Marketing-Ressort angebunden ist. Das heißt, neben der aktiven Vertriebssteuerung wird erwartet, dass etwa bei Kundenaktionen zusätzlich für den Bereichsleiter Marketing bestimmte Ergebnisse erreicht werden sollen.

Überprüfen Sie deshalb genau, mit wem Sie zu sprechen haben, wenn es darum geht, dass Ihre künftige Leistungsbeurteilung positiv ausfällt. In komplexen Aufbau- und Ablauforganisationen ist es keine Seltenheit, dass mehrere Schlüsselpersonen daran beteiligt sind, Ziele für Sie abzuklären und Ihre Leistungen zu bewerten. Dennoch gilt die Regel, dass der primäre Ansprechpartner Ihr disziplinarischer Linienvorgesetzter ist: Im Zweifelsfalle sollten Sie sich von ihm erläutern lassen, wen Sie einzubeziehen haben, um Gewissheit zu erlangen, was von Ihnen verlangt wird. Denkbar ist der Fall, dass Sie in einer Prozesskette mit angrenzenden Prozessstufen Leistungs- und Wertbeiträge auszuhandeln haben. Oder dass Sie im Rahmen von übergreifenden Projekten neben Ihren Kernaufgaben bestimmte Projektaufträge zu übernehmen haben. Dazu kann auch ein innerbetrieblicher Projekt-Lenkungsausschuss mit mehreren Führungskräften eingerichtet worden sein. Dort werden dann Prioritäten gesetzt und Ihnen Vorgaben gemacht, was bis wann zu erreichen ist.

Nehmen Sie nicht alles widerspruchslos hin oder sagen Sie gar nur „Amen" zu dem, was von Vorgesetzten an Zielvorgaben an Sie herangetragen wird. Im Gegenteil: Als souveräne Führungskraft wird von Ihnen erwartet, dass Sie sich mit den übergeordneten strategischen Zielen gut vertraut machen und von sich aus eigene Leistungs- und Nutzenbeiträge aufzeigen. Es kann durchaus der Fall auftreten, dass Ihr Vorgesetzter Ihnen nur strategische Eckdaten nennt und dann von Ihnen verlangt, sinnvolle nachgelagerte Ziele selbst zu entwerfen.

3. KAPITEL   Die ersten Tage in der neuen Führungsverantwortung

Typische Fragestellungen, die Ihr Vorgesetzter bei der Zielklärung an Sie stellen könnte:

- **Kundenperspektive:** „Und was tragen Sie dazu bei, damit unsere strategischen Ziele, zum Beispiel in den Schlüsselbereichen Kundengewinnung und -bindung erreicht werden? Wie steigern Sie den Kunden-Service und die Kundenzufriedenheit?
- **Innovationsperspektive:** Welchen Nutzenbeitrag leisten Sie zu den Bereichen Produkt-Optimierung und Produkt-Innovationen?
- **Finanzielle Ergebnisperspektive:** Wie können Sie helfen, Umsätze und Deckungsbeiträge zu steigern und zugleich Kosten nachhaltig zu senken?
- **Qualitätssicherung:** Wie werden Sie es erreichen, dass die Qualität weiter verbessert wird, und gleichzeitig Fehler- und Reklamationsquoten gesenkt werden?
- **Mitarbeiterentwicklung:** Was werden Sie tun, um Potenzialträger zu identifizieren, zu fördern und gleichzeitig die Einsatzflexibilität und Leistungsbereitschaft aller Mitarbeiter im Team zu erhöhen? Wie werden Sie mit Mitarbeitern umgehen, deren Leistung aktuell nicht den Anforderungen entspricht?

Dies sind nur Beispiele für mögliche Fragestellungen, zu denen von Ihnen gleich zu Beginn Ihrer Führungsfunktion konstruktive Vorschläge erwartet werden. Wenn Sie Ihren Vorgesetzten schon länger kennen, werden Sie wahrscheinlich in etwa wissen, wie Sie auf solche Fragen zu reagieren haben. Sofern Sie allerdings einen neuen Vorgesetzten haben, mit dem Sie früher noch nie zusammengearbeitet haben: Überlegen Sie sich sehr genau, wie Sie sich in der Phase der Zielklärung und Zielvereinbarung verhalten.

Dabei ist es wichtig, dass Sie zwischen den Zeilen zu lesen versuchen, worauf es Ihrem Chef tatsächlich ankommt. Sie dürfen auch nicht allzu leichtfertig Zusagen zu erreichbaren Ergebnissen machen, wenn Sie später womöglich erkennen müssen, dass es erhebliche Widerstände und Barrieren bei der Umsetzung gibt. Allerdings sollten Sie nicht in eine „Defensiv-Haltung" oder in eine „Schonungs-Nische" ausweichen, indem Sie sich gar nicht festlegen. Dies wird kaum zum Erfolg führen: „Committen" Sie sich, d. h. verpflichten Sie sich selbst und bringen Sie plausible Erwartungen zum

3.4 Erwartungen und Zielvorstellungen Ihres Vorgesetzten

Ausdruck, was Sie bis wann mit Ihrem Team erreichen wollen und können.

Bevor Sie jedoch konkrete Festlegungen treffen, empfehle ich Ihnen, Rücksprache mit Ihrem Team zu halten: Es kann sein, dass Sie gemeinsam mit Ihrem Vorgesetzten relativ zügig einen Konsens erreichen, was geleistet werden muss. Aber der Engpass zeigt sich dann, wenn Sie die Zielüberlegungen mit Ihrem Team besprechen. Gehen Sie deshalb auf „Nummer sicher" und erörtern Sie die wesentlichen Zielvorstellungen, die Sie mit Ihrem Vorgesetzten erarbeitet haben, mit Ihrem Team. Dazu können Einzelgespräche sinnvoll sein, aber auch Teamsitzungen. Es ist Zeichen eines guten, mitarbeiterorientierten Führungsstils, wenn Sie Ihr Team nicht vor vollendete Tatsachen stellen. Sondern ernsthaft Gestaltungsmöglichkeiten einräumen, damit wichtige Ergebnisse später tatsächlich erreicht werden!

Als Führungskraft sind Sie nun nicht mehr alleine für die Zielerreichung verantwortlich. Richten Sie die erwünschten Ergebnisse auf die möglichen Leistungsbeiträge Ihrer Mitarbeiter aus. Wenn Sie deshalb leichtfertig Ihrem Chef etwas zusagen, was Sie später nicht einhalten können, manövrieren Sie sich schnell ins Abseits: und zwar sowohl bei Vorgesetzten als auch bei Ihrem Team. Schalten Sie deshalb eine „Schleife" mehr ein: Ihr Chef wird es Ihnen wohl kaum übel nehmen, wenn Sie vor dem verbindlichen „Festklopfen" der Zielvereinbarungen und Aufgabenschwerpunkte eine überschaubare Bedenkzeit verlangen. Machen Sie ihm deutlich, dass Sie erst die Kapazitäten planen und keine voreiligen Zusagen machen wollen. Prüfen Sie das Leistungsvermögen des Teams insgesamt als auch der einzelnen Mitarbeiter, um eine Überforderungssituation zu vermeiden.

Die finale Verantwortung für die Zielabsprachen tragen durchaus Sie und Ihr Chef! Das heißt, es darf nicht die Situation entstehen, dass Sie sich von Ihrem Team sagen lassen, was machbar ist und was nicht. Bekennen Sie selbst Farbe und treffen Sie eigenständig Entscheidungen. Dies ist kein Abstimmungsprozess, bei dem Mehrheiten gebildet werden, sondern es liegt in Ihrer Führungsverantwortung, die Richtung festzulegen und in gewissem Maße vorzugeben. Um guten Gewissens gegenüber Ihrem Vorgesetzten zu argumentieren, was leistbar ist, sollten Sie Ihre Ressourcen gut durchdenken und gerade auch mit Ihrem Team eingehend Rücksprache halten.

Wenn es Konfliktpotenziale gibt, sprechen Sie diese gegenüber Ihrem Chef deutlich an: Zeigen Sie auf, in welchen Fällen beispielsweise bestimmte Ziele von Ihrem Team kritisch gesehen werden oder Justierungen als sinnvoll erachtet werden. Wenn Ihr Vorgesetzter Ihnen danach nahelegt, dennoch bestimmte Aufträge zu übernehmen, sollten Sie dies nicht einfach ablehnen. Sie können zwar Ihre Bedenken aufzeigen, tun aber gut daran, es wenigstens zu versuchen. Ihr Vorgesetzter hat eine Weisungsverantwortung, die Sie nicht übergehen sollten. Sofern sich aber bei der Zielverfolgung schon bei ersten Meilensteinen zeigt, dass es Probleme gibt, suchen Sie seinen Rat, was zu tun ist. Manche Planungen bedürfen der Revision, da sie zu optimistisch waren. Das wird auch Ihr Chef verstehen oder Ihnen bestimmt zumindest Hinweise geben, was Sie tun können, um dennoch bestmögliche Resultate zu erzielen.

Es ist ganz entscheidend für den Erfolg in Ihrem Führungsjob, dass Sie mit Ihrem Vorgesetzten ein gemeinsames Verständnis erzielen, was wahrscheinlich zu erreichen ist und was tatsächlich machbar ist. Versuchen Sie, wesentliche Übereinkünfte schriftlich in Stichworten zu formulieren und Erfolgs- und Messkriterien zu benennen. Sie tun gut daran, schon gleich zu Beginn darauf zu drängen, dass klar ist, woran Sie gemessen werden. Vielleicht lässt sich nicht alles genau quantifizieren oder auf den Punkt bringen. Leisten Sie selbst einen Beitrag zur Konkretisierung, etwa dadurch, dass Sie das, was Sie erreichen wollen, in einer Übersicht schriftlich darstellen – und nachdem Sie es mit Ihrem Team besprochen haben, mit Ihrem Vorgesetzten verbindlich fixieren. Vielleicht brauchen Sie dafür einige Tage oder sogar Wochen. Unter Umständen müssen Sie auch später wieder das eine oder andere revidieren.

Gewöhnen Sie es sich an, wichtige Eckdaten Ihrer künftigen Leistungserbringung nicht „unverbindlich ins Blaue hinein" zu erörtern. Wirken Sie darauf hin, das Betreffende in einer geordneten Form zu präzisieren. Dazu brauchen Sie keine umfangreichen Papiere oder Notizen auszuarbeiten. Klare Festlegungen zu Prioritäten sind für Sie jedoch hilfreich, damit Sie später keine unangenehmen Überraschungen erleben. In vielen Firmen wird dies unter der Überschrift der Zielvereinbarung sowieso gemacht. Also, packen Sie es an und ergreifen Sie die Initiative, mit Ihrem Chef – und unter Einbeziehung Ihres Teams – gleich in den ersten Wochen „festzuzurren", worauf Sie sich einlassen wollen und können. Es zahlt sich später für Sie, Ihr Unternehmen und Ihr Team aus.

3.5 Führen Sie Gespräche sowohl mit Ihren Mitarbeitern einzeln als auch gemeinsam im Team

Wenn Sie als Führungskraft erfolgreich sein wollen, reicht es nicht, dass Sie glauben, gut führen zu können. Ihre Mitarbeiter sollten dies auch tatsächlich so erleben, sprich: Ihre Führungskompetenz muss bei denjenigen sichtbar werden, für die Sie als Führungskraft verantwortlich sind. Ihr Ziel wird hoffentlich nicht darin bestehen, die Wünsche und Erwartungen Ihrer Mitarbeiter als zweitrangig anzusehen und sich nur auf eigenes Vorankommen oder „Selbstdarstellung nach oben" auszurichten. Ich rate Ihnen von einer solchen Grundhaltung ab. Es mag sein, dass es in manchen Firmen möglich ist, auch ohne Einbeziehung der Mitarbeiter als Vorgesetzter zu bestehen. Über kurz oder lang kann dies jedoch zu einer „Bauchlandung" führen: und zwar wegen der Gefahr fehlender Akzeptanz im Team, geringer Mitarbeiter-Motivation und dem Aufbau einer Abwehrhaltung bei Einzelnen.

Engagierte Mitarbeiter, die den Eindruck gewinnen, dass der eigene Vorgesetzte nur an die Karriere denkt und faktisch nicht am Mitarbeiterdialog interessiert ist, distanzieren sich schnell vom Chef. Nehmen Sie sich deshalb Zeit, um durch substanzielle Gespräche mit allen Mitgliedern im Team Bedürfnisse und Wünsche zu hinterfragen. Wählen Sie dabei den Weg, sowohl vertrauliche Einzelgespräche zu führen, als auch in Teamsitzungen mit allen Beteiligten – gerade zu Beginn Ihrer Leitungstätigkeit – in einen vertieften Gedankenaustausch einzutreten. Achten Sie darauf, dass Sie zum einen zuhören, was von Ihnen erwartet wird. Machen Sie zum anderen keine Versprechungen, die Sie später nicht einhalten können!

Nutzen Sie bevorzugt Einzelgespräche, wenn es Ihnen darauf ankommt, zu erfahren,
- welche Stärken, fachlichen Kompetenzen und Potenziale ihre Mitarbeiter besitzen,
- welchen Zuschnitt die individuellen Aufgabenschwerpunkte in der Vergangenheit hatten und in welchen Bereichen gute Leistungen erzielt wurden,
- welche Wünsche Ihre Mitarbeiter zu künftigen Tätigkeitsschwerpunkten haben,
- was dazu beitragen kann, die Zufriedenheit und die Freude bei der Arbeit zu verbessern,
- was an persönlichen und eventuell auch an privaten Hintergrundinformationen wichtig ist, um die Mitarbeiter und ihre Bedürfnisse besser zu verstehen.

Denken Sie an familiäre Belange und mögliche Belastungen im Umfeld des Einzelnen – eventuell auch Krankheiten oder bestimmte Konfliktfaktoren –, die Sie kennen müssen, um Ihre Mitarbeiter und die Situation im Team besser zu verstehen. Vielleicht gibt es auch langfristige Zukunftswünsche oder ganz persönliche Erwartungen an Sie, die in einem Einzelgespräch eher artikuliert werden als in einer Teamsitzung. Nehmen Sie sich Zeit für diese Einzelgespräche, d. h. veranschlagen Sie zirka ein bis zwei Stunden Gesprächszeit mit jedem Einzelnen. Manchmal sind auch Folgegespräche sinnvoll, um bestimmte Themen zu vertiefen. Bauen Sie erst Vertrauen auf, bevor Sie heikle Themen angehen. Setzen Sie Ihre Mitarbeiter nicht unter Druck, etwa durch zu forsches Fragen, sondern lassen Sie den Einzelnen entscheiden, was er näher ansprechen, erläutern oder vertiefen möchte. Sie sind dabei hauptsächlich als guter Zuhörer gefragt. Dementsprechend sollte der überwiegende Redeanteil auf der Seite Ihrer Mitarbeiter liegen.

3.5 Führen Sie Gespräche

Teamgespräche sind demgegenüber vor allem empfehlenswert, wenn Sie klären wollen,

- wie der gemeinsame Teamauftrag verstanden wird und inwiefern sich die Fähigkeiten und Stärken der Einzelnen wirksam ergänzen können,
- wie die anfallenden Arbeiten im Team bisher erledigt wurden, und was künftig getan werden kann, um die Aufgaben der Einzelnen gut aufeinander abzustimmen,
- wie mögliche Konflikte oder zwischenmenschliche Spannungen im Team aufgearbeitet werden können,
- wie Sie die Leistungen des Teams noch besser auf die Kundenerwartungen und die Wertschöpfungsziele des Unternehmens abstimmen können
- und wie verbindliche Ziele und Maßnahmenpläne zu entwickeln sind, die nicht nur Einzelne betreffen, sondern ein effektives Kommunizieren und übergreifendes Kooperieren im Team ermöglichen.

Teamgespräche zu führen ist methodisch anspruchsvoll und bedarf einer guten Vorbereitung und Strukturierung. Steuern Sie den Informationsfluss und die Kommunikationsstruktur so, dass keine chaotischen und unproduktiven Diskussionen entstehen. Es kommt darauf an, dass Sie das Handwerkszeug besitzen, um selbst gut zu moderieren – oder auch um die Gesprächssteuerung an einen geeigneten Moderator im Team zu übertragen. Halten Sie am besten Besprechungspunkte beispielsweise auf Flipchart fest und dokumentieren Sie Erkenntnisse oder Vereinbarungen gleich mit. Diskutieren Sie nicht einfach ins Blaue hinein, sondern arbeiten Sie einzelne Tagesordnungspunkte in geordneter Form ab. Und legen Sie dazu jeweils auch einen Zeitrahmen im Vorhinein fest. Zwar sollten Sie Teamgespräche nicht zu stark formalisieren, aber es hilft, wenn alle wissen, wie viel Zeit für welches Thema aufgewendet werden soll. Stellen Sie sicher, dass nichts „durchrutscht" oder Einzelne gar nicht zu Wort kommen.

Lenken Sie den Blick nicht nur auf einzelne fachliche Themen, die sich bevorzugt in Teammeetings abarbeiten lassen, wenn sie die gesamte Gruppe betreffen. Richten Sie Ihre Aufmerksamkeit auch auf persönliche Erwartungen und Wünsche sowie auf Hemmfaktoren oder Spannungsfelder, die das produktive Miteinander beeinträchtigen können. Wenn Sie regelmäßige Teammeetings durchführen, fördern Sie meist stärker die gemeinsame Teamentwicklung als wenn Sie nur Einzelgespräche führen.

> **Lenken Sie den Fokus in Teamgesprächen auf folgende Punkte:**
>
> - Was zeichnet Ihr Team vor allem aus? Woran erkennen interne oder externe Kunden, dass professionelle Leistungen erzielt werden?
> - Wie können sich die Fähigkeiten der Einzelnen so ergänzen, dass Synergien entstehen und sogar Spitzenleistungen erzielt werden?
> - Was können Sie tun, um Barrieren, Hindernisse oder überflüssige Bürokratie abzubauen, die das Team daran hindert, Kundenwünsche bestmöglich zu erfüllen?
> - Woran wird das Team gemessen, d. h. was sind Erfolgskriterien und Leistungsmaßstäbe, die von außen an alle herangetragen werden?
> - Wie sehen Sie Ihre Rolle als Führungskraft – und welche Erwartungen haben Ihre Mitarbeiter hierzu?

Nutzen Sie Teamgespräche dazu, den Teamgeist zu stärken und zwischenmenschliche Reibereien frühzeitig zu erkennen. Es wird Ihnen nicht gelingen, es jedem recht zu machen und sämtliche Konflikte zu entschärfen. Ein gewisses Maß an Streitkultur ist nötig, um überzeugende Leistungen zu erzielen. Gefordert ist deshalb bei allen Beteiligten eine gewisse Konflikttoleranz, ohne die Teamarbeit nicht möglich ist. Sofern Sie ernsthafte Spannungen erkennen, bearbeiten Sie diese am besten mit den Betroffenen eingehender in Folgegesprächen. Führen Sie kontroverse Fragestellungen zeitnah einer Lösung zu.

Versuchen Sie, in der Startphase einen Gesamteindruck von den individuellen Leistungsmöglichkeiten zu entwickeln und ein „atmosphärisches Stimmungsbild" im Team zu zeichnen. Dazu gehört nicht nur, herauszustellen, was Sie erreichen wollen, sondern genauso zu erkennen, wo der Schuh drückt oder wo es klemmt. Ihre Füh-

3.5 Führen Sie Gespräche

rungsaufgabe besteht maßgeblich darin, den Mitarbeitern zu helfen, dass Sie mit häufig unausweichlichen Belastungen konstruktiv umgehen können. Das heißt: Sie sind gefordert, jedem so gut es geht den Rücken freizuhalten, damit trotz Hektik im Tagesgeschäft, knappen Ressourcen und anspruchsvollen Zielen das Beste erreicht wird – und zugleich die innere Motivation und Grundeinstellung zum Job auf einem hohen Niveau gehalten wird. Hören Sie gerade die „mitschwingenden Töne" im zwischenmenschlichen Bereich heraus. Klären Sie, wer mit wem gut zusammenarbeiten kann. Und wie Fallstricke und Klippen zu umschiffen sind, damit ein Top-Team entsteht, das Ihnen als Führungskraft vertraut.

Vermeiden Sie es, gerade am Anfang etwas gegen das Team durchsetzen zu wollen. Wenn Sie bei neuen Anforderungen Widerstände spüren, sollten Sie genau herausfinden, womit diese zusammenhängen. Unterlassen Sie es, Ziele von oben nach unten einfach „durchzureichen". Gemeint ist damit, dass Sie nicht unkritisch Ziele, die Ihr eigener Chef für sinnvoll hält, dem Team vorgeben, ohne die Meinung der Mitarbeiter im Vorfeld zu erfragen. Im Zweifelsfall sollten Sie die Bedenken der Mitarbeiter wiederum Ihrem Vorgesetzten vortragen, um Ziele so zu justieren, dass sie im Team mitgetragen werden können. Sofern dies nicht möglich ist, begründen Sie gut, warum bestimmte Vorgaben nötig sind.

In vielen Fällen haben Ihre Mitarbeiter in Fachfragen mindestens genauso viel Erfahrung wie Sie, so dass Sie gerade inhaltliche Bewertungen und Einschätzungen Ihrer Spezialisten ernst nehmen sollten. Suchen Sie nach einem Weg, um die Erwartungen Ihrer Vorgesetzten und Ihres Teams so gut wie möglich in Einklang zu bringen. Gehen Sie nicht über die legitimen Bedürfnisse und berechtigten Einwände von Einzelnen hinweg. Was Sie einmal an Vertrauen durch unbedachtes Handeln verspielt haben, können Sie später nur schwer oder nur unter größter Anstrengung wieder zurückgewinnen. Achten Sie darauf, nicht vorschnell für Ihr gesamtes Team ohne Einbeziehung aller Mitarbeiter zu entscheiden. Die Wahrscheinlichkeit, dass Sie bei der Umsetzung später erhebliche Widerstände spüren, ist mit Sicherheit hoch.

3.6 Gehen Sie in sich, um herauszufinden, was Ihnen wichtig ist: Was ist Ihr eigener Anspruch?

Die ersten Tage in Ihrer neuen Führungsaufgabe stellen eine besondere Herausforderung für Sie dar: Sie üben in Ihrer beruflichen Laufbahn eine neue Tätigkeit aus, die Sie vor allem als Persönlichkeit fordert und bei der es in starkem Maße darauf ankommt, dass Sie die richtigen Prioritäten setzen. Sie tragen jetzt für eine Gruppe von Menschen Verantwortung. Ziele zu erreichen bedeutet für Sie, nicht nur an sich und die eigene Leistung zu denken. Werden Sie sich darüber bewusst, was Ihre Mitarbeiter beitragen können, damit sie gemeinsam bestimmte Ergebnisse erreichen. Der wesentliche Auftrag an Sie lautet, mit Ihrem Team einen effektiven Wertbeitrag zu stiften, der stets an den Anforderungen Ihrer Kunden, Vorgesetzten und Kooperationspartner gemessen wird.

Finden Sie realistische Ziele, damit Ihnen diese innere mentale Umstellung hin zur Übernahme der Gesamtverantwortung für ein Team und für die gemeinsame, produktive Leistungserbringung erfolgreich gelingt. Vermeiden Sie, sich selbst zu überfordern und bereits in den ersten Tagen alles auf einmal erreichen zu wollen. Vielleicht haben Sie schon einen vollen Schreibtisch, viele Dienstreisen oder Meeting-Termine und planen eine Reihe von Gesprächen mit einzelnen Mitarbeitern, Kollegen und Vorgesetzten. Es kann Ihnen leicht passieren, dass Sie Ihr Zeitbudget überschätzen und plötzlich kaum noch die Ruhe finden, um wirklich über das Tagesgeschäft hinaus zu denken. Sie hetzen stattdessen womöglich von einem Termin zum nächsten und verlieren das Ganze aus dem Auge! Konzentrieren Sie sich deshalb darauf, sich genau darüber bewusst zu werden, was Sie erreichen wollen – und können!

Setzen Sie sich selbst eher Grenzen, hängen Sie die Messlatte nicht zu hoch und verpflichten Sie sich zu einer Strategie der kleinen Schritte: Wenn Sie zu viel auf einmal bewegen wollen, werden Sie es nicht weit bringen. Setzen Sie Schwerpunkte bei denjenigen Aktivi-

3.6 Gehen Sie in sich, um herauszufinden, was Ihnen wichtig ist

täten, für die zugleich eine hohe Erfolgswahrscheinlichkeit gegeben ist. Sagen Sie gleich von Anfang an behutsam „Nein", wenn Sie das Gefühl haben, dass Ihre Zeit nicht zweckmäßig investiert ist. Natürlich können Sie viele Gespräche führen und überall „mitmischen", ohne jedoch voranzukommen. Es ist deshalb sinnvoll, wenn Sie beispielsweise nur an den Meetings teilnehmen, zu denen Sie tatsächlich einen effektiven Beitrag leisten können.

Sie werden mit hoher Wahrscheinlichkeit den Fall erleben, dass Ihre Gesprächspartner gleich mit vielerlei Wünschen und Erwartungen an Sie herantreten, die Sie am besten morgen schon erfüllen sollen. Zeigen Sie Standfestigkeit, Resolutheit und eine gewisse Konsequenz in Ihren Äußerungen: Signalisieren Sie, ohne andere vor den Kopf zu stoßen, dass Sie erst dann aktiv werden, wenn Sie sich ein umfassendes Bild gemacht haben. In den ersten Tagen kann es eine förderliche Grundeinstellung sein, sich einer Art „produktiven Nichtstuns" zu verpflichten. Damit ist nicht gemeint, dass Sie nichts tun! Ganz im Gegenteil: Sie informieren sich, sie hören zu, Sie klären Erwartungen, Sie überprüfen eigene Handlungsmöglichkeiten, Sie verschaffen sich einen Eindruck von den Leistungsmöglichkeiten Ihres Teams und Sie sondieren übergeordnete Strategien und Zielsetzungen.

Aber Sie sollten es tunlichst vermeiden, gleich in einen blinden Aktionismus zu verfallen, nur weil irgendjemand ein ganz dringendes und scheinbar bedeutsames Anliegen an Sie heranträgt. Natürlich können Sie es nicht vermeiden, schon erste Entscheidungen zu treffen. Sie kommen auch nicht umhin, Stellung zu beziehen und Farbe zu bekennen, wenn dies von Ihren Vorgesetzten erwartet wird. Aber verfallen Sie nicht in den Fehler, alles für wesentlich zu halten, nur weil es bei Ihnen auf dem Schreibtisch landet und Dritte der Meinung sind, dass Sie möglichst sofort reagieren müssen. Das kann niemand von Ihnen erwarten! Bedenken Sie, dass Sie neu in Ihrer Leitungsfunktion sind und auch eine Art von „warming-up" benötigen. Sprechen Sie wichtige Entscheidungen mit hoher Tragweite grundsätzlich mit Ihrem Chef durch, bevor Sie sich selbst äußern. Es kann auch erforderlich sein, dass Sie wenigstens einen kompetenten Spezialisten aus Ihrem Team bei komplexen Sachfragen hinzuziehen. Vielleicht werden Sie den Weg wählen, bestimmte Problemstellungen im gesamten Team zu erörtern und dadurch zugleich die Teamentwicklung durch aktive Einbeziehung Ihrer Mitarbeiter zu fördern.

Das Wesentliche ist jetzt für Sie, dass Sie erkennen, ob Sie tatsächlich selbst etwas tun sollten, und unter welchen Umständen dies besser andere für Sie erledigen können. Konzentrieren Sie sich unbedingt auf die eigentliche Führungsaufgabe.

Delegation ist von Anfang an gefordert:

- Wer ist der beste Experte bei Ihnen im Team, um eine bestimmte Problemstellung oder Kundenanfrage zu bearbeiten?
- Welche Arbeitsgruppe kümmert sich zweckmäßigerweise um eine Kundenanfrage?
- Wie können Sie Ihre Mitarbeiter einbinden, um qualitativ ansprechende Problemlösungen sicherzustellen?

So lauten typische Fragen, die Sie immer im Hinterkopf behalten sollten. Bringen Sie Ihr Team oder einzelne Mitarbeiter ins Spiel, wenn sich die passende Möglichkeit bietet – so wie ein guter Mittelfeldspieler im Fußball, der seine Mitspieler und Stürmer flexibel bedienen muss, damit tatsächlich Tore geschossen werden. Fatal ist es, wenn Sie alles selbst machen wollen. Das würde schon nach wenigen Tagen dazu führen, dass Sie sich ins Abseits manövrieren.

Sie werden nicht umhin kommen, in hohem Maße selbst inhaltlich am Tagesgeschäft mitzuwirken. Sie sind wahrscheinlich nicht die „reine Führungskraft", die nur noch Mitarbeitergespräche führt, sondern haben sowieso genug Themen auf dem Tisch, mit denen Sie sich näher auseinandersetzen müssen. Aber versuchen Sie diesen Anteil der Sacharbeit definitiv auf ein überschaubares Maß zu beschränken. Sonst werden Sie nicht zur Führungsaufgabe kommen, die gerade den intensiven Dialog mit Ihrem Team erfordert. Verabschieden Sie sich deshalb von der Tüftelei und dem Anspruch zur vollständigen Durchdringung von Spezialproblemen. Das kostet Sie nur Zeit, die Sie an anderer Stelle wieder verlieren, zum Beispiel beim strategischen Denken, bei der Zielklärung oder beim Mitarbeiterdialog.

3.6 Gehen Sie in sich, um herauszufinden, was Ihnen wichtig ist

Es gibt Vorgesetzte, die diese Führungsanforderung nicht ausreichend im Blick haben oder sich nur bedingt dafür interessieren. Manche Chefs glauben auch, sich am besten durch ihre fachliche Kompetenz oder durch Selbstdarstellung und Machtausübung profilieren zu können. Oder sie haben es schlichtweg nicht gelernt, zu delegieren. Es gibt auch Vorgesetzte, die ihrem Team misstrauen und vieles lieber selbst machen, damit „keine Fehler passieren". Gelegentlich wird argumentiert, dass es „der Vorstand so wolle" oder dass die „Mitarbeiter schon überlastet sind", usw. Die mögliche Liste der Ausreden, warum nicht geführt werden muss, ist unendlich lang. Vermeiden Sie es, sich solche Denk- und Argumentationsmuster anzugewöhnen. Bedenken Sie, dass Sie als Führungskraft gefordert sind – und nicht als „oberster Sachbearbeiter". Nehmen Sie deshalb Ihre Führungsverantwortung ernst und machen Sie sich bewusst, worauf es ankommt: Gewissenhaft zu führen und nicht auf anderen Spielwiesen „herumzuturnen", nur weil Sie dort scheinbar schnellere Erfolge erzielen.

Als Führungskraft tragen Sie eine Kernverantwortung auf der strategischen und auf der zwischenmenschlichen Ebene: Sie müssen Ziele mit Ihrem Team effizient erreichen und den Dialog im Team suchen, um eine gemeinsame Linie zu finden. Ihre Mitarbeiter sollten die Ziele selbst kennen, sich damit identifizieren und mit Ihnen am gleichen Strang ziehen. Damit Sie das erreichen, brauchen Sie Zeit: Nutzen Sie die ersten Tage und Wochen, um mit Ihrem Team die nötige Zielklarheit aufzubauen und die wünschenswerte Selbstverpflichtung zur Kundenorientierung und Zielverfolgung zu entwickeln. Sie sind zugleich als Botschafter und Missionar gefordert: Zeigen Sie Richtung auf, vermitteln Sie Orientierung und motivieren Sie dazu, nicht zu früh aufzugeben. Werden Sie sich Ihrer Vorbildrolle bewusst. Ihre Mitarbeiter beobachten Ihr Verhalten genau: Falls Sie sich verzetteln oder in die Zuständigkeiten von Einzelnen hineinregieren, müssen Sie sich nicht wundern, wenn Sie Ihre Ziele verfehlen. Halten Sie Kurs und denken Sie darüber nach, wo Sie hinwollen. Finden Sie den Leuchtturm, der Ihrem Schiff als Bezugspunkt dient, um in rauer See die Mannschaft sicher in neue Lande zu führen.

3.7 Vermeiden Sie von Anfang an „klassische" Führungsfehler

Wenn Sie Führungsverantwortung neu übernehmen, stehen Sie am Anfang eines beruflichen Abschnitts Ihrer Karriere, der Sie vor vielfältige Herausforderungen stellt. Da Ihnen aber noch die Erfahrung fehlt, mit schwierigen Situationen in der Personalführung souverän umzugehen, ist das Risiko besonders groß, dass nicht alles nach Plan läuft. Sie werden es nicht vermeiden können, dass Ihnen der eine oder andere Lapsus unterläuft. Dennoch sollten Sie auf der Hut sein, nicht gleich zu Beginn in eine unglückliche Position zu geraten, die Ihnen die Startenergie raubt. Es ist besser, Sie stellen sich bewusst darauf ein, frühzeitig gegenzusteuern, damit Sie nicht in eine „Führungsfalle" tappen.

Klassische Führungsfehler basieren darauf, dass Sie wahrscheinlich zwar guten Willens sind, aber die jeweilige Führungsanforderung schlichtweg nicht aus einem übergeordneten Blickwinkel heraus vollständig beurteilen können. Um professionell zu führen, bedarf es einer gewissen Bandbreite an Erfahrungen in der neuen Rolle. Nun können Sie diese Praxiserfahrung aber nicht „herbeizaubern". Stellen Sie sich deshalb darauf ein, dass Ihnen der eine oder andere Fehler unterlaufen wird. Versuchen Sie jedoch, vorausschauend das Risiko zu minimieren, sich gleich in den ersten Tagen und Wochen in eine unglückliche Situation hineinzumanövrieren – und sich dadurch innerlich womöglich blockieren.

Ich schildere Ihnen drei solcher typischen Situationen und gebe Ihnen zugleich Hinweise, wie Sie vermeiden, sich das Leben schwer zu machen.

(1) Entscheidungen bewusst treffen.

> **BEISPIEL:** Ihr Vorgesetzter schildert Ihnen ein Problem, bittet Sie um eine zügige Entscheidung und deutet auch schon an, wie Sie am besten mit Ihrem Team weiter vorgehen könnten. In einer solchen Situation liegt es nahe, dass Sie sich bemühen, den Erwartungen Ihres Vorgesetz-

3.7 Vermeiden Sie von Anfang an „klassische" Führungsfehler

ten zu folgen. Sie möchten nicht in Verzug geraten und reagieren spontan mit ersten Einschätzungen zur Problemlösung und möglichen Handlungsalternativen. Nach einer gewissen Bedenkzeit teilen Sie Ihrem Vorgesetzten mit, wie Sie entscheiden wollen. Ihr Chef ist positiv angetan, zumal Sie sich so, wie er es sich gewünscht hat, verhalten.

Kern eines möglichen Führungsfehlers: Sie treffen die Entscheidung, ohne ausreichend Ihr Team in den Prozess eingebunden zu haben. Spätestens bei der Umsetzung erleben Sie massive Widerstände, da zumindest einige Ihrer Mitarbeiter deutliche Bedenken anmelden könnten. Ihnen wird vielleicht vorgeworfen, die Meinung der Betroffenen nicht gehört zu haben.

Fazit: Vermeiden Sie Schnellschüsse ohne ausreichende Mitarbeitereinbindung. Denken Sie daran, dass Sie zwar Entscheidungsverantwortung tragen, aber die Sichtweisen Ihres Teams im Vorfeld klären sollten. Reden Sie gegebenenfalls mit Ihrem Vorgesetzten darüber, wie Sie Vorbehalte im Team überwinden können. Lassen Sie sich dazu von ihm beraten.

(2) Konsens herbeiführen.

BEISPIEL: Sie wollen im Team eine sensible Kundenbeschwerde erörtern und setzen darauf, dass möglichst alle an einem Strang ziehen, damit so etwas nicht mehr passiert. Bei der Besprechung im Team stellen Sie jedoch fest, dass die Meinungen über zwei sinnvolle Verhaltensvarianten im Kundendialog weit auseinander gehen. Die einzelnen Positionen „A" und „B" scheinen gut begründet und plausibel. Je länger Sie diskutieren, desto mehr verhärten sich die Fronten. Sie wollen aber demokratisch führen und nicht diktieren. Deshalb entscheiden Sie sich zu einer Abstimmung. Ergebnis: 2/3 Ihrer Mitarbeiter votieren für die Verhaltensalternative A.

Kern eines möglichen Führungsfehlers: Sie versuchen einen Weg zu finden, der vor allem von der Mehrheit mitgetragen wird. Nehmen wir an, dass Sie sich sowohl Verhaltensmöglichkeit A oder B vorstellen können, also keine sachlogische Analyse eine der beiden Varianten ausschließt. Wenn Sie nun eine über Abstimmung legitimierte Entscheidung treffen, kann es sein, dass Sie zwar eine Mehrheit für sich gewinnen, aber dennoch nicht vollständig Ihrer Führungsverantwortung gerecht werden! Versuchen Sie grundsätzlich, sich eine klare eigene Meinung zu bilden, welche Variante Sie bevorzugen und beziehen Sie Ihr Team in die Ent-

3. KAPITEL — Die ersten Tage in der neuen Führungsverantwortung

scheidungsvorbereitung ein. Lassen Sie sich nicht von (scheinbaren) Mehrheiten in eine bestimmte Richtung drängen. Vergegenwärtigen Sie sich Ihres Führungsauftrages, Ihrer Ziele und entscheiden Sie dann, nachdem Sie die Meinung Ihrer Mitarbeiter gehört haben. Urteilen Sie nach bestem Wissen und Gewissen aufgrund Ihrer eigenen Überzeugung. Denn: Wenn etwas schiefgeht, müssen Sie dafür geradestehen! Sie tragen als Führungskraft die Verantwortung dafür, Chancen und Risiken zu bewerten. Gehen Sie gelegentlich auch den „steinigen Weg", sich lediglich auf Minderheiten zu stützen, wenn Sie ein bestimmtes Ziel bewusst im Blick haben.

Verwechseln Sie Entscheiden nicht mit Delegieren: Es kann sein, dass Sie die Verantwortung zur Umsetzung an einzelne Spezialisten oder sogar an das gesamte Team übertragen müssen. Dann haben Sie eine Vereinbarung zu zweckmäßigen Zielen getroffen, überlassen es aber Ihren Mitarbeitern, den besten Weg zur Zielerreichung zu finden. Nur: In unserem Beispiel wollen Sie zunächst nicht delegieren, sondern eine Grundsatzentscheidung zum Umgang mit Kundenbeschwerden herbeiführen. Und Sie sollten innerlich überzeugt sein, dass Sie den besten Weg zur Sicherstellung der gewünschten Kundenzufriedenheit gefunden haben. Dort, wo Sie selbst zu entscheiden haben, müssen Sie es auch tun! Und zwar nicht aufgrund von Mehrheitsentscheidungen. Sondern anhand einer plausiblen Bewertung von Handlungsalternativen und einer klaren Willensbildung, die am besten aufgrund übergeordneter Handlungsprinzipien und strategischer Führungsziele zustande kommt.

Wenn Sie zu den Varianten A oder B selbst keine eindeutige Sicht haben, sollten Sie die verfügbare Zeit nutzen, um sich eine Meinung zu bilden. Hierzu können Sie sich gerade von den Spezialisten in Ihrem Team beraten lassen. Interpretieren Sie Führungsverantwortung nicht als Auftrag, ein komplexes Problem bis zum letzten durchdringen zu wollen. Vertrauen Sie auf diejenigen Mitglieder in Ihrem Team, die fachlich am besten geeignet sind, eine befriedigende Problemanalyse vorzunehmen. Begründen Sie eine getroffene Entscheidung gut. Dies können alle Mitarbeiter in Ihrem Team zu Recht erwarten. Ihre Aufgabe besteht vorrangig darin, auch diejenigen zur Mitwirkung zu gewinnen, die eine andersartige Sicht vertreten – selbst wenn die Betreffenden sogar eine Mehrheit in Ihrem Team bilden. Leisten Sie Überzeugungsarbeit, nehmen Sie Widerstände ernst und bügeln Sie Abweichler nicht einfach ab!

3.7 Vermeiden Sie von Anfang an „klassische" Führungsfehler

(3) Ziele konsequent verfolgen.

BEISPIEL: Sie haben mit Ihren Mitarbeitern in den ersten Tagen Aufgabenschwerpunkte und Ziele vereinbart. Bei der Umsetzung stellt sich heraus, dass einzelne Mitarbeiter nach etwa zwei Monaten auf Sie zukommen und Bedenken äußern, dass die Ziele erreicht werden können. Nehmen wir an, dass Sie nach reiflicher Überlegung im Vorfeld eine verbindliche Übereinkunft gefunden haben, was erreicht werden soll. Dabei haben Sie sowohl Teamziele, die für alle gelten, als auch individuelle, ganz persönliche Ziele für jeden Einzelnen herausgearbeitet.

Möglicher Führungsfehler: Sie haben Ziele zu einem recht frühen Zeitpunkt vereinbart und sind davon ausgehen, dass Sie schon einen vollständigen Überblick über die Anforderungen und das Aufgabengebiet der Mitarbeiter haben. Wenn Sie jetzt nach einigen Wochen unnachgiebig an den Vereinbarungen festhalten, kann es Ihnen passieren, dass Ihre Mitarbeiter unzufrieden sind und Ihnen später vorhalten, dass die Ziele sowieso nicht zu erreichen waren.

Wenn Sie die Verfolgung der Ziele zu früh aufgeben, kann wiederum der Fall auftreten, dass Sie das, wonach Sie selbst beurteilt werden, nicht erreichen. Die Gefahr ist, dass Sie keine klare Linie mehr haben und unbedachte Entscheidungen zu neuen Zielfestlegungen oder Zielrevisionen treffen. Es entsteht eine Art Patt-Situation: Halten Sie an den Zielen fest, wird dies aus Sicht der Mitarbeiter als unrealistisch und überzogen eingestuft. Ändern Sie die Ziele oder schwächen Sie diese ab, wird dies womöglich aus Sicht Ihrer Vorgesetzten als zu nachgiebiges Verhalten bewertet. Was Sie auch tun: Sie machen anscheinend immer einen Fehler! Dies ist eine typische Führungsfalle: Sie treffen Entscheidungen zu einem bestimmten Zeitpunkt, wobei Sie versuchen, die unterschiedlichen Erwartungen der Beteiligten in Einklang zu bringen. Nachdem Sie viel Zeit investiert haben – hier zum Treffen von möglichst realistischen Zielvereinbarungen –, gelingt Ihnen dies anscheinend auch. Nach einigen Wochen ändern sich aber die Vorzeichen: Es tauchen Widerstände und Barrieren auf, die Sie (und wahrscheinlich auch Ihre Mitarbeiter) nicht vorhergesehen haben. Nun wäre es einerseits falsch, zwanghaft an den Vereinbarungen festzuhalten. Andererseits können Sie nicht alles über Bord werfen, was Sie sich vorgenommen haben!

Dies ist ein durchaus üblicher Prozess, in dem Sie gerade als Führungskraft gefordert sind: Die Angemessenheit von Zielen, Entscheidungen und Bewertungen kann sich im Laufe der Zeit ändern. Es ist eine Illusion zu glauben, dass Ziele in einer Firma über Monate stabil sind. Finden Sie

3. KAPITEL — Die ersten Tage in der neuen Führungsverantwortung

> den richtigen Zeitpunkt, um die Ziele jeweils festzuzurren. Und dabei benötigen Sie einen gewissen Überblick über das Umfeld und die Situation in Ihrem Team. Gewöhnen Sie sich daran, neu zu justieren, wenn sich die Randbedingungen geändert haben. Suchen Sie den Dialog zu Vorgesetzten und Mitarbeitern, um nötige Zielanpassungen mit Bedacht vorzunehmen. Vermeiden Sie, einfach abzuwarten oder alles „auszusitzen".
>
> Bilden Sie sich Ihre eigene Meinung, was machbar ist und was nicht. Für Ihre Sichtweisen müssen Sie nachvollziehbar argumentieren können, damit Sie sowohl Ihren Chef als auch die betroffenen Mitarbeiter überzeugen. Vermeiden Sie es, Ziele „durchzudrücken", wenn Sie das Gefühl haben, dass einzelne Mitarbeiter grundsätzliche Bedenken haben. Werten Sie es als Vertrauensbeweis, falls Mitarbeiter Sie ansprechen, um getroffene Zielvereinbarungen zu überdenken. Suchen Sie jetzt unbedingt nach Möglichkeiten, die Mitarbeiter wieder ins Boot zu holen, damit diese sich weiterhin engagiert für die Zielverfolgung einsetzen. Prüfen Sie, ob Sie zusätzliche Ressourcen, gezielte Weiterbildung, fachlichen Rat oder Coaching anbieten können.
>
> Wenn sich jedoch in Zwischengesprächen zeigt, dass die Ziele nicht zu halten sind, sollten Sie die Latte anders aufhängen! Manchmal entstehen kreative Lösungen, wenn Sie um konstruktive Vorschläge der Mitarbeiter bitten. Prüfen Sie diese Vorschläge sorgfältig und greifen Sie diese so gut es geht auf. Es bringt nichts, wiederholt vorgetragene Bedenken und Zweifel Ihrer Mitarbeiter zu ignorieren. Sie brauchen im Team Identifikation und Akzeptanz, sonst werden Sie kaum Ihre Ziele erreichen.

In den meisten Fällen hängt viel von den konkret Beteiligten und der jeweiligen Situation ab, um zu einer guten Entscheidung zu kommen. Bedenken Sie: Sobald Sie im Führungsjob sind, stehen Sie unter genauer Beobachtung und tragen „volle Verantwortung". Die Wahrscheinlichkeit, dass Sie trotz besten Bemühens etwas falsch machen, ist gerade am Anfang sehr groß. Wenn Sie die jeweilige Problematik bewusst analysiert und unter verschiedenen Blickwinkeln durchdacht haben, sind Sie gefordert, eine Entscheidung zu treffen. Dabei unterlaufen Ihnen zwangsläufig da und dort Fehler. Sie haben die Chance, daraus zu lernen und es in Zukunft besser zu machen. Erfahrung ist das Resultat von Lernprozessen, bei denen

3.7 Vermeiden Sie von Anfang an „klassische" Führungsfehler

aus Fehlern Konsequenzen gezogen und für künftiges Handeln neue Einsichten gewonnen werden.

> **Vermeiden Sie...:**
>
> - überhastete Entscheidungen ohne Einbeziehung der Betroffenen,
> - scheinbar demokratisches Verfolgen von Mehrheitsmeinungen ohne klares Beziehen eines eigenen Standpunktes,
> - wankelmütiges Zaudern, mangelnde Entschlusskraft oder langes Vor-sich-Herschieben von überfälligen Entscheidungen,
> - unzureichende Begründung getroffener Entscheidungen,
> - unzulängliche Unterstützung des Teams bei der Aufgabenerledigung, zum Beispiel wenn individuelle Beratung vonnöten ist, zusätzliche Ressourcen bereitgestellt werden müssen oder Entscheidungskompetenzen fehlen,
> - rigides Festhalten an einem eingeschlagenen Weg trotz veränderter Randbedingungen und gegebener Notwendigkeit zu einer Neuorientierung,
> - fehlende Bereitschaft, eigene Fehler einzugestehen und daraus zu lernen.

Es ist noch keine Führungskraft vom Himmel gefallen. Zu Ihrem Job gehört, aus gesammelten Erfahrungen zu lernen und es immer wieder „noch etwas besser" zu machen. Sagen Sie nicht zu allem „Ja-und-Amen", riskieren Sie allerdings auch keine unnötige Konfrontation mit Vorgesetzten, die von Ihnen die Umsetzung von im Führungskreis getroffenen Entscheidungen erwarten. Wenn Sie Bedenken gegen eine aus Sicht der Geschäftsleitung nötige, harte Maßnahme haben, zum Beispiel zur Umstrukturierung oder zu Kosteneinsparung, sollten Sie vertraulich Ihre Argumente und Vorbehalte vortragen. Sie haben als einzelne Führungskraft nur einen begrenzten Gestaltungs-Spielraum, wenn übergeordnete Weichenstellungen bereits erfolgt sind und Handlungsdruck besteht. Keinesfalls sollten Sie nötige Entscheidungen durchsetzen, aber hinter vorgehaltener Hand – zum Beispiel in einer Teamsitzung – erkennen lassen, dass Sie nicht dahinterstehen.

Zwar können Sie zum Ausdruck bringen, dass Sie sich eine andere Entscheidung gewünscht hätten. Signalisieren Sie dennoch klar, dass

Sie zu der getroffenen Entscheidung stehen und diese als Führungskraft nicht in Frage stellen können oder wollen. Sie haben den Auftrag, im Management getroffene Beschlüsse konsequent zu verfolgen und ihre Mitarbeiter für die Umsetzung zu gewinnen. Dies ist ein sensibles Thema, bei dem Ihre Loyalität auf dem Spiel steht und Sie es sich nicht erlauben können, im Nachgang „gegenzuschießen". Bedenken Sie, dass Ihre Glaubwürdigkeit und Berechenbarkeit darunter leidet, wenn Sie mit „zwei Zungen sprechen". Ich unterstelle dabei, dass es sich um ethisch-moralisch vertretbare Entscheidungen handelt und diese im Interesse der unternehmerischen Existenzsicherung und dem langfristigen Erhalt der Arbeitsplätze stehen.

Lassen Sie durch Ihr Handeln auch erkennen, dass Sie hinter jedem einzelnen Ihrer Mitarbeiter stehen und sich Mühe geben, Ihr Team nach außen gegen überzogene Anforderungen zu schützen. Gehen Sie bewusst den gelegentlich steinigen Weg, um mit innerer Überzeugung erarbeitete Ziele konsequent zu verfolgen. Falls Sie Widerstände bei einzelnen Mitarbeitern beobachten, fragen Sie sich bitte, woher diese kommen: Vielleicht haben Sie im Vorfeld nicht zeitnah informiert, Entscheidungen nachlässig begründet oder Mitarbeiter bei der Entscheidungsfindung nur unzureichend eingebunden. Achten Sie auf ein ausgewogenes Verhältnis zwischen bestimmtem, tatkräftigem Handeln einerseits und einem einfühlsamen aktiven Mitarbeiterdialog andererseits. Sie werden daran gemessen, was Sie tatsächlich gemeinsam mit Ihrem Team erreichen – nicht daran, was Sie vorhatten, erreichen zu wollen!

3.8 Eine besondere Konstellation: Aus dem eigenen Team heraus zum Vorgesetzten werden

Ich möchte auch den Fall besprechen, dass Sie Ihre Führungsaufgabe unter einer speziellen Ausgangssituation antreten: Sie waren mehrere Jahre gleichberechtigtes Mitglied im Team und wurden vom Kollegen zum Vorgesetzten befördert. Falls Sie mit dieser Konstellation konfrontiert sind, haben Sie nicht unbedingt einen leichten Start. Sie genießen wahrscheinlich das Vertrauen Ihrer Kollegen und wurden eventuell gerade wegen Ihrer guten Leistungen, Ihrer persönlichen und sozialen Kompetenz sowie Ihrem vermuteten Führungspotenzial zum neuen Leiter ernannt. Eine solche Ausgangssituation kann entstehen, wenn Ihr bisheriger Chef eine neue Aufgabe übernommen hat oder dem Unternehmen anderweitig nicht mehr zur Verfügung steht. Was auch immer die Gründe hierfür sind, entscheidend ist, dass Sie den Rollenwechsel vom Kollegen zum Chef erfolgreich vollziehen können.

Dies ist deshalb eine Herausforderung, weil Sie in der bisherigen Teamsituation nicht zu führen hatten, sondern es darauf ankam, gut mit den Kollegen auf gleicher Ebene zusammenzuarbeiten. Der Karrieresprung zum Vorgesetzten ist unmittelbar mit einer Veränderung in der hierarchischen Einordnung verbunden: Wenn Sie Ihre ehemaligen Kollegen plötzlich zu führen haben, üben Sie Weisungs- und Disziplinarfunktionen aus. Sie müssen auch eine gewisse persönliche Distanz wahren und teilweise mit einer hohen Bestimmtheit, vielleicht sogar Härte, einzelne Entscheidungen vertreten. Und gelegentlich sogar trotz Widerständen durchsetzen. Dies ist eine anspruchsvolle Aufgabenstellung, denn Sie können nicht von heute auf morgen Ihre persönliche Identität und das gruppendynamische Beziehungsgefüge im Team verändern.

Es bedarf deshalb eines längeren Lernprozesses sowohl für Sie als auch Ihr Team, damit Sie in der neuen Rolle bestehen können.

> **Achten Sie auf folgende Hinweise, wenn Sie aus dem Team heraus zum Vorgesetzten geworden sind:**
>
> - Verdeutlichen Sie Ihren ehemaligen Kollegen, dass Sie einen neuen Auftrag mit einer erweiterten Verantwortung zu erfüllen haben. Erläutern Sie, dass Sie nicht mehr wie früher aus kollegialer Perspektive zu urteilen haben, sondern Problemstellungen und Entscheidungen aus dem Blickwinkel der Ihnen übertragenen Führungsaufgabe bewerten müssen. Dies führt dazu, dass Sie gezwungen sind, strategische Vorgaben, Budgets oder verfügbare Kapazitäten und Restriktionen ganz anders als bisher im Blick zu behalten.

3. KAPITEL — Die ersten Tage in der neuen Führungsverantwortung

- Starten Sie am besten einen Prozess der Teamentwicklung mit einem kompetenten Moderator und Trainer, damit der Rollenwechsel gelingt. Es wird für alle Beteiligten nicht einfach sein, die neuen Realitäten zu akzeptieren und als Chance zu begreifen. Vielleicht gibt es verdeckte Rivalitäten oder Neidgefühle, die Sie zu beachten haben. Wenn Sie viele Sympathien bei Ihren früheren Kollegen genießen, ist dies aber auch eine Chance, schnell Akzeptanz zu gewinnen.

- Überlegen Sie, inwieweit Ihr eigener Chef Sie in der Startphase unterstützen kann, damit Sie nicht gleich vor unlösbaren Problemen stehen. In Einzelfällen mag es sinnvoll sein, beispielsweise Fragen der disziplinarischen Führung Ihres Teams vorerst beim nächsthöheren Vorgesetzten anzubinden, damit Sie langsam in Ihre Aufgabe hineinwachsen können. Sensible Themen wie Beurteilungs- und Gehaltsgespräche, die Einleitung von Versetzungen oder nötige Disziplinarmaßnahmen etc. sind gerade gegenüber früheren eigenen Kollegen schwer durchzusetzen. Vor allem dann, wenn Sie nicht bereits eine gewisse Erfahrung und auch den nötigen Abstand und Überblick in der Führungsaufgabe besitzen. Beachten Sie, dass eine solche Konstruktion nur für eine Übergangszeit von einigen Wochen oder Monaten sinnvoll ist: Sie können nicht einerseits Führungsverantwortung übernehmen und andererseits wichtige personalbezogene Steuerungsaufgaben auf Dauer abgeben.

- Führen Sie intensive Einzelgespräche mit Ihren Mitarbeitern, bei denen Sie erläutern, wie sich Ihr Führungsauftrag konkret gestaltet. Machen Sie deutlich, dass Sie nicht ohne Rücksprache mit der vorgelagerten Entscheidungsebene weitreichende Zusagen machen können. Versuchen Sie sich auch im „Nein-Sagen" zu üben, ohne schroff zurückweisend oder mit überzogener Nüchternheit zu reagieren. Sie verscherzen sich sonst leicht Ihre Sympathien! Begründen Sie getroffene Entscheidungen präzise und beziehen Sie Ihre Mitarbeiter zur Entscheidungsvorbereitung frühzeitig ein. Eine Chance liegt darin begründet, dass Sie aus dem Team heraus zur Führungskraft geworden sind: Einen guten Teamgeist unterstellt, wird man Ihnen wahrscheinlich rascher Vertrauen entgegenbringen als einer unbekannten, von außen kommenden Führungskraft.

3.8 Eine besondere Konstellation

Noch ein Hinweis für Sie – gerade dann, wenn Sie vom „Kollegen zum Chef" werden: Suchen Sie sich einen persönlichen Coach, mit dem Sie konflikträchtige Situationen besprechen können. Kämpfen Sie sich in dieser zweifelsohne komplexen Ausgangssituation nicht auf eigene Faust durch, sondern leisten Sie sich einen Berater, der Ihnen in der kniffligen Startphase zur Seite steht. Der Coach kann ein erfahrener Organisationspraktiker in Ihrer Firma sein, der über viel Führungserfahrung verfügt und Sie am besten persönlich schon etwas kennt, zum Beispiel aus früheren Projektarbeiten. Besprechen Sie auch mit Ihrem eigenen Vorgesetzten, wer hierfür in Frage kommt. Ziehen Sie bei Bedarf firmenexternes Coaching in Betracht. Unterschätzen Sie nicht die Tragweite des Rollenwechsels hin zur Übernahme von Führungsverantwortung im eigenen Team. Achten Sie besonders auf emotionale Beanspruchungen und Stressmomente, die bei kontroversen Erwartungen Ihrer Mitarbeiter, bei Teamkonflikten und bei hohem Entscheidungsdruck durch Vorgesetzte unmittelbar auf Sie zukommen.

Leitfragen zur Überprüfung Ihres Führungsverhaltens in Ihrer neuen Verantwortung

(1) Erarbeiten Sie ein Zwischen-Fazit, worauf Sie besonders achten wollen, wenn Sie die Führungsaufgabe neu übernommen haben. Selbst dann, wenn Sie derzeit in der Vorbereitungsphase sind und noch gar nicht die Führungspraxis hautnah erleben, macht es Sinn, dass Sie zumindest in einer „Gedankenreise" überlegen, was alles auf Sie zukommen kann. Was sind besondere Herausforderungen, auf die Sie sich jetzt einstellen müssen? Denken Sie vor allem an die Erwartungen Ihrer Vorgesetzten, Ihrer Mitarbeiter und Ihrer Kunden sowie an Ihre eigenen Ziele.

(2) Überdenken Sie Ihr Stärken-Schwächen-Profil und die einzelnen Bausteine in Ihrem Vorbereitungsprogramm auf die Führungsaufgabe. Es ist gut möglich, dass Sie neue Erkenntnisse nach der Übernahme der Vorgesetztenaufgabe gewinnen und „Nachholbedarf" in einzelnen Kompetenzfeldern haben. Analysieren Sie vor allem Ihre persönlichen, fachlichen und methodischen Fähigkeiten. Wo müssen Sie weiter an sich arbeiten, um erfolgreich Mitarbeiter führen zu können?

(3) Was können Sie tun, um sich präzises Feedback zu Ihrer eigenen Wirkung in der neuen Führungsrolle zu verschaffen? Gerade in den ers-

ten Tagen und Wochen werden Sie intensiv beobachtet. Ihre Gesprächspartner, Ihr Vorgesetzter und Ihr Team machen sich ein differenziertes Bild von Ihnen. Versuchen Sie sich direkte Rückmeldungen zu holen, indem Sie in Gesprächen mit Personen Ihres Vertrauens erfragen, wie Sie als Vorgesetzter wahrgenommen werden – auch im eigenen Team. Nehmen Sie Anregungen und Verbesserungsvorschläge unvoreingenommen auf.

(4) Wo stellen sich erste Erfolge ein? Gehen Sie optimistisch auf die neuen Anforderungen zu. Eine Gefahr besteht darin, dass Sie sich gedanklich vor allem damit auseinandersetzen, was alles schiefläuft. Sie tun jedoch gut daran, sich selbst nicht zu kritisch zu bewerten, etwa wenn das eine oder andere nicht nach Plan läuft. Erweitern Sie Ihr Verständnis von Erfolg dahingehend, dass Sie stärker im Blick haben, was Ihr Team insgesamt erreicht, weniger Sie alleine!

(5) Achten Sie darauf, dass Sie Ihre innere Balance wahren. Wenn Sie das Gefühl haben, dass vieles drunter oder drüber geht und Sie gar nicht mehr zur Ruhe und zum Abschalten kommen, stimmt etwas nicht. Lassen Sie den Stress nicht zu stark anwachsen. Überprüfen Sie Ihr Selbstmanagement und Ihr Wohlbefinden. Steuern Sie frühzeitig gegen, falls Ihnen die Dinge über den Kopf zu wachsen drohen. Führung sollte Ihnen auch Spaß machen. Nach einigen Wochen, so hoffe ich, wird sich bei Ihnen in Ihrer neuen Rolle ein „Gefühl des guten Gelingens" einstellen. Wenn Sie jedoch nur noch Überstunden machen und der Aktenberg bei Ihnen auf dem Schreibtisch vernünftige Grenzen überschreitet, haben Sie etwas falsch gemacht. Oder es gibt einen „mismatch" zwischen den Anforderungen und Ihren persönlichen Ressourcen. Entwickeln Sie eine hohe Bewusstheit für innere Botschaften und vor allem psychosomatische Warnsignale, die Ihnen anzeigen, dass Kurskorrekturen nötig sind.

4. Kapitel

Herausforderung Führungspraxis – Welche Instrumente können Sie nutzen, um Ihr Team erfolgreich zu leiten?

Wenn Sie als Führungskraft bestehen wollen und die ersten Tage im neuen Job hinter sich gebracht haben, können Sie an Effizienz und Effektivität hinzugewinnen, indem Sie mit System führen. Damit ist gemeint, dass Sie sich aus dem modernen „Handwerkskasten" der professionellen Führungsinstrumente einige Tools heraussuchen, die es Ihnen leichter machen, das zu erreichen, was Sie sich vorgenommen haben. Ich möchte aber gleich im Vorhinein darauf hinweisen, dass Führung immer sehr individuelle und situationsspezifische Anforderungen stellt. Es gibt letztendlich keine standardisierten Techniken, die immer zum Erfolg führen. Sie sind als Führungspersönlichkeit gefordert, sich auf unterschiedliche Menschen, Anforderungen und Ziele einzustellen. Dies hat zur Folge, dass Sie ein Repertoire an Verhaltenskompetenzen benötigen, um sich flexibel auf die einzelnen Situationen, mit denen Sie im Führungsalltag konfrontiert sind, einzustellen.

Bei näherer Betrachtung gibt es keine einheitlichen Führungsstile, die kompetente Führungskräfte auszeichnen. Wer souverän führt, benötigt eine große Bandbreite an zielführenden Verhaltensmöglichkeiten, um den bestmöglichen Weg zu finden, sich sowohl auf die unternehmensspezifischen Herausforderungen als auch auf die beteiligten Mitarbeiter und deren Voraussetzungen einzustellen. Das mag für Sie etwas enttäuschend klingen, haben Sie doch womöglich erwartet, eine Auflistung derjenigen „Profitools" zu finden, die Sie einfach erlernen müssen und dann sicher anwenden können. Ich möchte keine Illusionen bei Ihnen wecken: Es gibt tausende von Büchern, in denen so genannte Führungstechniken vermittelt werden, von der „Delegationstechnik" über die „Meeting-Technik" bis zur „Verhandlungstechnik".

Wenn Sie schauen, was gute und in der Praxis erfolgreiche Führungskräfte tun, dann ist dies immer einzigartig und nur bedingt zu kopieren. Die wenigsten wenden spezielle Techniken an, die sie eintrainiert haben. Das würde auch leicht gekünstelt und oberflächlich wirken. Kompetente Führung lernt man am besten in der Praxis, durch Bewährung an unterschiedlichen Herausforderungen und dadurch, dass man Erfahrungen sammelt und gelegentlich Fehler macht, aus denen wieder neue Schlüsse gezogen werden. Führung hat viel mit Erfahrungslernen zu tun und weniger mit Methoden, die in Lehrbüchern einprägsam dargestellt werden können. Dies ist wiederum ernüchternd, da es für Anfänger und Neulinge in der Vorgesetztenrolle ideal wäre, wenn es einen überschaubaren Kanon an Führungstechniken gäbe.

Dennoch lassen sich einige Instrumente aufführen, die zur modernen Führungspraxis dazugehören. Es sind keine „Wunderwerkzeuge", sondern manchmal ganz banale Dinge: Denken Sie zum Beispiel an das regelmäßige Führungsgespräch, das ein Vorgesetzter mit seinen Mitarbeitern praktiziert. In den Firmen wird es häufig als „Mitarbeitergespräch" bezeichnet, was eigentlich etwas irreführend ist. Es handelt sich wohl um ein regelmäßiges Gespräch, das Führungskräfte initiieren, strukturieren und am besten nach einigen Grundprinzipien systematisch gestalten – etwa um neue Erkenntnisse zur Unterstützung einer erfolgreichen Zusammenarbeit mit den Mitarbeitern zu gewinnen. Solch ein Führungsgespräch gehört zu diesen Instrumenten, die ich für wesentlich halte, um in einer modernen Organisation tatsächlich mitarbeiter- und ergebnisbezogen ein Team zu leiten. Um keine Verwirrung zu stiften, werde ich hierfür den Begriff Mitarbeitergespräch beibehalten. Es kommt aber weniger auf die Bezeichnung an, sondern darauf, dass es tatsächlich praktiziert wird.

Ein weiteres zeitgemäßes Instrument ist das Treffen von Zielvereinbarungen, die möglichst partnerschaftlich erfolgen sollten – also nicht „von oben nach unten" per Dekret oder Vorgabe, sondern als Resultat gemeinsamer Situationsanalyse und einer Abschätzung des Machbaren, das sich in einer überschaubaren Zeitspanne erreichen lässt. Ein Standardinstrument sind mittlerweile auch Perspektivgespräche zur Planung der Personalentwicklung, verbunden mit Feedbackgesprächen, um persönliche Kompetenzen und deren Entwicklungsmöglichkeiten aufzuzeigen. Eine moderne Führungskraft bleibt nicht bei der Personalbeurteilung stehen – ein meines Erachtens unglücklicher Begriff, denn Urteile über andere auszusprechen ist wohl etwas, was sich niemand gerne wünscht.

Die meisten Mitarbeiter in einem Team erwarten wohl, dass ihr Chef sich durchaus etwas um sie kümmert und auch eine hohe Verlässlichkeit und Erreichbarkeit bietet. Ich glaube, dass der Führungsstil an sich gar nicht so entscheidend ist, um erfolgreich in der Führungsaufgabe zu sein. Diese Thematik ist vermutlich in der Vergangenheit stark überbewertet worden, ebenso wie die Versuche, Typen von erfolgreichen Managern herauszukristallisieren oder komplexe Führungssysteme auszuarbeiten, die es ermöglichen sollen, Menschen fast wie eine Maschine zu steuern.

Je mehr Führung durch umfangreiche Regelwerke formalisiert wird, desto größer ist die Gefahr von Bürokratie und überzogener Fremdsteuerung, was die authentische, einfühlsame und spontane Führung sogar blockieren kann. Innovative, eher netzwerkartige organisierte Unternehmen benötigen stattdessen ein hohes Maß an Führungsflexibilität, die dem einzelnen Vorgesetzten Raum für unternehmerisches Handeln lässt. Führung erfolgt am besten so, dass sowohl in den Teams als auch in den übergreifenden Prozess-Stufen der Wertschöpfung eine nicht-hierarchische Kommunikation und Kooperation gefördert wird – orientiert an den Kundenerwartungen, dem fortlaufenden Stiften von Kundennutzen und produktiver Wertschöpfung. Dies wiederum erfordert tatkräftiges und persönlich geprägtes Führungshandeln, das sich nicht auf ein wie auch immer geartetes Führungssystem oder ein stabiles Führungsmuster reduzieren lässt.

4 KAPITEL   Herausforderung Führungspraxis

Wohlgemerkt: Mir geht es nicht um die betriebswirtschaftliche Unternehmensführung oder das unternehmensweite Controlling, bei dem es durchaus verbindliche, bewährte Systeme und Verfahrensanleitungen gibt – denken Sie nur an eine Bilanz, einen Geschäftsbericht, einen Quartalsreport oder eine Deckungsbeitragsberechnung. Beim Thema der Menschenführung betrachten wir Management schlichtweg auf einer anderen Ebene: Die Herausforderungen lauten Vermittlung von Orientierung, Vertrauensbildung, Wertebezug, Fairness, Partizipation und Feedback. Natürlich zählt auch hier der Erfolg, der sich zumindest mittelbar in controllingfähigen Mess- und Erfolgsgrößen niederschlagen muss. Im Unternehmen leben wir nicht auf einem anderen Stern oder in einer Kuschelecke, in der nur Selbstverwirklichung, Harmonie und Zufriedenheit zählen. Die Zahlen, die „facts and figures", müssen stimmen. Um wirtschaftliches Handeln kommt keine Firma herum. Hierauf werden auch die Firmeneigentümer und Anteilseigner pochen und nicht zuletzt die Arbeitnehmer selbst, denen die langfristige Sicherheit der Arbeitsplätze am Herzen liegt.

Der wesentliche Maßstab für unternehmerischen Erfolg ist die fortlaufende Kundengewinnung und -loyalität sowie die gestifteten Wertbeiträge, gerade auch eine beständige Rentabilität, die von den Investoren gefordert wird. Unternehmerischer Erfolg setzt jedoch gleichermaßen systematische, menschenorientierte Führung und ein hohes Maß an Mitarbeiterorientierung voraus, damit überhaupt ein gezieltes Engagement für Kundenwünsche und ein anhaltender Leistungswille in den einzelnen Teams entstehen.

Wenn von Führungsinstrumenten die Rede ist, müssen diese sich vor allem danach bewerten lassen, was sie in der Praxis auf der motivationalen Ebene und bei der effektiven Zielverfolgung beitragen. Allerdings fehlen bis heute zweifelsfreie Belege aus der Verhaltenswissenschaft und der Führungsforschung, was einen effektiven Führungsstil und professionelle Führungskompetenz auszeichnet. Dies liegt aber meines Erachtens nicht an den Defiziten der Forschung oder an einer mangelnden Vielfalt an Führungstheorien, sondern am Untersuchungsgegenstand: Erfolgreiche Firmen und Teams sind geprägt durch das kompetente Handeln von stets einzigartigen Individuen, die im Umfeld einer spezifischen Unternehmenskultur Verantwortung übernehmen. Zwar gibt es Hinweise, dass es so etwas wie eine lernende Organisation geben könnte, also Merkmale einer Entwicklungsfähigkeit von Institutionen, die überindividuell ausgeprägt sind. Aber wie (und ob) Organisationen tatsächlich „an sich" lernen und was den Anteil der Führungseffizienz dabei ausmacht, ist noch weitgehend ungeklärt. Gleichermaßen haben die neuen Technologien, das Internet und die modernen web-basierten Kommunikationstools einen erheblichen Einfluss auf die geforderte Führungspraxis. Effektive Führungsinstrumente der Zukunft werden wieder anders aussehen, da sie auf die technologischen Entwicklungen, die Virtualisierung der Kommunikation und die Globalisierung des Business reagieren müssen. Technisch vermittelte, „virtuelle Dialoge" gewinnen immer mehr an Bedeutung. Der „face-to-face-Gedankenaustausch" ist vielleicht in Zukunft nur noch bedingt ein Merkmal von Führung und Kooperation, wenn wir die rasante Entwicklung der artifiziellen Dialogwelten im „world wide web" und in sozialen Netzwerken beobachten.

Bleiben Sie in der Gegenwart und schauen Sie auf diejenigen Führungsinstrumente, die Sie guten Gewissens gemäß den jeweiligen Anforderungen einsetzen können, um Ihr Team wirksam zur gemeinsamen Zielerreichung hinzuführen. Welches Instrument Sie auch immer verwenden: Bleiben Sie als Mensch dahinter erkennbar. Führen Sie nicht nach „Schema F", sondern so, wie Sie es aus Überzeugung für richtig halten. In manchen Firmen haben sich umfangreiche Handanweisungen, Anleitungen und Betriebsvereinbarungen herausgebildet, die schon so manches Führungsinstrument zu einem Bestandteil einer unproduktiven Bürokratie gemacht haben!

Sie brauchen keine fünfzigseitige Gebrauchsanleitung für ein Mitarbeitergespräch. Seien Sie auf der Hut, wenn Sie mit zu komplizierten Systemen konfrontiert werden. Die nutzbringenden Führungstools lassen sich meist durch einige wenige „Essentials" charakterisieren. Integrieren Sie diese in Ihre Führungspraxis. Dazu gehört Training und ernsthaftes Üben. Es wird Ihnen dennoch nichts anderes übrig bleiben, als in vielen Führungssituationen „aus dem Bauch heraus" und gemäß Ihrer Menschenkenntnis einfühlsam zu entscheiden und vorausschauend zu handeln. Verfallen Sie jedoch nicht in einen Negativismus gegenüber professionellen Führungsinstrumenten. Manche Vorgesetzte argumentieren, dass sie es „so schon immer gemacht haben" und damit erfolgreich sind. Heute reicht das nicht mehr! Streben Sie an, gewisse Standards zu beherrschen und sukzessive zu verfeinern: so wie ein Spitzensportler, der auch mit einem „state-of-the-art"-System und mit mentalem Training arbeiten muss, um ganz weit nach vorne zu kommen. Betrachten Sie es als persönliche Herausforderung, sich durch intelligente Führung fortlaufend weiterzuentwickeln und in Ihrer Persönlichkeit als Führungskraft weiter zu wachsen.

4.1 Orientierung vermitteln – strategische Ziele in die Sprache Ihres Teams übersetzen

Ein wichtiges Instrument professioneller Führung ist das Aufzeigen von strategiebezogener Orientierung im unternehmerischen Gesamtzusammenhang. Damit ist gemeint, dass Führungskräfte ihren Mitarbeitern vor Augen führen, was in der Firma erreicht werden soll und wohin das Unternehmen steuert. Dies ist nicht nur eine Aufgabe des Top-Managements, sondern gerade eine Herausforderung für Teamleiter, Abteilungsleiter oder Projektmanager, die operative Teams führen und im weitesten Sinne dem Mittelmanagement zuzuordnen sind. Wenn Sie neu eine Führungsaufgabe übernehmen, werden Sie wahrscheinlich zu dieser Gruppe von Personalverantwortlichen im Unternehmen zählen: Sie sind zwar nicht für strategische Entscheidungen auf höchster Ebene zuständig. Dennoch sind Sie gefordert, Ihren Mitarbeitern zu erläutern, wohin der Weg führt und welche Schwerpunkte im zielbezogenen Handeln zu setzen sind.

Dies setzt voraus, dass Sie in strategische Überlegungen der Geschäftsleitung eingebunden sind. Sie benötigen ein gewisses Maß an Know-how darüber, welche mittel- und langfristigen Zielvorstellungen für Ihr Unternehmen im Mittelpunkt stehen. Vor allem gilt dies für Ihren eigenen Verantwortungsbereich, für den Sie wissen müs-

4.1 Orientierung vermitteln – strategische Ziele

sen, welchen Leistungs- und Wertbeitrag Sie beizusteuern haben, damit das Erreichen übergeordneter Leitziele durch Ihr Führungshandeln aktiv unterstützt wird. Allerdings brauchen Sie nicht sämtliche Parameter der Strategie bis aufs „i-Tüpfelchen" zu kennen. Meist sind Strategien gar nicht so konkret formuliert, dass man aus ihnen alles „ablesen" kann, was im Einzelnen in den nachgeordneten Bereichen zu tun ist.

Nur die wenigsten Unternehmen haben solche präzise ausgearbeiteten und unverrückbaren Strategien. Fordern Sie deshalb nicht zuviel, eine zu enge strategische Vorgabe kann außerdem als Korsett wirken. Was Sie erwarten können, ist, dass Ihr Vorgesetzter Ihnen sichtbar macht, was in den nächsten ein bis zwei Jahren erreicht werden soll. Sie benötigen selbst einige „Eckdaten" oder Orientierungsgrößen, damit Sie daraus eigene Zielvorstellungen für Ihr Team ableiten können. Je bewusster Ihnen ist, worauf es strategisch ankommt, desto klarer können Sie wiederum Ihrem eigenen Team Richtung und Perspektiven aufzeigen.

Nehmen wir an, dass Sie die für Sie maßgebenden strategischen Rahmenziele kennen. Was bedeutet dies für Ihre Führungspraxis? Wenn Sie Ihrem Team Orientierung vermitteln wollen, gilt es, zunächst die strategischen Ziele in die Sprache Ihrer Mitarbeiter zu übersetzen. Machen Sie verständlich, wo das Unternehmen hin will. Dies ist in manchen Unternehmen ein Schwachpunkt: Wenn Mitarbeiter gefragt werden, worin die Strategie ihres Hauses besteht, hört man leider oft noch „weiß ich auch nicht genau". Dies ist ein unbefriedigender Zustand. Sie sollten darauf hinwirken, dass die Mitarbeiter in Ihrem Team sich nicht so äußern! Stattdessen ist es wünschenswert, dass jeder im Team durch Ihr Informationsverhalten in die Lage versetzt wird, spontan wesentliche Meilensteine der für Ihr Team maßgeblichen Strategie zu benennen. Das wird nur gelingen, wenn Sie selbst im Bilde sind.

Wozu sollten Sie Aussagen treffen, um Orientierung zu vermitteln?

- **Perspektive „Kunden und Markt":** Was sind die wesentlichen Kunden und Zielgruppen, die Ihr Unternehmen in den nächsten ein bis zwei Jahren verstärkt in den Blick nehmen will? Auf welchen Zielmärkten will Ihr Unternehmen sich engagieren, und welche Wettbewerber sind dabei zu beachten? Was bedeutet Kunden- und Marktorientierung für Ihr eigenes Team?

- **Perspektive „Produkte und Services"**: Welche Dienstleistungen, Produkte und Leistungsangebote stehen für Ihr Unternehmen im Mittelpunkt? Wo sollen zusätzliche Produkte an den Markt herangeführt werden? Welchen Beitrag kann Ihr Team hierzu leisten?
- **Perspektive „Finanzen"**: Welche Umsatz- und Kostenziele werden verfolgt? Welche Überschüsse und Renditen sollen erwirtschaftet werden? Was sind die wesentlichen betriebswirtschaftlichen Zielgrößen, die für Ihr eigenes Team maßgebend sind?
- **Perspektive „Prozesse, Qualität und Innovation"**: Wie soll der Wertschöpfungsbeitrag hin zum Kunden gestaltet und optimiert werden? Welche Qualitäts- und Innovationsziele werden verfolgt? Was können Sie mit Ihrem Team beitragen, damit diese Ziele erreicht werden? Welche technologischen Werkzeuge (IT) müssen eingesetzt oder zur Effizienzsteigerung weiterentwickelt werden? Wie können Reibungsverluste mit Schnittstellen-Bereichen möglichst minimiert werden?
- **Perspektive „Lernen und Organisationsentwicklung"**: Wie kann das Know-how, die Anpassungsfähigkeit und die Leistungsfähigkeit des Unternehmens gesteigert werden? Was trägt die Organisations- und Personalentwicklung bei, damit Stärken der Mitarbeiter genutzt und vorhandene Potenziale entfaltet werden – und noch besser im Team, aber auch in der Firma insgesamt kommuniziert wird? Welche Mitarbeiterkompetenzen sollten im Kundeninteresse vervollkommnet und verfeinert werden? Denken Sie auch an interkulturelle Fähigkeiten. Was können Sie selbst beitragen, um die Dialog- und Feedbackkultur weiter zu entwickeln?

Die genannten Orientierungsfelder dienen als Beispiele. Es mag sein, dass in Ihrem Unternehmen noch andere ergebnis- und marktbezogene Absichten existieren. Verstehen Sie das Aufzeigen von strategischen Perspektiven als Führungsinstrument, wodurch Sie selbst und Ihr Team mehr Klarheit erhalten, wohin Ihr gemeinsamer Weg führt. Falls Sie „Leerstellen" bemerken, versuchen Sie die Lücken zu schließen. Beziehen Sie Ihr Team aktiv ein, um die strategischen Rahmenvorgaben – etwa zur Vision und Mission Ihrer Firma – in die Sprache der Mitarbeiter zu übersetzen. Arbeiten Sie mit Ihrem Team heraus, was der eigene Beitrag zur Strategie ist. Auch wenn es hierzu keine formalen Regeln gibt: Gehen Sie systematisch an diese Herausforderung heran. Skizzieren Sie zum Beispiel in einer Übersicht wichtige strategische Ziele und Leitvorstellungen. Machen Sie deutlich, was von Ihrem Team erwartet wird, und lassen Sie Ihre Mitarbeiter Vorschläge machen, wie der eigene Teamauftrag und die Teamvision zu den übergreifenden strategischen Vorgaben in Bezug gesetzt werden können.

Es ist eine Chance für Sie und Ihr Team, das Wesentliche besser zu erkennen, wenn Sie wissen, welcher Strategiebezug bei vereinbarten Team- und Individualzielen vorhanden ist. Nutzen Sie die Gelegenheit, mit Ihrem Team darüber zu sprechen, welchen Sinn und Zweck die eigene Abteilung im Hinblick auf übergeordnete Unternehmensziele besitzt. Eine Gefahr besteht darin, dass Sie und Ihr Team in der Routine des Tagesgeschäftes und den üblichen Arbeitsvollzügen nicht mehr im Blick haben, wozu Sie eigentlich da sind: Arbeiten Sie deshalb daran, zu präzisieren, was Sie für den Kunden und das Unternehmen leisten können.

4.2 Strukturierte Mitarbeitergespräche zur Standortbestimmung und Perspektivklärung

Wenn Sie als Newcomer in eine Führungsaufgabe hineinwachsen wollen, spielt der Mitarbeiterdialog eine entscheidende Rolle. Grundsätzlich lassen sich Mitarbeitergespräche in zwei Gruppen einteilen: einerseits anlassbezogene Gespräche, die im Tagesgeschäft nahezu ständig anfallen, und andererseits regelmäßige Grundsatzgespräche, die eher zur Situationsanalyse und Zukunftsplanung dienen. Beide Arten von Gesprächen sind gleichermaßen wichtig. Sie machen den Kern guter Führung aus. Ohne professionellen, mitarbeiter- und situationsgerechten Dialog wird keine Führungskraft längerfristig bestehen können.

Wenn Sie als Teamleiter erfolgreich sein wollen, müssen Sie beides im Griff haben: Reagieren Sie flexibel auf aktuelle Anlässe und suchen Sie dazu den Gedankenaustausch mit Ihrem Team. Und führen Sie regelmäßig mit Ihren Mitarbeitern Grundsatzgespräche, in denen Sie über erbrachte Leistungen, persönliche Zufriedenheit, Umfeldbedingungen am Arbeitsplatz, künftige Entwicklungsmöglichkeiten und Anforderungen der Zukunft sprechen. Lenken Sie Ihren Blick zunächst auf strukturierte Mitarbeitergespräche als Führungsinstrument im engeren Sinne. „Strukturiert" bedeutet dabei, dass Sie den Gesprächsverlauf nicht dem Zufall überlassen, sondern wichtige Besprechungspunkte systematisch durchgehen und sowohl die Sichtweisen der Mitarbeiter kennen lernen als auch Ihre eigene Wahrnehmung einbringen. Solche regelmäßigen Mitarbeitergespräche werden in vielen Firmen typischerweise ein bis zweimal im Jahr mit jedem Mitarbeiter geführt.

Verfolgen Sie am besten das Ziel, sowohl Feedback zu bisherigen Leistungen zu vermitteln als auch Aufgabenschwerpunkte der Zukunft und dazu nötige Unterstützungs- und Förderbeiträge zu planen. Ich halte diese Form der regelmäßigen Grundsatzgespräche für außerordentlich wichtig und empfehle Ihnen, diese sorgfältig vorzubereiten und durchzuführen. Ein solches vertrauensbildendes und offenes Gespräch bietet Ihnen die Chance, in angemessenem zeitlichen Abstand „innezuhalten". Befassen Sie sich sowohl aus dem eigenen Blickwinkel als auch desjenigen des Mitarbeiters damit, was in der Zusammenarbeit gut läuft, und was künftig noch verbessert werden kann. Durch eine gemeinsame Standortbestimmung mit jedem Ihrer Mitarbeiter können Sie zugleich darauf hinwirken, dass jeder gemäß seinen Stärken eingesetzt, gefördert und bei der Aufgabenerledigung unterstützt wird. Außerdem erhalten Sie eine Menge an Informationen und Anregungen, die im Tagesgeschäft eher untergehen und zur Verbesserung des Klimas im Team beitragen können.

Sehen Sie deshalb schon gleich zu Beginn der Übernahme Ihrer Führungsverantwortung solche Gespräche vor. Das heißt, machen Sie einen Plan, wann Sie am besten die Zeit finden, um mit jedem Ihrer Mitarbeiter in Ruhe zu sprechen. Die Gespräche können Ihnen dabei behilflich sein, zu erkennen, welche Erwartungen bei jedem Einzelnen bestehen, und was Sie und Ihre Mitarbeiter tun

4.2 Strukturierte Mitarbeitergespräche

können, um langfristig effektiv zusammenzuarbeiten. Worauf sollten Sie beim Führen dieser Grundsatzgespräche achten? Nachfolgend gebe ich Ihnen einen Überblick zu wesentlichen Anforderungen einer erfolgreichen Gestaltung dieses Dialogs.

> **Empfehlungen zum Führen von Mitarbeitergesprächen:**
>
> - Machen Sie sich eine Themenübersicht, was Sie alles von Ihrer Seite erörtern wollen. Lassen Sie am besten auch Ihren Mitarbeitern eine Liste an möglichen Besprechungspunkten im Vorhinein zukommen, damit sich Ihre Gesprächspartner selbst vorbereiten können. Vielleicht existiert in Ihrer Firma hierzu auch ein Leitfaden oder eine Strukturierungshilfe. Machen Sie sich Ihre eigene „Checkliste", damit das, was Ihnen wichtig ist, erörtert wird. Greifen Sie auch Themenvorschläge Ihrer Mitarbeiter auf, selbst wenn diese nicht in Ihrem Gesprächsraster auftauchen.
> - Führen Sie die Gespräche gebündelt innerhalb von einigen Wochen. Damit erhalten Sie für jeden Mitarbeiter einen Überblick zur Arbeitszufriedenheit, zur Bewertung der aktuellen Tätigkeitsschwerpunkte und zu persönlichen Stärken sowie zu künftigen Erwartungen, und veränderten Anforderungen am Arbeitsplatz. Reservieren Sie mindestens 90 Minuten pro Gespräch. Führen Sie die Gespräche in entspannter Atmosphäre ohne Termindruck. Nehmen Sie sich ein Gespräch pro Tag vor, am besten außerhalb der Stoßzeiten im Tagesgeschäft. Sorgen Sie dafür, dass Sie ungestört sind. Führen Sie keine Telefonate. Achten Sie auf eine angenehme, partnerschaftliche Gesprächsatmosphäre. Konzentrieren Sie sich ganz auf Ihre Mitarbeiter!
> - Arbeiten Sie die einzelnen Besprechungspunkte auf Ihrer Checkliste in loser Folge ab, ohne das Gespräch zu sehr zu formalisieren. Bieten Sie Ihren Gesprächspartnern an, selbst zu entscheiden, welche Themen zuerst erörtert werden sollten. Es ist wichtig, dass Sie den Gesprächsverlauf nicht diktieren, sondern zunächst Vertrauen aufbauen. Räumen Sie Ihrem Gegenüber genügend Raum ein, eigene Sichtweisen zu artikulieren. Achten Sie auf ein gutes „warming-up". Fallen Sie nicht mit der Tür ins Haus. Vermeiden Sie, selbst zu viel zu reden! Stellen Sie ausgewogene Gesprächsanteile her.

- Führen Sie das Gespräch zur Standortbestimmung nicht einseitig wie ein Beurteilungsgespräch. Ihre Mitarbeiter haben zwar ein Recht darauf, dass Sie ihre Leistungen auch bewerten. Besser ist es aber, wenn Sie sich darüber austauschen, was gut läuft und was künftig noch besser gemacht werden kann. Konzentrieren Sie sich auf faires Feedback mit dem Ziel, verhaltensbezogen Anregungen zu vermitteln und den Mitarbeitern zu verdeutlichen, worauf es in der Zukunft ankommt und wie jeder noch mehr aus sich machen kann. Hören Sie sich an, wie Ihre Mitarbeiter sich selbst einschätzen und gleichen Sie die Sichtweisen wechselseitig ab. Beachten Sie objektive Leistungsanforderungen, etwa aus Kundenperspektive und aus Unternehmenssicht. Verstehen Sie das Gespräch als offenen Gedankenaustausch und als vertrauenstiftendes Beratungsgespräch. Sofern Sie Anlass zu Kritik haben, führen Sie dazu ein gesondertes, zeitnahes Zusatz-Gespräch.

- Nutzen Sie das Mitarbeitergespräch, um neue Aufgabenschwerpunkte zu vereinbaren und dazu passende Maßnahmen zur Unterstützung und Förderung am Arbeitsplatz für jeden Einzelnen zu finden. Denken Sie dabei längerfristig, d. h. nicht nur bezogen auf die nächsten Monate, sondern besser im noch überschaubaren Zeithorizont von ein bis zwei Jahren. Sie können durch unterjährige Zwischengespräche einen „Check-up" durchführen, in dem Sie klären, ob Ihre Vereinbarungen noch aktuell sind und ob die eingeleiteten Maßnahmen voraussichtlich zum Erfolg führen. Oder ob aufgrund aktueller Entwicklungen sowie veränderter Umstände zum Beispiel Zielvereinbarungen und Förderaktivitäten zu revidieren sind.

- Halten Sie – oder Ihr jeweiliger Gesprächspartner – durch ein knappes Ergebnisprotokoll fest, dass das Gespräch geführt und was vereinbart wurde. Die Betonung liegt auf knapp, dafür aber verbindlich für beide Seiten. Suchen Sie Konsens mit Ihren Mitarbeitern und vermeiden Sie einseitige Vorgaben. Dokumentieren Sie, was künftig anders gemacht werden soll – zum Beispiel neue Aufgabenschwerpunkte, Zuständigkeiten oder Entscheidungskompetenzen – und vermerken Sie weiterführende Unterstützungs- und Förderangebote, die Sie gemeinsam als sinnvoll erachten.

Führen Sie bewusst strukturierte Mitarbeitergespräche, denn Sie haben den entscheidenden Vorteil, einen maßgeblichen Beitrag zur Stärkung des Vertrauensverhältnisses und zur realistischen Zukunftsplanung zu leisten. Im Gegensatz zu einem traditionellen Beurteilungsgespräch ist der Blick in die Zukunft gerichtet. Setzen Sie dort an, wo durch zweckmäßiges Engagement der Beteiligten mehr Kundennutzen gestiftet werden kann. Wenn es Ihnen gelingt, firmen- und teamspezifische Anforderungen sowie die konsequente Zielerreichung mit der Förderung der individuellen Mitarbeiterpotenziale in Einklang zu bringen, haben Sie ein gutes Stück Führung geleistet. Unterschätzen Sie nicht die Vorteile, die Ihnen systematische Mitarbeitergespräche bieten: Je besser es Ihnen gelingt, sich auf Ihre Mitarbeiter einzustellen und ihnen auch unternehmerische Ziele plausibel zu machen, desto eher können Sie Eigeninitiative, verantwortliches Handeln, Identifikation und Loyalität erwarten.

Das kompetent geführte Mitarbeitergespräch ist eines der wichtigsten Führungsinstrumente überhaupt. Sie können bei entsprechendem eigenem Bemühen heraushören, wo Gründe für Unzufriedenheit bei Einzelnen liegen und ob widrige Umfeldbedingungen es verhindern, dass Spitzenleistungen erzielt werden. Kümmern Sie sich um Abhilfe, wenn Sie von Schwachstellen hören oder Ihre Mitarbeiter ernsthafte Klagen über ungünstige Arbeitsbedingungen zum Ausdruck bringen. Dies gilt auch dann, wenn angrenzende Bereiche oder vorgelagerte Entscheidungsebenen beteiligt sind. Ihre Aufgabe als Führungskraft besteht darin, Ihren Mitarbeitern den Rücken frei zu halten, damit produktive Arbeit für den Kunden geleistet wird.

4.3 Anlassbezogene Mitarbeitergespräche

Anlassbezogene Mitarbeitergespräche dienen Ihnen als Führungskraft dazu, Ihren Mitarbeiter bei der Bewältigung der vielfältigen Anforderungen im Arbeitsalltag durch einen kompetenten, zielgerichteten Dialog einfühlsam zur Seite zu stehen. Im spontanen Mitarbeiterdialog sollten Ihre Mitarbeiter zum einen den Eindruck gewinnen, dass Sie ihnen mit Rat und Tat zur Seite stehen. Zum anderen kommt es aber auch darauf an, dass Sie nicht nur reagieren. Ergreifen Sie die Initiative, um hilfreiche Impulse zu liefern, die für ein effizientes Arbeiten, eine hohe Zufriedenheit des Einzelnen und eine gute Atmosphäre im Team nötig sind.

Mitarbeitergespräche dieser Art sind äußerst vielfältig und im Charakter jeweils unterschiedlich, da Sie sich auf die unterschiedlichen Situationen und Mitarbeiter einstellen müssen. Behalten Sie zugleich die übergreifenden Ziele für Ihr Team im Blick. Denken Sie beispielsweise an nötige Gespräche, um Aufgaben zu planen und im Team aufeinander abzustimmen. Oder um persönliche Leistungen zu würdigen, um Verbesserungsvorschläge zu erörtern und um Mitarbeiter dafür zu gewinnen, deren eigenes Engagement auf die jeweiligen Anforderungen auszurichten. Sie werden nicht umhin kommen, auch schwierige Gespräche zu führen, etwa dann, wenn Sie mit einzelnen Leistungsbeiträgen nicht vollständig zufrieden sind und wenn Sie mit Spannungen im Team oder mit Kunden-Reklamationen konfrontiert werden. Führen Sie schnellstmöglich eine Klärung herbei und halten Sie aufkommende Konflikte frühzeitig in Schach. Ohne professionelle Gesprächsführung wird Ihnen dies kaum gelingen.

Anlassbezogene Gespräche sind auch hilfreich, wenn Mitarbeiter mit Fragen oder Problemen zu Ihnen kommen und Hilfestellung erwarten. Dabei kann es sinnvoll sein, je nach Situation mehrere Mitarbeiter einzubeziehen. Anlassbezogene Mitarbeitergespräche erfordern es häufig, weitere Beteiligte entweder gleichzeitig oder im Nachhinein zusammenzuführen, je nachdem, welche Personen zur Situations- und Problemanalyse oder zur Lösungsfindung beitragen können. Es gibt es auch noch vielfältige Formen des informellen Dialoges, die zu einem guten, vertrauensvollen Umgang und Miteinander gehören. Denken Sie beispielsweise an zwanglose Gespräche in Pausen oder an den spontanen Small-Talk, den Sie beherrschen sollten, um als aufgeschlossener, kontaktfreudiger Mensch auf andere zuzugehen.

Im Tagesgeschäft gibt es vielfältige Anlässe, um direkt Stellung zu beziehen und Ihren Mitarbeitern Unterstützung anzubieten. Eine Schwäche mancher Führungskräfte besteht darin, die Dinge erst

4.3 Anlassbezogene Mitarbeitergespräche

einmal auf sich beruhen zu lassen – in der Hoffnung, dass sich manches von selbst regelt. Ich hoffe, dass Sie nicht zu den Menschen zählen, die lieber abwarten, gerne etwas „aussitzen" und sich aus unangenehmen zwischenmenschlichen Themen heraushalten. Besser ist es, wenn Sie entschlossen vorangehen, falls Sie erkennen, dass Handlungsbedarf besteht – und damit auch Ihren Führungsanspruch unterstreichen. Damit ist nicht gemeint, dass Sie Ihren Mitarbeitern ständig hineinreden und womöglich zeigen wollen, dass Sie alles besser wissen. Gewähren Sie stattdessen weitgehende Entscheidungs- und Gestaltungsspielräume. Suchen Sie das Gespräch, falls etwas „anzubrennen" droht. Denken Sie immer einen Schritt weiter und richten Sie Ihre Aufmerksamkeit stärker auf die übergeordnete Ziele und die Wertschöpfungsebene. Dazu gehört, das Zwischenmenschliche mit Vorrang zu beachten: Es sind Menschen, keine Maschinen, die für anhaltende Deckungsbeiträge sorgen!

Wenn Sie beobachten, dass Ihre Mitarbeiter sich bei bestimmten Anforderungen schwertun, sich in periphere Details verstricken oder in hohem Maße damit beschäftigt sind, Rivalitäten untereinander auszutragen, sollten Sie eingreifen. Gravierende Reibungsverluste aufgrund von Spannungen im Team sind ein ernster Anlass, um sich die Frage zu stellen, wie Sie aufgeschaukelte Emotionen und hemmende Konfliktpotenziale entschärfen. Scheuen Sie nicht davor zurück, Ihre Wahrnehmungen und Eindrücke zu schildern und Ihre Mitarbeiter dafür zu gewinnen, wieder aufeinander zuzugehen. Vermeiden Sie, Ratschläge zu erteilen und Lösungen nur vorzugeben.

Es wäre unglücklich, wenn bei Ihren Mitarbeitern der Eindruck entsteht, dass Sie zu viel kontrollieren und überall „Ihren Senf dazu geben" wollen. Manchmal ist weniger mehr. Führen Sie den anlassbezogenen Mitarbeiterdialog, um Eigeninitiative zu fördern und neue Denkansätze durch die Beteiligten selbst entwickeln zu lassen. Halten Sie engen Kontakt mit allen Mitarbeitern in Ihrem Team. Unterliegen Sie nicht der Versuchung, nur mit denen zu kommunizieren, die Sie besonders schätzen. Verteilen Sie Ihr „Gesprächsbudget" gleichmäßig im Team und grenzen Sie niemanden aus. Ansonsten könnte dies bei Einzelnen ein Gefühl der Benachteiligung auslösen, was meist Demotivation nach sich zieht.

Nutzen Sie die Gelegenheit zu Coaching- oder Beratungsgesprächen. Nehmen Sie sich die Zeit, in Ruhe mit Ihren Mitarbeitern über die Frage zu sprechen, wie bestimmte Problemlösungen gefunden oder knifflige Situationen im eigenen Arbeitsumfeld bewältigt werden können. Der Begriff „Beratung" zielt darauf ab, dass Sie sich ernsthaft in die Situation des Mitarbeiters hineindenken und konstruktive Hinweise geben, was getan werden kann, um die „Kuh vom Eis zu bekommen", wenn ein Problem vorliegt. Vermeiden Sie jedoch Vorgaben. Erwecken Sie nicht den Eindruck, Ihren Mitarbeitern Vorschriften machen zu wollen. Greifen Sie nicht in die Eigenverantwortung des Einzelnen ein. Geben Sie Tipps, wenn sich Ihre Mitarbeiter dies tatsächlich von Ihnen wünschen. Legen Sie den Schwerpunkt auf gemeinsame Lösungsfindung, Unterstützung, Konfliktentschärfung und Zielerreichung.

Vergegenwärtigen Sie sich typische Anlässe, bei denen Sie als Führungskraft gefordert sind, den Dialog mit Ihren Mitarbeitern zu suchen:

- Ein Mitarbeiter erledigt seine Aufgaben besonders effektiv und verdient positives Feedback und Ihre besondere Anerkennung. Es kann aber auch so sein, dass die gezeigte Leistung im Einzelfall nicht Ihren Anforderungen entspricht: Führen Sie dann ein Kritikgespräch, in dem Sie mit dem Mitarbeiter Verhaltensmöglichkeiten erarbeiten, um etwa Kundenbeschwerden künftig zu vermeiden. Helfen Sie dem Mitarbeiter, ähnlich wie in einem „Sokratischen Dialog", durch gezielte Hinweise und Fragen, so dass er selbst Lösungsansätze findet. Je mehr Sie dem Mitarbeiter durch eine einfühlsame Gesprächsführung aufzeigen, wie er selbst aus Erfahrungen lernen kann, desto besser. Ratschläge können leicht als „Schläge" oder als „Anweisungen von oben" aufgefasst werden – und damit erreichen Sie womöglich das Gegenteil von dem, worauf es Ihnen ankommt. Würdigen Sie ausgewogen gerade auch positive Verhaltensbeiträge. Und melden Sie sich nicht erst dann zu Wort, wenn das Kind bereits in den Brunnen gefallen ist. Zu guter Führung gehört, zeitnah, glaubhaft und förderlich sowohl Lob als auch Kritik zu passenden Gelegenheiten auszusprechen.

4.3 Anlassbezogene Mitarbeitergespräche

- Zwischen einzelnen Mitarbeitern im Team gibt es Auseinandersetzungen. Es kommt in letzter Zeit häufiger zu wechselseitigen Angriffen, Vorwürfen und Schuldzuweisungen. Als Führungskraft sind Sie gefordert, die Streithähne frühzeitig dafür zu gewinnen, wieder aufeinander zuzugehen. Suchen Sie nach einem Lösungsansatz, indem Sie zum Beispiel erst die Sichtweisen der Einzelnen im Vier-Augen-Gespräch hinterfragen und anschließend alle gemeinsam in einem anschließenden Klärungsgespräch zusammenführen. Vermeiden Sie schablonenhaftes Vorgehen und analysieren Sie den Einzelfall. Es kann alternativ sinnvoll sein, dass Sie zunächst eine Teamsitzung anberaumen oder nach vertraulichen Einzelgesprächen die Dinge auf sich beruhen lassen, um zu sehen, ob sich schon eine Verbesserung bzw. Entschärfung einstellt. Es gibt keine Patentrezepte: Stattdessen brauchen Sie gute Menschenkenntnis, Empathie und Integrationsvermögen, um konfliktträchtige Situationen in der Zusammenarbeit wirkungsvoll zu bearbeiten. Ein gewisses Maß an Streitkultur ist durchaus wünschenswert, damit abweichende Sichtweisen artikuliert und wechselseitig zur Kenntnis genommen werden. Um den besten Lösungsansatz muss oftmals gerungen werden. Ohne Konflikte kommt kein gutes Team aus! Kehren Sie deshalb nichts unter den Tisch und greifen Sie nicht zu früh ein. Hitzige Diskussionen zeigen meist die innere gefühlsmäßige Beteiligung und die persönliche Betroffenheit der Beteiligten an. Tragen Sie dazu bei, dass gezeigte Emotionen konstruktiv in positive Veränderungsenergien umgewandelt werden.

- Ein Mitarbeiter ist häufig unzufrieden, wirkt gestresst und bringt nur noch einen Teil der Leistung, die Sie von ihm von früher gewohnt sind. Es wird hinter vorgehaltener Hand Kritik an verschiedenen Dingen im Unternehmen geübt, unter Umständen sogar an Ihnen als Führungskraft. Was auch immer die Gründe dafür sind: Für Sie besteht dringender Handlungsbedarf, damit dieser Mitarbeiter nicht innerlich kündigt. Nehmen Sie sich die Zeit, um sich mit dem Betreffenden näher auseinanderzusetzen. Klären Sie, welche Beweggründe ihn zu seinem Verhalten veranlassen, ohne jedoch in seine Privatsphäre unaufgefordert einzudringen. Suchen Sie nicht nur ein Gespräch, sondern halten Sie engen Kontakt zu diesem Mitarbeiter. Versuchen Sie zu verstehen, was ihn mental blockiert. Vielleicht sind es nicht nur berufliche Themen, sondern persönliche und private Konflikte, die in das Arbeitsumfeld hineinspielen. Spielen Sie aber nicht den Therapeuten. Bieten Sie ihm Ihre ernst gemeinte Unterstüt-

> zung an. Wenn er sich Ihnen von sich aus öffnet, ist dies ein Vertrauensbeweis, der Ihnen zugleich die Chance für ein vertieftes Klärungsgespräch bietet.

Was auch immer die Anlässe sind, die Sie dazu bewegen können, den unmittelbaren Dialog mit Ihren Mitarbeitern zu suchen: Setzen Sie keine Scheuklappen auf. Vermeiden Sie es, wegzuschauen, wenn Sie als Führungskraft einen entscheidenden Beitrag leisten können, um etwas in Bewegung zu bringen und neue Energien im Team oder bei Einzelnen freizusetzen. Es ist eine verkürzte Vorstellung von Führung, dass Vorgesetzte vor allem zu delegieren hätten und dann „nur noch" überprüfen, ob sich Erfolge einstellen.

Als Führungskraft sind Sie vielmehr ständiger Wegbegleiter Ihrer Mitarbeiter und dafür verantwortlich, dass die Chemie im Team stimmt. Tragen Sie durch aktiven Mitarbeiterdialog dazu bei, dass ein anregender Teamgeist entsteht. Gelegentlich auftretend Klippen und Fallstricke können gerade durch Ihre Initiative umschifft werden. Die Art, wie Sie kommunizieren, ist wesentlich dafür, dass Ihre Mitarbeiter sich wohlfühlen und nicht bei jeder Kleinigkeit, wenn etwas schiefläuft, sofort die Flinte ins Korn werfen. Sie haben eine Bringschuld, nicht nur zeitnah zu informieren und zu entscheiden, sondern ein vertrauensbildendes Dialog- und Feedbackklima in Ihrem Team zu fördern. Wenn nicht mehr offen miteinander geredet wird, ist dies ein Zeichen für eine ernsthafte Störung im Teamklima.

4.4 Effektive Teamgespräche und Teammeetings

Wenn Sie Ihren Führungsjob neu antreten, sind Sie gut beraten, Ihrem Team und einem produktiven Miteinander eine hohe Aufmerksamkeit zu widmen. Entwickeln Sie ein Gespür dafür, wie Sie den Teamgeist stärken und den Zusammenhalt in der Gruppe stärken können. Fördern Sie die Teamentwicklung – gemeint als Prozess, ein Team aufzubauen und die effektive Zusammenarbeit langfristig

4.4 Effektive Teamgespräche und Teammeetings

zu stärken. Teamentwicklung findet nicht automatisch „als Selbstläufer" statt. Fördern Sie das Vertrauen untereinander. Dazu gehört auch, dass die Bereitschaft der einzelnen Teammitglieder wächst, gegenüber den von Zeit zu Zeit auftretenden Konflikten und Reibungen im Team eine gewisse Gelassenheit entgegenzubringen. Fördern Sie bei möglichst allen die Toleranz für abweichende Sichtweisen und Haltungen. Schaffen Sie ein Bewusstsein dafür, dass ein gewisses Spannungsverhältnis zwischen Kundenerwartungen, Firmenanforderungen und eigenen Bedürfnissen besteht. Selbst in harmonischen Teams ist deshalb ein Mindestmaß an Konfliktbereitschaft und Konfliktstabilität bei den Einzelnen gefordert.

Wenn Sie von Zeit zu Zeit Teamgespräche und Teamrunden durchführen, kann es somit nicht Ihr Ziel sein, sämtliche Meinungsverschiedenheiten zu beseitigen. Kümmern Sie sich jedoch darum, bei Eskalationen gegenzusteuern. Wenn Spannungen zu sehr anwachsen, besteht die Gefahr, dass auch auf der Sachebene nicht mehr offen miteinander geredet wird. Stattdessen strahlen Verstimmungen auf der Beziehungsebene aus. Dies kann zu einem angespannten zwischenmenschlichen Verhältnis der Einzelnen zueinander führen. Folge sind meist emotional überhitzte Diskussionen, Rivalitäten und Machtkämpfe, die für eine engagierte Erledigung des gemeinsamen Teamauftrages hinderlich sind.

Nutzen Sie Ihre Möglichkeiten als Führungskraft, es gar nicht so weit kommen zu lassen. Wenn Sie neu Ihre Führungsaufgabe übernehmen, tun Sie deshalb gut daran, von Anfang an darauf zu achten, dass das oftmals nötige Streiten um den besten Lösungsweg nicht umschlägt in ein eher hemmendes Austragen von destruktiven Hahnenkämpfen. Gerade regelmäßige Teamgespräche bieten Ihnen die Möglichkeit, nicht nur einen Stimmungsbarometer für die Atmosphäre im Team zu entwickeln, sondern zu erspüren, inwiefern die „Chemie untereinander" belastet ist und weitergehende Konfliktklärungen mit den Beteiligten wünschenswert sind.

4 KAPITEL — Herausforderung Führungspraxis

Wie Sie zur Teamentwicklung beitragen können:

- Führen Sie Teamgespräche mit allen Mitarbeitern regelmäßig durch. Sorgen Sie dafür, dass ein Termin gefunden wird, der außerhalb der Spitzenzeiten des Tagesgeschäftes liegt. Reservieren Sie ca. zwei Stunden mit Zeitpuffer nach hinten. Sichern Sie ab, dass während eines Teammeetings Kundenanfragen bearbeitet werden können, ohne jedoch eine Störung der Teamrunde nach sich zu ziehen. Es wäre unglücklich, wenn Sie Teamgespräche führen und gleichzeitig Kunden oder Nachbarbereiche reklamieren, dass niemand zu erreichen ist. Erstellen Sie für jedes Teammeeting eine Tagesordnung, die inhaltlich von Ihnen und den Teammitgliedern gemeinsam festgelegt und sukzessive abgearbeitet wird. Legen Sie fest, wie viel Zeit für die einzelnen Themen in der Besprechung bereitsteht. Protokollieren Sie für alle nachvollziehbar die jeweiligen Erkenntnisse und Ergebnisse. Dazu können Sie etwa am Flipchart die Tagesordnung festhalten und gleichzeitig dokumentieren, was an Vereinbarungen getroffen wurde. Es ist besser, Sie visualisieren deutlich die Besprechungsergebnisse „simultan", als dass Sie einen Protokollanten festlegen, der im Nachhinein aus der Erinnerung eine schriftliche Aufzeichnung verfasst. Manchmal sind Kleinigkeiten in der Formulierung entscheidend, die später leicht zu Missverständnissen führen können. Sorgen Sie dafür, dass jeder zeitnah ein Protokoll erhält. Falls Vereinbarungen getroffen werden, legen Sie im Meeting fest, wer mit wem bis wann was zu erledigen hat. Und holen Sie gleich die Zustimmung der Betroffenen zur zügigen Umsetzung ein, damit nicht später alles im Unverbindlichen bleibt.
- Es kann sinnvoll sein, dass Sie einen Moderator benennen, der sich darum kümmert, dass die Teambesprechung in geordneten Bahnen verläuft und die einzelnen Besprechungspunkte systematisch abgearbeitet werden. Natürlich können Sie selbst moderieren. Aber besser ist es, wenn dazu ein neutraler Moderator oder ein Teilnehmer aus der Gruppe initiativ wird. Halten Sie sich den Rücken frei, um auch bei hitzigen Diskussionen nicht den roten Faden zu verlieren. Wenn es „ans Eingemachte" geht, das heißt wenn sehr emotionsträchtige Themen zu bearbeiten sind, sollten Sie einen externen Moderator oder Teamtrainer hinzuziehen, der mit dem nötigen inneren Abstand und einer gewissen Professionalität den geordneten Dialog sicherstellt.

4.4 Effektive Teamgespräche und Teammeetings

> – Achten Sie darauf, dass nicht nur Fachthemen im engeren Sinne abgearbeitet werden. Lenken Sie den Blick auf das Miteinander und den Zustand der Teamkultur. Bringen Sie von Zeit zu Zeit die Frage ein: „Wie gehen wir miteinander um? Was läuft gut? Was läuft weniger gut? Und woran sollten wir arbeiten, um unseren Teamgeist weiter zu stärken?" Lenken Sie die Aufmerksamkeit von der Sach- auf die Beziehungsebene. Bemühen Sie sich, unterschwellige Reibereien und Spannungen zu erkennen. Sprechen Sie diese frühzeitig an, ohne jedoch Einzelne anzugreifen. Am besten ist es, wenn Sie Ihre Wahrnehmungen vorsichtig und eher fragend einbringen. Und die Beteiligten darum bitten, eigene Einschätzungen – etwa zu einem wahrgenommenen Konfliktbereich – vorzutragen. Halten Sie sich mit Bewertungen zurück. Vermeiden Sie es, sich durch voreilige Parteinahme einseitig zu positionieren. Sofern Sie selbst attackiert werden, nehmen Sie geäußerte Kritik in Ruhe auf. Vermeiden Sie es, sich zu rechtfertigen oder die Kritik spontan zurückzuweisen.

Strukturierte Teamgespräche und themenzentrierte Teammeetings sind eine sinnvolle Ergänzung der verschiedenen Arten von individuellen Mitarbeitergesprächen. Überlegen Sie jedoch, welche Themen eher im Team oder individuell bzw. im kleineren Kreis der unmittelbar Beteiligten zu erörtern sind. Grundsätzlich gilt, dass Themen, die alle betreffen, auch im Team zu erörtern sind. Wenn Sie ein eher vertrauliches Thema bearbeiten möchten, suchen Sie am besten das persönliche Gespräch. Sofern nur eine Teilgruppe betroffen ist, zum Beispiel weil ein Arbeitsauftrag von einigen Spezialisten erledigt wird, setzen Sie sich dazu mit den jeweils Beteiligten zusammen. Achten Sie darauf, dass Sie die verfügbare, meist knappe Zeit für Teambesprechungen nicht durch ausufernde Diskussionen von Einzelthemen verschwenden, die für die meisten von peripherem Interesse sind. Nutzen Sie stattdessen Teammeetings vor allem dazu, um über wichtige Entwicklungen im Unternehmen zu informieren, um neue Ziele und Anforderungen zu verdeutlichen und um Weichenstellungen anzubahnen, die alle angehen.

Wenden Sie genügend Zeit dafür auf, um getroffene Entscheidungen im Team zu begründen, gerade dann, wenn diese nur von Einzelnen spontan mitgetragen werden. Nicht immer ist ein Teamkonsens möglich. Finden Sie Kompromisse und setzen Sie notfalls Entscheidungen durch, von denen Sie zwar überzeugt sind, die aber nicht von allen unmittelbar akzeptiert werden. Investieren Sie Ihre Energien dafür, auch diejenigen für die engagierte Mitarbeit zu gewinnen, die nicht sofort hinter dem von Ihnen vorgeschlagenen Weg stehen. Gelegentlich werden Sie in Teamrunden zu neuen Erkenntnissen kommen, die dazu führen, dass Sie Ihre eigenen Sichtweisen hinterfragen und neue Prioritäten setzen. Teammeetings können für Sie eine wichtige Plattform sein, um zu überprüfen, ob Sie auf dem richtigen Wege sind.

Wenn Sie Widerstand spüren, sollten Sie nicht Ihre Sicht durchboxen, sondern sich darum kümmern, Vorbehalte zu verstehen und auszuräumen. Nehmen Sie in begründeten Fällen eine Kurskorrektur vor.. Bedenken Sie, dass nicht zwingend Mehrheitsbildungen im Team maßgebend sind. Kommen Sie nach Abwägung der Chancen und Risiken zu einer Entscheidung, die aus einem übergeordneten Standpunkt heraus den besten Weg verspricht. Beziehen Sie Ihr Team konsequent in die Entscheidungsvorbereitung ein. Drücken Sie sich nicht um nötige Entscheidungen, die Sie selbst zu treffen haben. Üben Sie Ihre Führungsaufgabe durch mutige, ausgewogene und vorausschauende Entscheidungen aus.

Stehen Sie später für Ihre Entscheidungen gerade. Mögliche Fehlentscheidungen können Sie nicht dem Team oder Dritten zuschieben. Deshalb: Suchen Sie im Vorfeld den Teamdialog. Nehmen Sie unterschiedliche Sichtweisen mit Bedacht zur Kenntnis. Streben Sie Konsens an, sofern sich eine gemeinsame Linie abzeichnet. Gehen Sie manchmal auch den eher beschwerlichen Weg, Entscheidungen zu vertreten, die nicht bei allen auf Zustimmung stoßen. Scheuen Sie vor Entscheidungen nicht zurück, wenn Sie innerlich von Ihrem Weg überzeugt sind und die einzelnen Standpunkte ausreichend geprüft haben. Führungsstärke bedeutet auch, Entschlossenheit und Tatkraft zu beweisen, selbst wenn nicht alle hinter Ihnen stehen. Werben Sie für unliebsame Entscheidungen durch Überzeugungsarbeit. Streben Sie an, auch Skeptiker für die loyale Umsetzung zu gewinnen. Manchmal sind nach sensiblen Entscheidungen vertrauliche Einzelgespräche nötig, um diejenigen wieder an Bord zu holen, die zuvor deutliche Bedenken vorgetragen haben.

4.5 Delegieren und Verantwortung an Mitarbeiter übertragen

Ihr Erfolg in der neuen Führungsaufgabe wird maßgeblich dadurch geprägt, wie gut es Ihnen gelingt, Ihr Team ins Spiel zu bringen. Und gerade nicht alles selbst machen zu wollen! Ein entscheidender Unterschied zwischen einer Führungs- und einer Fachaufgabe besteht darin, dass Sie in der Führungsrolle überzeugend und sicher delegieren müssen. Wirksames Delegieren setzt voraus, dass Ihre Mitarbeiter zum einen kompetent sind, um bestimmte Arbeitsaufträge zu erledigen. Zum anderen sollten die Mitglieder Ihres Teams auch motiviert sein, um sich engagiert und ausdauernd für das Erreichen der jeweiligen Ziele einzusetzen. Effektive Delegation setzt folglich voraus, dass Sie ein gutes Gespür dafür entwickeln, was für jeden Einzelnen im Rahmen seiner Stärken und Fähigkeiten machbar ist -und in welchen Bereichen Grenzen der individuellen Leistungsfähigkeit zu beachten sind. Es nützt wenig, wenn Sie Aufgaben übertragen, die zu einer Überforderung führen oder von vornerein mit Widerwillen angegangen werden.

Gut delegieren zu können bedeutet nicht, dass Sie alles delegieren. Im Gegenteil: Sie werden vieles schon selbst machen müssen, aber eben das Richtige. Das heißt, wenn Sie beispielsweise durch strategische Weichenstellungen, zielbezogene Steuerung und ressourcenbezogene Vorausplanung förderliche Rahmenbedingungen für Ihr Team herstellen können, macht es Sinn, dass Sie selbst „Hand anlegen". Aber Vorsicht: Greifen Sie nicht in die Sachverantwortung Ihrer Mitarbeiter ein. Lassen Sie sich nicht im Tagesgeschäft von Ihrer Führungsaufgabe abbringen. Nutzen Sie Ihre knappe Zeit vor allem für Zielvereinbarungen, unterstützende und beratende Gespräche, Feedback und Richtungsentscheidungen. Begehen Sie nicht den Fehler, gleich zu intervenieren, wenn es anscheinend nicht gut läuft. So manche Führungskraft hat an Akzeptanz und Glaubwürdigkeit verloren, indem sie meinte, etwas fachlich besser als die eigenen Mitarbeiter bewältigen zu können. Machen Sie nichts selbst, was auf den Schreibtisch Ihrer Teammitglieder gehört.

Beim Delegieren läuft sogar bei langjährigen, erfahrenen Vorgesetzten öfters einmal etwas schief. Dabei können alte Gewohnheiten hineinwirken: zum Beispiel, weil der Betreffende glaubt, aus der Vergangenheit heraus Bewährtes einfach in die Zukunft fortzuschreiben. Oder weil anscheinend Kapazitätsengpässe bestehen, mögliche Fehler von Mitarbeitern vermieden werden sollen oder etwas dringlich zu erledigen ist. Gelegentlich werden dann solche Aufgaben mit erledigt, die besser in die Hände kompetenter Spezialisten gehören – mit dem Ergebnis, dass manches „verschlimmbessert" wird.

> **Werden Sie als Führungskraft aktiv, wenn Führung gefragt ist und Sie die Voraussetzungen für effektive Teamarbeit schaffen können, z. B. durch:**
>
> - die Information über strategische Absichten, Markt- und Kundenanforderungen oder neue Entwicklungen im Unternehmen,
> - das Herbeiführen übergeordneter Richtungs- und Zielentscheidungen – auch um Ihren Mitarbeitern Orientierung zu vermitteln,
> - die Klärung von Entscheidungsbefugnissen,
> - die Bemessung von Budgets und die Bereitstellung von Ressourcen,
> - die Erarbeitung von Prioritäten, Erfolgskriterien und Meilensteinen bei der Zielverfolgung,
> - die Konkretisierung von Tätigkeitsschwerpunkten und Einsatzfeldern der einzelnen Teammitglieder,
> - die Analyse von Ansatzpunkten zu Prozessoptimierungen und Qualitätsverbesserungen.

Alle diese Aufgaben erfordern wiederum die Mitwirkung Ihres Teams. Sie können erst dann professionell delegieren, wenn Sie wissen, wohin die Reise gehen soll. Setzen Sie als Führungskraft dementsprechend einen Schwerpunkt bei der Ableitung von Zielen für das Team und der Spezifizierung von Kriterien effektiver Aufgabenerledigung. Sie können zweckmäßig delegieren, wenn Sie ge-

4.5 Delegieren und Verantwortung an Mitarbeiter übertragen

nau wissen, was bis wann erreicht werden soll. Und wer bei Ihnen im Team am besten dafür geeignet ist, eine bestimmte Aufgabe zu übernehmen. Delegieren bedeutet, gemäß dem persönlichen Fähigkeitsniveau Aufgaben, Befugnisse und Verantwortlichkeiten so zu übertragen, dass der Betreffende eigenständig an der Zielverfolgung arbeiten kann. Legen Sie die Ziele und Aufgabenschwerpunkte sowie individuelle Fach- und Ergebnisverantwortung angemessen fest. Nehmen Sie dazu Anregungen und Wünsche Ihrer Mitarbeiter frühzeitig auf. Je besser die Aufgaben zu den individuellen Fähigkeiten passen und je klarer das gemeinsame Verständnis über das zu Erreichende ist, desto weniger müssen Sie eingreifen. Und desto mehr können Sie Ihren Mitarbeitern Freiräume bei der Zielverfolgung gewähren.

Wenn Sie wirksam delegieren, liegt der Schwerpunkt Ihrer Tätigkeit auf der Zielklärung und Zielvereinbarung sowie auf der persönlichen Unterstützung und bedarfsgerechten Beratung bei der Aufgabenerledigung. Dazu gehören Feedback und Statusgespräche. Greifen Sie aber nicht unbedacht ein und gefährden Sie nicht die Delegation selbst. Führen Sie Ihre Mitarbeiter „an der langen Leine", um Ihnen weitreichende Gestaltungschancen einzuräumen. Behalten Sie auch im Blick, ob es vorangeht, beispielsweise durch das Führen von Meilensteingesprächen. Ein gewisses Maß an Kontrolle ist unvermeidlich. Sie haben dafür gerade zustehen, dass gute Arbeit geleistet wird und tragen die finale Ergebnisverantwortung für die Leistungen Ihres Teams

Systematisches Delegieren reduziert die Kontrolle auf das absolut nötige Mindestmaß. Gewähren Sie einen Vertrauensvorschuss – in der Erwartung, dass die Mitarbeiter in Ihrem Team nach bestem Wissen und Gewissen anstehende Aufgaben bewältigen und niemanden brauchen, der ihnen hineinredet. Beachten Sie, dass es keine universelle Delegationstechnik gibt! Sie können das Übertragen von Verantwortung nicht nach „Schema F" gestalten. Berücksichtigen Sie die Voraussetzungen des jeweiligen Mitarbeiters, seine Handlungsmöglichkeiten, seine Motivation und die besonderen Umstände. Korrigieren Sie eine Delegation, wenn Sie spüren, dass Sie einen Mitarbeiter überfordern oder in eine Sackgasse führen.

Nehmen Sie dem Betreffenden jedoch nichts einfach aus der Hand, sondern schützen Sie ihn, damit es keinen Crash gibt.

Beim Delegieren werden häufig Fehler gemacht:

- Sie übertragen eine Aufgabe an einen Mitarbeiter, der schlichtweg überfordert ist oder nicht die nötigen fachlichen Kenntnisse und Erfahrungen mitbringt. In diesem Falle brauchen Sie sich nicht zu wundern, wenn nachher Probleme auftreten.
- Sie übertragen eine Aufgabe, ohne die nötigen Entscheidungsbefugnisse zu gewähren. Der Mitarbeiter muss dann ständig Rücksprache mit Ihnen oder anderen Führungskräften halten. So fahren Sie Ihren Mitarbeiter „sauer" und lösen Frustration aus. Geben Sie angemessen Verantwortung ab und kalkulieren Sie die möglichen Risiken im Vorhinein.
- Sie delegieren zwar eine Aufgabe und übertragen auch entsprechende Befugnisse. Wenn etwas schief läuft, machen Sie jedoch Ihren Mitarbeiter dafür verantwortlich. Haben Sie vielleicht selbst einen Fehler gemacht? Falls Ihr Mitarbeiter keine überzeugenden Ergebnisse erzielt, sind Sie mit in der Pflicht: Warum haben Sie nicht frühzeitig gegen gesteuert und zum Beispiel durch zusätzliche Unterstützung, Beratung und Hilfestellung vorgebeugt? Vermeiden Sie es, andere dafür geradestehen zu lassen, wenn Sie sich selbst an die Nase fassen müssen.
- Sie delegieren überhaupt nicht, sondern machen es lieber selbst, weil Sie glauben, dass es schneller geht und Sie nachher wissen, dass das erzielte Ergebnis stimmt! Ihre Mitarbeiter werden es allerdings sofort spüren, wenn Sie kein Vertrauen in ihre Leistungsfähigkeit haben und mögliche Fehler nicht riskieren wollen. Erledigen Sie delegationsfähige Fachaufgaben deshalb nicht selbst, sofern Sie Ihre Mitarbeiter fördern wollen. Geben Sie Ihren Mitarbeitern die Chance, aus gesammelten Erfahrungen schlau zu werden – auch wenn es anfänglich länger dauert und Sie vielleicht später etwas nachbessern müssen. Setzen Sie sich lieber mit Ihren Mitarbeitern zusammen und überlegen Sie, was zu tun ist, damit bestimmte Ergebnisse, zum Beispiel bei komplexen Kundenanfragen oder Aufträgen Ihrer Geschäftsleitung, effektiv und zeitnah erzielt werden.

4.5 Delegieren und Verantwortung an Mitarbeiter übertragen

> Führen Sie Coaching- und Feedbackgespräche. „Funken" Sie nicht vorschnell hinein, sondern stehen Sie Ihrem Team bei, falls der Schuh drückt. Achten Sie auf entsprechende Hinweise Ihrer Mitarbeiter, um zu erkennen, wann Sie selbst gefordert sind!

Besinnen Sie sich vor allem auf den Sinn und Zweck Ihrer Führungsaufgabe: Führen heißt delegieren. Und delegieren heißt führen! Dies klingt Ihnen vielleicht zu banal. Aber was macht eine Führungskraft tatsächlich, wenn sie ein Team leitet? Sie trägt Verantwortung dafür, dass das Team gut arbeitet und dort anpackt, wo jeder gemäß seinen Stärken einen guten Job leisten kann. Die Führungsaufgabe besteht folglich darin, dass Sie sich gedanklich in Ihre Mitarbeiter hineinversetzen und dazu vor allem Mitarbeitergespräche mit Fingerspitzengefühl und Einfühlungsvermögen führen. Wenn Sie stattdessen vom grünen Tisch aus Aufträge verteilen, delegieren Sie noch nicht: Eine Delegation muss nicht nur ausgesprochen, sondern vor allem auch innerlich angenommen werden. Und das heißt, dass Ihre Mitarbeiter sich mit den Arbeitsaufträgen oder Zielvereinbarungen identifizieren. Dies erfordert innerliche Akzeptanz bzw. „commitment". Sie erreichen wenig, wenn Ihre Mitarbeiter mit fehlendem Willen und mangelnder Einsicht in den Sinn und die Notwendigkeit eine Tätigkeit gedankenlos abarbeiten. Ich unterstelle, dass Sie Spitzenleistungen für Ihre Kunden erreichen wollen und mit einer mittelmäßigen Aufgabenbearbeitung nicht zufrieden sind.

Wenn Ihre Mitarbeiter nicht verstanden haben, warum sie etwas tun sollen, ist die Delegation missglückt. Sie haben dann allenfalls Ihre Positionsmacht so ausgenutzt, dass die Betreffenden wohl oder übel ihren Job machen. Selbst wenn es sich um unangenehme Aufgaben handelt oder wenn etwas pflichtgemäß umgesetzt werden muss, weil es nötig ist: Ihre Mitarbeiter sollten verstehen, wozu es gemacht wird. Und sich persönlich soweit engagieren, dass eine gute Arbeit abgeliefert wird. Wenn einzelne Tätigkeiten stattdessen trotzig, widerwillig und mürrisch angegangen werden, haben Sie ungeschickt delegiert oder in Ihrer Kommunikationsaufgabe versagt:

Informieren und begründen Sie deshalb als Führungskraft eine Delegation verständlich, damit Ihre Mitarbeiter nachvollziehen können, warum etwas wichtig und zweckmäßig ist. Dies gilt auch für Aufgaben, die vielleicht nicht auf Anhieb Spaß machen oder sogar als unangenehm erlebt werden und trotzdem erledigt werden müssen. Ihre Mitarbeiter sollten erkennen, warum beispielsweise eine Pflichtaufgabe gewissenhaft ausgeführt werden muss.

Nutzen Sie Ihre Zeit vor allem dafür, zu informieren, zu erläutern und zu begründen statt selbst über Fachaufgaben zu brüten, die andere für Sie erledigen können. Und sorgen Sie vor, damit Ihre Mitarbeiter nicht auf Dauer innerlich kündigen und das Gefühl entwickeln, dass sie sowieso das letzte Rad am Wagen sind. Machen Sie sich gerade dann, wenn Sie neu im Führungsjob sind, bewusst: Sie werden für Ihre Führungs- und Delegationskompetenz bezahlt und sind dazu da, Orientierung zu vermitteln. Nicht dafür, dass Sie die Routine des Tagesgeschäftes verwalten oder als oberster Sachbearbeiter brillieren.

4.6 Treffen von Entscheidungen und Weichenstellungen einleiten

Als Führungskraft wird von Ihnen erwartet, dass Sie für Ihren Verantwortungsbereich nicht nur Probleme analysieren und persönliche Sichtweisen zu Fragen im Tagesgeschäft artikulieren, sondern auch Farbe bekennen: Wo soll der Weg hinführen? Welche Richtung soll eingeschlagen werden? Was soll vorrangig erledigt werden? Es gehört zu Ihren Kernaufgaben, ausgehend von Ihren eigenen Zielen und dem Auftrag Ihres Teams, Entscheidungen herbeizuführen, bei denen Sie sich im Vorhinein über die Konsequenzen im Klaren sein müssen.

In den meisten Fällen werden Sie wichtige Entscheidungen erst dann treffen, wenn Sie sich ein umfassendes Bild über die Entscheidungsgrundlagen gemacht haben. Dazu gehört vor allem, dass Sie fachliche Spezialfragen gemeinsam mit Ihrem Team vertiefen und hierzu kompetente Mitarbeiter zur näheren Untersuchung des jeweiligen Problembereichs einbeziehen. Sie können nicht in jedem Thema selbst der beste Spezialist sein. Je mehr Sie Ihre eigentliche Führungsaufgabe ausfüllen, desto weniger werden Sie allen inhaltlichen Fragen, die Ihren Zuständigkeitsbereich betreffen, selbst nachgehen können. Insofern kommen Sie nicht umhin, Ihre Mitarbeiter konsequent in die Entscheidungsvorbereitung einzubinden. Das heißt, Sie sind auf Ihre Mitarbeiter, deren Einsatzbereitschaft, Leistungsvermögen und Fachkompetenz zwingend angewiesen.

> **Bitten Sie Mitarbeiter im Vorfeld einer Entscheidung um Unterstützung, zum Beispiel für:**
> - die Erstellung einer Problemanalyse,
> - die Beschreibung des Soll- und Ist-Zustandes,
> - das Aufzeigen von realistischen Handlungsalternativen,
> - eine Kosten-Nutzen-Betrachtung für die vorgeschlagenen Alternativen,
> - eine vergleichende Bewertung der jeweiligen Alternativen,
> - das Ableiten einer Handlungsempfehlung und
> - den Entwurf eines Aktions-, Prioritäten- oder Projektplans mit plausiblen Zeithorizonten.

Klären Sie vorab die Ziele, auf die es ankommt. Und was mindestens genauso wichtig ist: Sie tragen die Verantwortung dafür, aufgrund der schriftlich vorgelegten oder im Dialog besprochenen Problemanalysen und Handlungsempfehlungen selbst eine Entscheidung zu treffen. Sie können bei folgenreichen Vorhaben und Schlüsselentscheidungen die Verantwortung für das Finden der bestmöglichen Handlungsalternative nicht an Ihre Mitarbeiter übertragen. Zwar sollten Sie Ihre Mitarbeiter zur Entscheidungsvorbereitung einbeziehen und auch Meinungen und Empfehlungen hören. Bei verantwortungsvollen Entscheidungen sind Sie aber selbst gefordert, „ja" oder „nein" zu sagen.

Dies kann auch bedeuten, dass Sie eine abweichende Sicht vertreten und sogar trotz vorliegender, sachlogisch plausibler Bewertungen von Handlungsalternativen eine andere Alternative bevorzugen. Dafür sind Sie Führungskraft: Wägen Sie selbst Chancen und Risiken ab und entscheiden Sie nach bestem Wissen und Gewissen, eventuell nach Konsultation weiterer Experten oder Verantwortungsträger. Dabei dürfen Sie sich nicht nur von Sachanalysen oder Expertenvoten leiten lassen. Bilden Sie sich selbst eine Meinung. Dazu gehört, dass Sie aufgrund Ihrer Erfahrung und Ihres Gesamtüberblicks ein Gefühl für den „richtigen Weg" finden. Versuchen Sie, zu einer ganzheitlichen und gut begründeten eigenen Einschätzung zu kommen. Dies kann zur Folge haben, dass Sie eine unliebsame Entscheidung treffen. Sie haben in diesem Falle allerdings Überzeugungsarbeit in Ihrem Team zu leisten, um verständlich zu machen, warum Sie gerade diese Richtung einschlagen wollen.

Es wäre unglücklich, wenn Sie die Meinung von Experten in Ihrem Team – oder weiteren Beratern, die Sie konsultierend hinzuziehen – in den Wind schlagen. Wenn Sie gegen das Votum von Sachverständigen und Spezialisten eine abweichende Entscheidung treffen, benötigen Sie plausible Gründe für Ihre Sichtweise! Sie werden es kaum vermeiden können, in dem einen oder anderen Fall – nach Abwägung der Folgen – eine Minderheitsmeinung zu vertreten und konsequent durchzusetzen. Woran liegt das? Als Führungskraft stehen Sie immer in der Pflicht, wenn etwas schiefläuft. Man wird Sie dafür gegebenenfalls zur Rechenschaft ziehen. Deshalb sind Sie in einer anderen Situation als ein Spezialist in Ihrem Team: Während der Experte eine fachliche Meinung und Bewertung einbringt, sind Sie derjenige, der die Belange Ihres Unternehmens und Ihres eigenen Bereiches vertreten muss. Dies kann zu veränderten Handlungsbewertungen und Einschätzungen der Konsequenzen führen, etwa aufgrund von übergeordneten Ziel- und Ressourcenabwägungen.

Manche Vorgesetzte tun sich gelegentlich schwer mit dem Finden von verbindlichen Entscheidungen. Sie versuchen auszuweichen, zaudern und scheuen das Risiko der Verantwortungsübernahme. Es wird deshalb eine Reihe von Fehlern gemacht, die Sie vermeiden sollten. Wenn es sich auch kaum umgehen lässt, dass Sie als Anfänger da und dort in ein Fettnäpfchen hineintappen.

4.6 Treffen von Entscheidungen und Weichenstellungen einleiten

> **Achten Sie auf folgende Hinweise, um Führungsfehler im Vorhinein zu vermeiden:**
>
> - Treffen Sie erst dann eine weitreichende Entscheidung, wenn Sie unterschiedliche Sichtweisen gehört und die jeweiligen Spezialisten in Ihrem Team mit einer umfassenden Problemanalyse beauftragt haben.
> - Schlafen Sie einige Tage über die Entscheidungsfindung. Nehmen Sie sich ausreichend Zeit, um ein gutes Gefühl dafür zu entwickeln, dass Sie auf dem richtigen Weg sind. Hören Sie auf Ihre innere Stimme.
> - Schieben Sie die Entscheidungsfindung nicht auf die lange Bank, sofern zeitnah zu entscheiden ist. Kommen Sie zu einem zügigen Entschluss und überzeugen Sie durch Mut und Tatkraft.
> - Vermeiden Sie es, durch Entschlussunsicherheit oder Wankelmütigkeit Irritationen auszulösen. Finden Sie schnellstmöglich ein Ergebnis, wenn die Fakten auf dem Tisch liegen.
> - Nehmen Sie sich Zeit für die Ergebnisbegründung. Erklären Sie genau, warum Sie wie entschieden haben. Investieren Sie Zeit für persönlichen Dialog, ausführliche Information und die Besprechung Ihrer maßgeblichen Beweggründe. Gewinnen Sie auch diejenigen für die konsequente Umsetzung, die im Vorfeld eine andere Alternative bevorzugt haben.
> - Setzen Sie Ihre Entscheidung tatsächlich um! Vermeiden Sie es, anscheinend zwar Entscheidungen zu treffen, dann aber die Umsetzung zu verschleppen. Bringen Sie Bedenkenträger auf Ihre Linie und machen Sie „klar Schiff". Sie können von Ihrem Team erwarten, dass nach getroffener Entscheidung und ausführlicher, nachvollziehbarer Begründung der einzuschlagende Weg auch verfolgt wird.
> - Wenn Sie feststellen, dass Ihre Entscheidung falsch war und wider Erwarten zu negativen Folgen führt, revidieren Sie besser eine getroffene (Fehl-)Entscheidung.

Das Treffen von Entscheidungen ist eine herausfordernde Führungsaufgabe. Von Ihnen wird erwartet, dass Sie „Butter bei die Fische" geben. Sie schaffen gerade bei folgenreichen Entscheidungen etwas meist „Endgültiges", was Sie nicht mehr ohne weiteres am Tag danach umkehren können. Denken Sie an typische Beispiele: Entscheidung für eine kostenintensive Investition, Umsetzen einer öffentlichkeitswirksamen Marketingkampagne, Einführung eines neuen Produktes am Markt, Einleiten einer Maßnahme zur Kostensenkung, Einstellen neuer Mitarbeiter usw.

Wenn Sie vorschnell eine getroffene Richtungsentscheidung wieder in Frage stellen oder sogar die Entscheidung kurzfristig revidieren, verursacht dies meist erhebliche Folgekosten für Ihr Unternehmen. Sie verlieren an Glaubwürdigkeit. Man entwickelt den Eindruck, dass Sie schwierigen Entscheidungen nicht gewachsen sind. Beziehen Sie im Zweifelsfalle bei Schlüsselentscheidungen Ihren eigenen Vorgesetzten ein. Agieren Sie nicht unüberlegt oder vorschnell. Suchen Sie nach passenden „Sicherungsmechanismen", damit Sie sich nicht gerade am Anfang Ihrer Führungskarriere durch leichtsinnige Fehlentscheidungen ins Abseits manövrieren. Das geht schnell ins Auge. Nehmen Sie sich deshalb lieber etwas mehr Zeit zum Nachdenken und drehen Sie noch „eine Ehrenrunde", bevor Sie zum verbindlichen Entschluss kommen.

Setzen Sie nicht gleich alles auf eine Karte. Entscheiden Sie nicht zu spontan. Bedenken Sie, dass Ihnen als Anfänger in Führungsfragen noch die Routine und Führungspraxis fehlt, um Entscheidungen locker aus dem Ärmel zu schütteln. Bremsen Sie sich etwas, wenn Sie mit viel Enthusiasmus an Ihre neue Aufgabe herangehen. Entscheiden Sie mit Bedacht, aber nicht zu bedächtig! Lassen Sie sich Zeit, um einen Entschluss reifen zu lassen. Wehren Sie sich, wenn man Sie unter Druck setzt: Es ist Ihre Verantwortung, den richtigen Zeitpunkt zum Treffen einer Entscheidung zu finden.

4.7 Zielvereinbarungen und unterjährige Meilensteingespräche

Wenn Sie selbst Ziele für Ihren Verantwortungsbereich verfolgen und an deren Erreichen gemessen werden, liegt es nahe, dass Sie auch Ziele für Ihre Mitarbeiter im Team ableiten und individuell

4.7 Zielvereinbarungen und unterjährige Meilensteingespräche

vereinbaren. Allerdings ist dies leichter gesagt als getan! In der Praxis kann es für Sie sehr aufwendig sein, konkrete Ziele zu finden, die zu jedem Mitarbeiter und dessen Aufgabenbereich passen. Gerade dann, wenn Mitarbeiter Tätigkeiten ausüben, die ganzheitlich erfolgen und anforderungs- bzw. vollzugsorientiert geprägt sind – zum Beispiel in der Sachbearbeitung der Debitoren-Buchhaltung oder im Kundenservice des Call-Centers – ist dies eine knifflige Aufgabenstellung für Sie. Es ist auch nicht gesagt, dass Sie einfach Ziele für jeden Mitarbeiter festlegen können. Oftmals gibt es firmeninterne Regelungen oder Betriebsvereinbarungen, in denen dokumentiert ist, wer mit wem Ziele zu vereinbaren hat, und was dabei zu beachten ist.

Dies hängt damit zusammen, dass das Vereinbaren von Zielen etwa zur späteren Leistungsbeurteilung der Mitarbeiter herangezogen werden kann. In vielen Firmen wird der Grad der Zielerreichung als Beurteilungsmaßstab für den gestifteten Wertbeitrag herangezogen. Und wenn es um Fragen der Leistungsbeurteilung geht, sind meist tarifliche oder innerbetriebliche Standards zu beachten. Die Bewertung einer persönlichen Zielerreichung kann als wichtiges Kriterium dafür betrachtet werden, wie gut ein Mitarbeiter bestimmte Anforderungen in der jeweiligen Position oder Funktion erfüllt. Dies wiederum hat oftmals Auswirkungen auf seine Verdienstmöglichkeiten, zum Beispiel im Hinblick auf einen Leistungsbonus und seine künftigen Beförderungs- oder Karriereperspektiven.

Informieren Sie sich deshalb im Vorfeld über betriebliche Gepflogenheiten und empfohlene Methoden, wenn Sie Ziele mit Mitarbeitern vereinbaren wollen. Unter Umständen gibt es ein vorgegebenes Procedere und einen Leitfaden zum Abschließen einer Zielvereinbarung. Oder eine spezielle Schulung, wie Sie beispielsweise Mitarbeitergespräche mit Zielvereinbarungen in Ihrem Unternehmen im Einzelnen zu führen haben. Auf jeden Fall sollten Sie nicht einfach mit Zielvereinbarungen beginnen, ohne sich ausführlich damit beschäftigt zu haben, welche Anforderungen an eine Zielvereinbarung gestellt werden und wie diese zu dokumentieren ist.

Nun möchte ich nicht auf formale Fragen der betrieblichen Handhabung von Zielvereinbarungen eingehen, sondern Ihnen eher einige Tipps geben, worauf Sie zu achten haben. Vergegenwärtigen Sie sich dazu zuerst, was eine Übereinkunft zu einem Ziel überhaupt ist. Folgende Definition kann Ihnen zum Verständnis dienen: Eine Zielvereinbarung ist eine partnerschaftlich getroffene Festlegung, was von wem bis wann erreicht werden soll. Das Ziel beschreibt folglich einen terminierbaren Sollzustand, den es unter bestimmten Voraussetzungen zu erreichen gilt. Zweckmäßige Ziele lassen sich nach der „Smart-Formel" finden: Ein Ziel sollte spezifisch, messbar, attraktiv, realistisch und terminierbar ausformuliert werden. Vereinbaren Sie mit Ihren Mitarbeitern nur solche Ziele, die auch mit angemessenem Arbeitseinsatz tatsächlich zu erreichen sind. Es wäre eher demotivierend, wenn Sie die Messlatte so hoch hängen, dass der Misserfolg schon vorprogrammiert ist.

Überprüfen Sie, für welche Mitarbeiter Zielvereinbarungen sinnvoll sind:

- Es ist wesentlich, dass Sie übergeordnete Ziele so „herunterbrechen", dass der Einzelne zu deren Erfüllung einen effektiven Beitrag leisten kann. Treffen Sie nur persönliche Zielvereinbarungen, wenn ein Mitarbeiter einen Nutzen stiften kann, der für die Erreichung der übergeordneten Bereichs- oder Abteilungsziele von Bedeutung ist. Entwickeln Sie Ziele so, dass durch die Kombination der Einzelleistungen – wie bei einem Mosaik – insgesamt eine gute Teamleistung entsteht. Spitzenleistungen kommen zustande, sofern die persönlichen Wertbeiträge sich nicht nur additiv summieren, sondern synergetisch zusammen wirken.
- Vermeiden Sie es, Ziele im luftleeren Raum zu vereinbaren, wenn Sie selbst noch nicht genau wissen, wohin die Reise führt. Vergegenwärtigen Sie sich deshalb erst Ihre eigenen Ziele. Treten Sie dazu vorab in einen engen Dialog mit Ihrem eigenen Vorgesetzten.
- Treffen Sie Zielvereinbarungen möglichst zu Beginn eines Geschäftsjahres. Leiten Sie für Ihr Team und Ihre Mitarbeiter nachgeordnete Ziele ab, sobald übergeordnete strategische Ziele klar zu erkennen sind.
- Machen Sie keine Zielvereinbarungen im „stillen Kämmerlein". Offenbaren Sie Ihren Mitarbeitern, welche Ziele Sie selbst zu verfolgen haben. Holen Sie sich dazu Feedback von Ihrem Team. Und bitten Sie Ihre Mitarbeiter um eigene Zielvorschläge.
- Vermeiden Sie „Zielvorgaben" von oben nach unten! Das löst schnell Widerstand und Frustration aus. Besser ist es, wenn Sie Rahmenziele

4.7 Zielvereinbarungen und unterjährige Meilensteingespräche

veranschaulichen, zum Beispiel für die Bereiche Kunden und Markt, Produkte und Dienstleistungen, Prozesse und Qualität, Finanzen und Kosten sowie Lernen, Qualifizierung und Personalentwicklung. Ihre Mitarbeiter machen sich dann besser selbst Gedanken, was sie jeweils zur Erreichung beitragen können.
- Wenn Mitarbeiter eigene Zielvorschläge beisteuern dürfen, identifizieren sie sich eher damit und gehen meist auch an die Verfolgung mit mehr Engagement heran. Beachten Sie den psychologischen Aspekt der Zielvereinbarung: Nur wenn Mitarbeiter Ziele für sich als sinnvoll, attraktiv und realistisch einstufen, werden sie sich mit hohem Engagement für deren Erreichung engagieren.
- Beschränken Sie die Anzahl der Ziele auf das Wesentliche – d. h. ca. drei bis fünf Ziele maximal. Und achten Sie darauf, dass im Vorfeld festgelegt wird, woran Sie und Ihre Mitarbeiter erkennen, dass das Ziel tatsächlich erreicht wird.
- Prüfen Sie, ob gemeinsame Ziele für das komplette Team sinnvoll sind, das heißt solche Ziele, für deren Erreichung alle einstehen müssen. Vermeiden Sie es, überzogenen Wettbewerb, lähmende Konkurrenz oder gar Mobbing auszulösen.

Wenn Sie Ziele vereinbaren, kann dies auch den Charakter haben, dass Sie persönliche Aufgabenschwerpunkte festlegen. Es müssen nicht immer Ziele mit exakten Messkriterien im strengen Sinne abgeleitet werden. Ich bin der Auffassung, dass man Zielvereinbarungen nicht zu sehr formalisieren sollte, wenn vor allem eine kompetente Aufgabenerledigung im Mittelpunkt steht. Es kann ausreichen, dazu einige wesentliche Eckdaten knapp festzuhalten: Zum Beispiel, was soll bis wann womit, d. h. mit welchen Mitteln, erreicht werden?

Zeigen Sie selbst auf, welche Unterstützung Sie leisten, damit die qualitativen oder quantitativen Ziele erreicht werden können. Dazu gehört, Kompetenzen zu übertragen, Budgets bereitzustellen, nötige Qualifizierungen einzuleiten oder Mitarbeiter zu befähigen, dass Sie eigenständig an der Zielverfolgung arbeiten können. Wenn das Tagesgeschäft brummt und kaum Entscheidungs- und Gestaltungsspielräume bestehen, wird ein Mitarbeiter wohl eine Zielvereinbarung als Stress interpretieren. Kommt dann noch eine nötige Kollegen-Vertretung wegen Personalengpässen oder Krankheit dazu, werden Ziele leicht aus dem Blick verloren.

Sorgen Sie deshalb dafür, dass Sie nicht nur Ziele vereinbaren, sondern diese auch unterjährig verfolgen. Führen Sie wenigstens ein- bis zweimal im Jahr Zwischengespräche, um zu schauen, wo jeder Einzelne steht. Machen Sie regelmäßig einen „Ampel-Check-up": Grün heißt „ok", Gelb bedeutet „Achtung" und Rot zeigt an: „Land unter". Sie tun gut daran, Ihren Mitarbeitern zusätzliche Hilfestellung, Beratung und eventuell weitere Qualifizierung anzubieten, wenn der grüne Bereich verlassen wurde. Überlegen Sie auch unbedingt, wo Sie selbst einen Input geben können, damit eine drohende Zielverfehlung abgewendet werden kann. Lassen Sie nicht einfach alles laufen! Räumen Sie ausreichend Zeit für Zwischendialoge ein, wenn sie vonnöten ist. Riskieren Sie es auch einmal, einzelne Ziele zu revidieren, wenn absehbar ist, dass ein Ziel nicht mehr erreicht werden kann. Besser ist es, sich frühzeitig eine Zielverfehlung einzugestehen und die Verfolgung eventuell sogar abzubrechen, statt zwanghaft an unrealistischen Zielen festzuhalten.

Ziele sollen den Mitarbeitern vor allem zur Orientierung dienen und aufzeigen, worauf sich der Einzelne vorrangig zu konzentrieren hat. Zielvereinbarungen dienen deshalb der Bewusstmachung von Prioritäten und schaffen eine Grundlage dafür, eigenständiges Handeln zu erleichtern: Nur wer weiß, worauf es ankommt, kann sein Tun auf das Wesentliche lenken. Ziele sollen aber nicht wie ein Damokles-Schwert über den Mitarbeitern schweben. Womöglich sogar mit dem Effekt, dass existenzielle Ängste ausgelöst werden und die Zielverfehlung als Weltuntergang interpretiert wird. Nein, Ziele sollen vorrangig motivieren. Erarbeiten Sie für den Einzelnen zu bewältigende Herausforderungen, wenn Sie Ziele vereinbaren. Und hüten Sie sich davor, zu viel zu verlangen.

Gibt es zusätzliche Anreize für die engagierte Zielverfolgung? In manchen Firmen werden monetäre oder nicht-monetäre Anreize – zum Beispiel Weiterbildung, Entscheidungsspielräume, flexible Arbeitseinteilung oder attraktive neue Tätigkeiten – für die erfolgreiche Zielerreichung gewährt. Es kommt vor allem auf die innere Identifikation mit dem Ziel an. Weiterhin spielt die erlebte Gerech-

4.7 Zielvereinbarungen und unterjährige Meilensteingespräche

tigkeit des jeweiligen Anreizes eine Rolle, gerade im Vergleich, z. B. wenn Mitarbeiter sich darüber untereinander austauschen. Identifikation mit einem Ziel hat auch mit einer gewonnenen Einsicht zur Notwendigkeit und Zweckmäßigkeit, gelegentlich sogar mit „Pflichtbewusstsein" zu tun: nämlich dass man sich auf Wesentliches, Nutzbringendes und gemäß den eigenen Stärken Leistbares zu konzentrieren hat, was manchmal gewisse Härten nach sich ziehen kann. Ein Ziel, das Orientierung vermittelt, muss von demjenigen, der sich zur Zielverfolgung bekennt, als vernünftig, angemessen und realistisch bewertet werden. Dies hat etwas mit Einsicht, und Selbstverpflichtung zu tun, oftmals weniger mit Geld.

Es kann der Fall eintreten, dass Ziele dadurch an Wert verlieren, dass Sie den Einzelnen mit einem wie auch immer gearteten Bonus „ködern". Machen Sie sich vor allem bewusst: Werden ehrgeizige Ziele von einem Mitarbeiter erreicht, verdient dies ehrliche Anerkennung und sichtbare Wertschätzung. Dabei können große Unterschiede bei einzelnen Mitarbeitern bestehen, was jeweils im Erfolgsfalle als attraktiv eingestuft wird: Während dem einen ein finanzieller Bonus sehr wichtig ist, wünscht sich der andere mehr Entscheidungs-Spielräume, neue Projektaufgaben, langfristige Entwicklungsperspektiven oder zusätzliche Weiterbildung. Finden Sie deshalb selbst für Ihre Mitarbeiter im Team heraus, was persönlich motiviert und vermeiden Sie es, schematisch vorzugehen. Setzen Sie sich dafür ein, dass Zielvereinbarungen so gehandhabt werden, dass die geübte Praxis für Ihren Verantwortungsbereich nachvollziehbar gestaltet wird. Und vermeiden Sie bürokratische Regularien oder formelartige, undurchsichtige Zielsysteme, die Ihre Mitarbeiter womöglich sogar demotivieren.

Besprechen Sie Ziele sowohl in vertraulichen Einzelgesprächen als auch im Team. Lassen Sie zu, dass Ziele vor der Verabschiedung kritisch diskutiert, neu formuliert oder überarbeitet werden können. Betrachten Sie Zielvereinbarungen als Chance für alle Beteiligten. Lassen Sie den Schritt des „Ringens" um eine gute, akzeptierte Übereinkunft nicht aus – nur weil es unter Umständen Zeit, Aufwand und zusätzlichen Dialog erfordert. Ziele zu vereinbaren ist eine wesentliche Führungsaufgabe. Seien Sie großzügig bei der Bewertung der Zielerreichung. Wenn ein Ziel nicht erreicht wird: Setzen Sie darauf, dass Ihre Mitarbeiter lernen, wie künftig besser und kundenorientierter gehandelt werden kann. Verzichten Sie auf Schuldzuweisungen. Im Zweifelsfalle tragen Sie Mitverantwortung dafür, dass Sie nicht vorhergesehen haben, dass ein Mitarbeiter seine Ziele verfehlen wird.

4.8 Feedback zu erbrachten Leistungen geben, Mitarbeiter beurteilen und Zielerreichungen bewerten

Die Systematik betrieblicher Mitarbeiterbeurteilungen variiert erheblich von Unternehmen zu Unternehmen. Insofern sind Sie gut beraten, sich darüber zu informieren, welche genauen Anforderungen dazu in Ihrem eigenen Unternehmen bestehen. Zum Teil gibt es Beurteilungsbögen, Checklisten, Systeme zur Punktvergabe oder objektive, controlling-gestützte Methoden zur Leistungsbeurteilung. Dabei stehen meist die gezeigten Leistungen und herbeigeführten Ergebnisse für einen bestimmten Zeitraum im Mittelpunkt der Bewertungsschemas. Alle diese Systeme haben eines gemeinsam: Sie müssen als Vorgesetzter einschätzen, in welchem Maße die Leistungen Ihrer Mitarbeiter mit den Anforderungen überstimmen. Wenn Sie eine Mitarbeiterbeurteilung durchführen, verfügen Sie folglich meist über ein „ideales" Anforderungsniveau, das Sie mit den tatsächlichen Mitarbeiterleistungen zu vergleichen haben.

Typische allgemeine Beurteilungskriterien lauten: Arbeitsmenge, Arbeitsqualität, Sorgfalt und Arbeitseffizienz, Zuverlässigkeit, Teamgeist, Kundenorientierung oder eigenständiges Arbeiten. Es können auch funktionsbezogene Bewertungskriterien zugrunde gelegt werden. Dabei ist meist ein spezielles Anforderungsprofil maßgebend: Was wird von einem Marketing-Referenten erwartet? Was muss ein Kundenberater leisten? Welche Anforderungen muss ein Kreditoren-Buchhalter erfüllen? Solche auf die Position bezogenen Erwartungen können in Teilanforderungen zerlegt werden, die wiederum für jeden Mitarbeiter in der jeweiligen Funktion einzustufen sind.

4.8 Feedback zu erbrachten Leistungen geben und Mitarbeiter beurteilen

Ein anderes System basiert darauf, dass Kompetenzen und vermutete Potenziale von Mitarbeitern bewertet werden: zum Beispiel Fachkompetenzen, Kommunikationskompetenzen, methodische Kompetenzen, Führungskompetenzen oder Persönlichkeitskompetenzen.

Ich vertiefe nicht die Details dieser Systeme, gerade deshalb, weil fast jedes Unternehmen ein eigenes Modell entwickelt hat, was sich auf die besonderen betrieblichen Belange der jeweiligen Firma bezieht. Stattdessen werde ich Sie auf einige grundsätzliche Aspekte hinweisen, die für Sie als Neuling in der Führungsaufgabe besonders zu beachten sind. Bei der individuellen Leistungsbewertung handelt es sich um ein sehr sensibles Feld, denn Sie sind wohl oder übel gefordert, über andere Menschen ein Urteil zu fällen. Und sei es nur dahingehend, dass Sie feststellen, wie gut übertragene Aufgaben erledigt oder wie bestimmte Anforderungen erfüllt wurden. Sofern Ziele vereinbart wurden, ist jeweils auch der Grad der Zielerfüllung einzustufen.

Als Vorgesetzter gehört es zu Ihren wesentlichen Aufgaben, das Verhalten, die Fähigkeiten und die Einsatz- sowie Entwicklungsmöglichkeiten Ihrer Mitarbeiter zu bewerten. Sie haben im Auftrag Ihres Unternehmens die Verantwortung, abzuschätzen, wie gut die geleistete Arbeit in Ihrem Team erledigt wird. Auch Ihre Mitarbeiter erwarten von Ihnen, dass Sie von Zeit zu Zeit eine persönliche Rückmeldung abgeben, wie Sie deren Leistungen wahrnehmen und beurteilen. In einem leistungsorientierten wirtschaftlichen Umfeld, in dem Unternehmen und Mitarbeiter nach erreichten Ergebnissen und sichtbaren Erfolgen beurteilt werden, können Sie nicht so tun, als spiele dies für Ihr Team keine Rolle. Entwickeln Sie folglich eine geeignete Strategie, wie Sie die Leistungen Ihrer Mitarbeiter fair und einfühlsam bewerten und dabei vor allem künftige Optimierungsmöglichkeiten aufzeigen.

Ihre Aufgabe besteht nicht unbedingt darin, eine formalisierte Mitarbeiterbeurteilung durchzuführen. Ich möchte jedoch nicht der Beurteilungspraxis in Ihrer Firma vorgreifen. Es kann sein, dass es sogar tarifvertragliche Regelungen gibt, die Ihnen vorschreiben, Mitarbeiterbeurteilungen in einer ganz bestimmten Art vorzunehmen. Selbst wenn Sie den Sinn der Vergabe von Leistungspunkten oder Beurteilungsnoten bezweifeln: Machen Sie aus dem jeweiligen Verfahren das Beste! Der Trend geht erfreulicherweise dahin, rigide Beurteilungssysteme in den Firmen eher in Frage zu stellen. Warum?

Es gibt vielfältige Anhaltspunkte dafür, dass traditionelle Mitarbeiterbeurteilungen zu statisch sind und sich schnell zu Leistungshemmern entwickeln: Viele Mitarbeiter reagieren einerseits allergisch darauf, wenn sie von Vorgesetzten wie in der Schule bewertet werden. Andererseits ist die Objektivität, Treffsicherheit und Fairness solcher Einschätzungen außerordentlich problematisch: Nicht immer gibt es klare, nachvollziehbare Bewertungsmaßstäbe, um Mitarbeiter zweifelsfrei anhand allgemeiner Beurteilungskriterien einzustufen. Häufig gehen die Meinungen auseinander, je nachdem welcher Vorgesetzte gerade ein Urteil abgibt. Manche bewerten eher streng, andere eher milde, wieder andere eher nach Sympathie und Antipathie oder unter dem Einfluss ihrer persönlichen „Tagesform".

Achten Sie deshalb auf gerechte, gut nachvollziehbare sowie verhaltens- und leistungsbezogene Einschätzungen. Wenden Sie nur ein System an, von dem Sie selbst überzeugt sind. Informieren Sie sich gut zu den Hintergründen, wie und warum Mitarbeiterbeurteilungen in einer bestimmten Form bei Ihnen im Unternehmen durchgeführt werden. Besprechen Sie sich hierzu im Vorfeld mit Ihrem Vorgesetzten oder konsultieren Sie die Personalabteilung. Beachten Sie außerdem folgende grundsätzlichen Hinweise:

- Nutzen Sie die Chancen, die gerade auch spontane Rückmeldungen an Ihre Mitarbeiter zu gezeigten Leistungen bieten. Betrachten Sie Feedback als Gelegenheit, um Ihren Mitarbeitern sichtbar zu machen, dass Sie deren Einsatz und Wertbeiträge würdigen. Und dass Sie gerne bei Bedarf unterstützen und fördern möchten. Sprechen Sie Anerkennung und Lob aus, wenn es der Situation angemessen ist. Geben Sie Ihr Feedback zeitnah, nicht erst Wochen oder Monate später.

- Zeigen Sie auf, inwiefern gegebenenfalls etwas besser gemacht werden kann. Üben Sie Kritik nicht um der Kritik willen. Stellen Sie Bezüge zu einem konkreten Anlass her, zum Beispiel zu einer

4.8 Feedback zu erbrachten Leistungen geben und Mitarbeiter beurteilen

Kundenreklamation. Verdeutlichen Sie zugleich Möglichkeiten zur konstruktiven Verhaltensänderung. Vermeiden Sie es, Ihr Gegenüber abzuwerten oder herabwürdigend zu behandeln. Achten Sie darauf, niemanden zu verletzen oder persönlich zu attackieren. Hüten Sie sich davor, Ihr Team in irgendeiner Hinsicht zu frustrieren oder Ihre Positionsmacht arrogant auszuspielen.

- Nehmen Sie sich die Zeit, unterjährig mit Ihren Mitarbeitern mindestens ein bis zwei Meilensteingespräche zum Status der Aufgabenerledigung, zur Zielverfolgung und zum persönlichen Leistungsbeitrag zu führen. Solche Meilensteingespräche können Sie formlos gestalten. Es kommt darauf an, dass Sie Ihre Mitarbeiter professionell bei der Job-Performance begleiten. Üben Sie Führung dadurch aus, dass Sie beraten, Feedback geben und coachen. Vermeiden Sie es, unvermittelt einzugreifen, ausgesprochene Delegationen zu beschneiden oder Ratschläge „von oben herab" zu geben.

- Setzen Sie sich am Ende des Jahres bzw. zum Ablauf der jeweiligen Zielvereinbarungs-Periode zusammen, um eine Standortbestimmung vorzunehmen. Bitten Sie Ihre Mitarbeiter darum, eine Selbsteinschätzung abzugeben: Was lief gut? Was lief weniger gut? Ergänzen Sie anschließend Ihre Sichtweise, ohne jedoch die Person an sich zu bewerten. Fokussieren Sie die Aufmerksamkeit auf Messwerte für gezeigte Leistungen: Versuchen Sie, objektiv zu urteilen: Was sagen die Kunden zu den erbrachten Leistungen? Wie funktionierte die Zusammenarbeit im Team? Was wurde nachweislich erreicht oder nicht erreicht? Gab es Reklamationen, Beschwerden oder zeitlichen Verzug? Was wurde besonders von einzelnen Leistungsempfängern, z. B. im internen Wertschöpfungsprozess, gewürdigt? Ziehen Sie eine Bilanz und gleichen Sie die Selbstwahrnehmung Ihrer Mitarbeiter mit Ihrer eigenen ab. Entwickeln Sie Ansatzpunkte für Verbesserungsmöglichkeiten in der Zukunft. Betrachten Sie die Qualität der erzielten Resultate als Ausgangspunkt für ein Fördergespräch: Wo liegen Stärken und verborgene Potenziale Ihrer Mitarbeiter? Wie können diese künftig besser zum Tragen kommen?

- Vermeiden Sie Gehaltsdiskussionen in einem Feedbackgespräch. Beraumen Sie dazu gegebenenfalls einen gesonderten Termin an, damit Sie sich darauf gezielt vorbereiten können. Wenn die Leistungen eines Mitarbeiters so ausfallen, dass der Betreffende womöglich andere, anspruchsvollere Aufgaben übernehmen könnte, müssen Sie sich Gedanken machen, wie Sie ihn darauf vorbereiten. Vielleicht ergeben sich Ansatzpunkte für das Übertragen neuer Aufgaben mit mehr Verantwortung. Halten Sie zuvor Rücksprache mit Ihrem Personalbereich: Ist eine Umgruppierung sinnvoll? Können Sie zusätzlich bestimmte Boni oder Zulagen gewähren? Überlegen Sie, wie Sie variable Gehaltsbestandteile gestalten, wie Sie verfügbare Budgets gerecht verteilen und wie Sie die Leistungen der einzelnen Teammitglieder würdigen.

4.9 Mitarbeiter coachen und fördern

Coaching ist ein schillernder Begriff, der vielfältige Assoziationen weckt. Leider ist er auch schon etwas zu einem Modebegriff degeneriert: Es wird in unterschiedlichsten Zusammenhängen vom Coachen gesprochen, ohne dass klar ist, worum es genau geht. Dennoch: Coaching ist eine wichtige Führungsaufgabe. Denken Sie an einen kompetenten Trainer im Hochleistungssport: Schauen Sie darauf, wie ein erfahrener Profi, der die Materie kennt und über hohes pädagogisches Geschick verfügt, seinen Schützlingen hilft, noch besser zu werden. Wenn eine Führungskraft als Coach arbeitet, dann bedeutet dies, dass sie die eigene Erfahrung und Reife mit Einfühlungsvermögen einbringt, um Mitarbeiter wirksam zu unterstützen und zu fördern. Top-Coaches schaffen es, ihre Teams zu Spitzenleistungen zu motivieren und dem Einzelnen den nötigen Feinschliff zu geben, damit jeder sein Leistungsvermögen voll ausspielen kann.

Coaching im Team hat viel damit zu tun, dass Einzelleistungen sich wirkungsvoll ergänzen: Wenn Sie eine Gruppe mit Spitzenkräften zu führen haben, heißt das noch lange nicht, dass gute Fähigkeiten der Einzelnen sich zu einer produktiven Gesamtleistung ergänzen. Es können leicht Reibereien, Konkurrenzkampf und Eigenprofilierung überhand nehmen. Jeder will zeigen, dass er der Beste ist. Unter dem Strich kommt so nur wenig heraus. Umgekehrt kann ein Team von Mitarbeitern mit eher durchschnittlichen Fähigkeiten durch gute Führung und den Aufbau von echtem Teamgeist durchaus zu Höchstleistungen angeregt werden.

Was ist das Wesentliche am „Coaching-Führungsstil"? Coaching und gute Führung gehören zueinander: Ein Coach kennt die wesentlichen Ziele und kann eine realistische Vision vermitteln. Dabei versteht es der Coach, sich auf jeden Mitarbeiter im Team so einzustellen, dass er Impulse gibt, die sowohl dem Einzelnen als auch dem Team insgesamt zu neuen Erkenntnissen und Einsichten verhelfen. Achten Sie darauf, dass Sie Ihre Mitarbeiter „dort abholen, wo sie stehen". Versuchen Sie zu erkennen, welche Kompetenzen bei jedem Einzelnen vorhanden sind und wie sie ausgebaut werden können. In anderen Worten: In jedem Mitarbeiter stecken verborgene Potenziale, die unter günstigen Umständen zum Vorschein kommen. Ihre Rolle als Coach besteht darin, Hinweise zu geben, die dem Einzelnen neue Perspektiven aufzeigen. Deuten Sie mit Geschick an, wo der Betreffende am besten ansetzen kann, um einen nächsten Schritt zu einer höheren Stufe persönlicher Leistungsfähigkeit zu machen.

Dazu benötigen Sie keine übersinnlichen Kräfte oder geheimen Suggestiv-Techniken. Sie brauchen stattdessen vor allem breite Erfahrung in Ihrem Business, eine gute Menschenkenntnis und Fingerspitzengefühl, damit Sie wirklich Anstöße geben können, um Lernprozesse auszulösen.

Achten Sie in der Coaching-Rolle vor allem auf Folgendes:

- Seien Sie sich dessen bewusst, dass ehrgeizige Ziele nur erreicht werden können, wenn alle an einem Strang ziehen. Fördern Sie deshalb das Teambuilding und die gemeinsame Teamentwicklung. Die Belange des Teams sind wichtiger als Einzelinteressen!
- Geben Sie Ihren Mitarbeitern keine Ratschläge „von oben". Dies wird leicht zum Schuss nach hinten! Führen Sie stattdessen eher aus der Mitte, d. h. aus einem kollegialen Teamverständnis heraus. Geben Sie Anregungen, wenn Sie glauben, dass der Betreffende davon profitieren kann. Es gehört viel

Einfühlungsgabe dazu, um zu erkennen, wann ein Lernimpuls hilfreich ist oder tatsächlich benötigt wird. Und wann Ihre Hinweise eher als Einmischung oder Kontrolle interpretiert werden. Gerade als Neuling in der Führungsaufgabe werden Sie davon profitieren, an sich selbst weiter zu arbeiten, um sich zu einem Coaching-Profi zu entwickeln: Holen Sie sich dazu selbst Feedback von erfahrenen Praktikern, Trainern und kompetenten Coaches, damit Sie weiter hinzulernen.

- Legen Sie den Schwerpunkt Ihres Feedbacks im Mitarbeiterdialog auf Wertschätzung, Anerkennung und Würdigung persönlicher Leistungsbeiträge. Setzen Sie Kritik oder Tadel sparsam ein. Überlegen Sie sich vorher, wie der Betreffende es aufnehmen wird, wenn Sie ihm sagen, dass er etwas falsch gemacht hat! In den meisten Fällen lösen Sie damit Widerstand, Rechtfertigungen und Frustration aus. Sie bremsen womöglich die intrinsische Motivation und gefährden Ihre eigene Akzeptanz. Vertrauen Sie auf Selbsterkenntnis und direkte Rückmeldungen im Prozess selbst, zum Beispiel durch Feedback der Leistungsempfänger bzw. Kunden.

- Nutzen Sie Möglichkeiten der direkten, einfühlsamen Kommunikation, um sich als Coach zu beweisen: Suchen Sie das persönliche, vertrauliche Gespräch ohne Zeitdruck, wenn Sie etwa persönliche Rückmeldungen vermitteln wollen. Geben Sie Ihren Mitarbeitern die Chance, Erwartungen offen vorzutragen. Hören Sie aktiv zu, um zu erfahren, was Ihre Mitarbeiter sich von Ihnen wünschen. Scheuen Sie nicht davor zurück, sich von Ihren Mitarbeitern sagen zu lassen, wie Sie selbst als Führungskraft erlebt werden. Bauen Sie Vertrauen auf, damit Sie überhaupt solches Feedback erhalten. Nehmen Sie Kritik bedacht an, ohne sie gleich abzubügeln.

- Nehmen Sie bewusst Signale in Ihrem Team auf, die Ihnen anzeigen, was von Ihrer Seite getan werden kann, um die Kommunikation und Kooperation weiter zu fördern. Betrachten Sie es als Vertrauensbeweise, wenn Mitarbeiter Verbesserungsvorschläge machen, Ideen, Anregungen und Wünsche einbringen oder Sie spontan um Unterstützung bitten. Überlegen Sie, was Sie tun können, um Ihren Mitarbeitern zusätzliche Entscheidungs- und Gestaltungsspielräume zu gewähren.

Coaching kann als Ausdruck für souveräne Führung verstanden werden: Selbst wenn im Tagesgeschäft viel Hektik aufkommt und hoher Zeitdruck herrscht, wird eine kompetente Führungskraft sich Freiräume schaffen, um in entspannter Atmosphäre den Mitarbeiterdialog zu pflegen. Dies erfordert ein gutes Selbstmanagement als Führungskraft, damit die Prioritäten richtig gesetzt werden. Als Newcomer wird es Ihnen wahrscheinlich nicht gleich gelingen, das richtige Augenmaß für die Belange Ihres Teams zu finden. Räumen Sie sich deshalb „Zeit zum Selbstlernen" ein: Sie können nicht einfach neu eine Führungsaufgabe übernehmen und sich schon als Spitzen-Coach präsentieren! Das wäre zu viel (von sich) verlangt. Beweisen Sie die nötige Grundhaltung und Grundeinstellung schon von Anfang an: Verhalten Sie sich authentisch, zeigen Sie Einfühlungsvermögen, führen Sie glaubhaft, bewahren Sie Überblick. Vermeiden Sie es, sich selbst profilieren zu wollen. Begegnen Sie jedem Einzelnen mit Respekt, einem Vertrauensvorschuss und ehrlich gemeinter Offenheit.

Verzichten Sie auf Machtspiele, selbstherrliches Gebaren, territoriales Abgrenzungsverhalten und autoritäre Star-Allüren. Sie gewinnen das Zutrauen Ihrer Mitarbeiter nur dann, wenn Sie sich selbst Achtung durch vorbildliches Handeln verdient haben. Zeigen Sie ernsthaftes Bemühen, nicht einfach Ziele vorzugeben, sondern in partnerschaftlichen Gesprächen gemeinsame Leitlinien einer guten Kooperation herauszuarbeiten. Machen Sie sich selbst fit in mitarbeiterorientierter Gesprächsführung. Scheuen Sie nicht davor zurück, Ihre eigene Führungskompetenz durch Verhaltensfeedback, zum Beispiel in Führungstrainings, zu verfeinern. Gehen Sie mit gutem Beispiel voran: Lassen Sie sich selbst coachen. Es kann Sie persönlich erheblich weiterbringen.

4.10 Fördern von Innovationen und ständigen Verbesserungen

Eine Firma kann langfristig nur bestehen, wenn sie immer wieder auf veränderte Kundenwünsche reagiert. Zugleich müssen fortlaufend neue Produkte und noch bessere Dienstleistungen entwickelt werden, die für die Kunden einen Zusatznutzen stiften und am Markt überzeugen. Manchmal herrscht bei Mitarbeitern in Unternehmen die Auffassung vor, für Innovationen sei vor allem die Abteilung Forschung und Entwicklung zuständig. Das ist einerseits richtig, denn Produktinnovationen müssen von Spezialisten systematisch vorbereitet werden. Andererseits sind aber alle Mitarbeiter gefordert, sich durch neue Ideen und Anregungen für Optimierungen in der Wertschöpfung einzusetzen. Insofern gilt: Jeder kann durch eigene Impulse einen kleinen Beitrag dazu leisten, damit kontinuierlich Verbesserungen in Produkten, Dienstleistungen oder internen Abläufen und Strukturen herbeigeführt werden.

Nun kommt es nicht selten vor, dass Mitarbeiter zwar Vorschläge zu Verbesserungen machen, diese jedoch später nicht oder nur sehr verhalten aufgegriffen werden. Dies kann unterschiedliche Gründe haben: Natürlich halten nicht alle Vorschläge wirklich einer ernsthaften Überprüfung und differenzierten Kosten-Nutzen-Analyse stand. Häufig gibt es aber leider das Phänomen, dass manche Führungskräfte Verbesserungsvorschläge eher blockieren. Warum? Es könnte zum Beispiel der Eindruck entstehen, dass etwas im eigenen Team nicht gut läuft oder dass es sogar Versäumnisse in der Vergangenheit gegeben hat. Mancher (schwache) Vorgesetzte denkt: Wenn ein Mitarbeiter einen Verbesserungsvorschlag macht, kann dies so interpretiert werden, dass ich als Chef einen wunden Punkt habe. Eigentlich hätte ich dies doch selbst längst erkennen müssen ...

Wenn Sie nun selbst neu in die Führungsrolle wechseln, entscheiden Ihre Einstellung und Ihr künftiges Verhalten maßgeblich darüber, ob aus Ihrem Verantwortungsbereich heraus Innovationen tatsächlich mitgeprägt werden. Verstehen Sie Verbesserungsvorschläge Ihrer Mitarbeiter nicht als Bedrohung, sondern als wohlgemeinte Geste, die Dinge noch etwas besser zu machen. Hüten Sie sich davor, gleich Argumente aufzuführen, warum etwas nicht funktionieren kann. Es gibt typische Killerargumente, die schnell als Bremsklötze wirken, wenn Mitarbeiter neue Vorschläge machen. Bewahren Sie die nötige innere Flexibilität und eine offene Geisteshaltung, wenn Sie Hinweise erhalten, dass etwas grundsätzlich anders gemacht werden könnte. Zeigen Sie die ernst gemeinte Bereitschaft, tradierte

Abläufe neu zu überdenken und auch versuchsweise anders zu organisieren, selbst wenn Sie erst einmal skeptisch sind.

> **Vermeiden Sie es, auf Vorschläge Ihrer Mitarbeiter so zu reagieren:**
>
> - „Das ist nichts Neues. Das haben wir früher schon mal so gemacht. Das hat sich nicht bewährt. Das ist zu teuer usw."
> - „Ihr Vorschlag ist zwar interessant, aber dafür haben wir jetzt keine Zeit. Das können wir später nochmals diskutieren …"
> - „Ihre Anregungen halten wahrscheinlich einer ernsthaften Überprüfung nicht stand. Sonst hätten wir das schon längst so gemacht."
> - „Dafür sind wir gar nicht zuständig. Das müssen andere angehen. Wir sollten uns lieber auf unsere Kernaufgaben konzentrieren."

Ich denke, Sie wissen, worauf ich hinaus will: Wenn ein Vorgesetzter schon gleich bewertet, Vorschläge in die Kategorie „hatten wir schon" einordnet und eigentlich abblockt, wird jede Motivation und jedes Engagement für Innovationen untergraben. Sie brauchen als Führungskraft gerade eine gewisse Souveränität und innere Gelassenheit, um Verbesserungsvorschläge zuzulassen und sogar trotz des Drucks im Tagesgeschäft herauszufordern. Es geht auch nicht darum, alles gleich in Frage zu stellen und Vorschläge nur um ihrer selbst willen zu sammeln – ohne praktische Relevanz oder eine vernünftige Chance auf ernsthafte Umsetzung. Insofern ist nicht eine unspezifische, überschießende oder abgehobene Kreativität gefragt, sondern ein sehr ernsthaftes Bemühen, Kundenorientierung mit Leben zu füllen. Es geht eben auch nicht um Veränderungen an sich, sondern um ein mehr an Kundennutzen, an Wertschöpfung und an Effizienz. Und sei es, dass Kosten eingespart werden, die wiederum das Preis-Leistungsverhältnis verbessern können.

Letztlich ist es fast eine Selbstverständlichkeit für eine professionell arbeitende Führungsmannschaft, dass ständige Innovationen im Mittelpunkt des Business stehen. Und als Vorgesetzter tragen Sie „Innovations-Verantwortung" für Ihr Team, damit alle vorausschauend mitdenken und eben nicht wegsehen, wenn etwas tatsächlich verbessert werden kann. Kritisch ist gerade die innere Einstellung von Mitarbeitern, die sagen: „Ist mir doch egal" oder „Betrifft mich doch nicht" oder „Warum soll ich mich hier in die Nesseln setzen?". Es reicht auch nicht aus, dass Mitarbeiter von Zeit zu Zeit Vorschläge ausarbeiten und in das betriebliche Vorschlagswesen – sofern vorhanden – einbringen. Das betriebliche Vorschlagswesen, so nützlich es sein mag, wird schnell zu einem schwerfälligen Moloch mit hohem Bürokratieanteil. Meist sind viele Instanzen zu durchlaufen, bis ein Vorschlag geprüft, begutachtet, pilotiert und dann wirklich umgesetzt wird. Bei tief greifenden Umstellungen lässt sich dieser Vorlauf wahrscheinlich nicht vermeiden, hängt doch einiges für die Firma davon ab, wenn ein Vorschlag nicht das bringt, was man sich davon erhofft.

Gefragt ist mehr eine Kultur des spontanen Verbesserns, des aktiven Mitwirkens am Erzeugen von wertsteigernden Ideen und des unmittelbaren Handelns, um Kunden zufriedener zu machen. Da reicht das klassische Vorschlagswesen nicht aus, da es zu wenig reaktionsschnell ist. Ermutigen Sie deshalb Ihre Mitarbeiter dazu, unternehmerisch mitzudenken und mitzuwirken, damit Verbesserungen gefunden und zeitnah, ohne langatmige Prüfinstanzen, zur Umsetzung geführt werden. Erlauben Sie es, dass in gewissem Maße experimentiert wird und dass nicht gleich Sanktionen drohen, wenn sich der Erfolg nicht einstellt.

Riskieren Sie es, dass eine scheinbare Verbesserung später nicht „einschlägt", sondern vielleicht sogar etwas Sand ins Getriebe bringt. Sie können dies nicht ausschließen! Steuern Sie rasch gegen, wenn Sie merken, dass der Zug in die falsche Richtung fährt. Aber „würgen" Sie die Initiative und Spontaneität Ihrer Mitarbeiter nicht einfach ab, indem Sie in der Führungsrolle plötzlich als Bedenkenträger agieren – weil Sie womöglich Angst haben, dass etwas schieflaufen könnte … Im Gegenteil: Fordern Sie es als engagierten Leistungsbeitrag, dass jeder mithilft und mitwirkt, wenn Neues ausprobiert werden soll. Zumindest dann, wenn eine Idee vom Ansatz her vielversprechend ist, sollte sie ernsthaft geprüft werden.

4.10 Fördern von Innovationen und ständigen Verbesserungen

Was können Sie tun, um durch Ihr Führungsverhalten Innovationen direkt zu fördern?

- Ermutigen Sie in Mitarbeitergesprächen und Teammeetings dazu, immer wieder nach Verbesserungsmöglichkeiten zu suchen – nicht nur im eigenen Arbeitsbereich, sondern auch in angrenzenden Gebieten, sofern der Betreffende dort kompetent mitreden kann.
- Verzichten Sie auf bürokratische Formalisierungen. Greifen Sie plausible Ideen spontan auf. Fordern Sie den betreffenden Impulsgeber dazu auf, sich selbst darum zu kümmern, dass die Idee ernsthaft durchdacht und auf ihren Nutzen hin überprüft wird.
- Stellen Sie geeignete Ressourcen bereit, damit neue Vorschläge weiter verfolgt werden können. Vermeiden Sie es, Anregungen zurückzustellen oder aufzuschieben, wenn sich Anhaltspunkte dafür ergeben, dass sie tatsächlich sinnvoll sein können.
- Selbst wenn Sie gegenüber einer Neuerung kritisch eingestellt sind: Halten Sie sich mit vorschnellen Bewertungen zurück. Wenn Sie spüren, dass Ihre Mitarbeiter von einer Idee überzeugt sind, geben Sie ihnen den nötigen Gestaltungsspielraum zur Umsetzung. Einzige Ausnahme: Die Risiken sind zu groß. Argumentieren Sie dann aber überzeugend und begründen Sie, warum Sie dem Vorschlag nicht folgen wollen. Gibt es vielleicht eine Variante, die es ermöglicht, die Idee auf Sparflamme zu erproben, zum Beispiel durch eine Pilotierung?
- Ermuntern Sie Ihre Mitarbeiter, auch über Abteilungs- und Bereichsgrenzen hinweg Vorschläge zu machen. Dabei kommt es natürlich auf das „Wie" an, damit andere dies nicht als sensible Einmischung oder Besserwisserei erleben. Gehen Sie umgekehrt auf Anregungen aus Nachbarbereichen oder angrenzenden Prozessstufen ein – jedoch ohne das Argument „Ja, aber ..." Wirken Sie Abteilungsegoismen entgegen!

Häufig ist es so, dass es eine gewisse Zeit braucht, bis zu erkennen ist, ob ein Verbesserungsvorschlag tatsächlich greift, oder ob es vielleicht ein Flop war. Das ist ähnlich wie bei einem neuen Produkt, das von Kunden am Markt in der Einführungsphase kritisch geprüft wird: Nicht alles, was als Innovation vorgestellt wird, bewährt sich tatsächlich. Sie wissen: Vorher weiß das keiner so genau. Wenn eine Idee einen Funken Substanz hat, ist es Ihre Führungsverantwortung, sie im Interesse der gesamten Firma weiterzuverfolgen. Und sei es nur eine scheinbare Kleinigkeit, die aber in ihrer multiplikativen Gesamtwirkung Erhebliches bewegen kann.

Gute, kunden- und marktgerechte Ideen sind entscheidend für unternehmerischen Erfolg. Das sollte auch Ihr Credo in der Führungsaufgabe sein: Nur wer für Neues aufgeschlossen ist, kann ernsthaft führen! Führung bedeutet, ständig Innovationen herauszufordern und Mitarbeiter dabei zu unterstützen, dass sie etwas riskieren. Wagen Sie zugleich selbst mit Mut und Tatkraft Veränderungen, die manchmal nötig sind, um langfristig mehr Kundenzufriedenheit herbeizuführen.

Leitfragen zur systematischen Anwendung von Führungsinstrumenten

(1) Orientieren Sie sich über die Leitlinien für Führung und Zusammenarbeit, die in Ihrem Hause maßgebend sind. Selbst wenn solche Prinzipien nicht ausdrücklich schriftlich fixiert sind, gibt es wahrscheinlich kommunizierte Hinweise und Anregungen, wie die Praxis des Führens zu gestalten ist. Denken Sie zugleich an übergreifende Anforderungen im Bereich Kunden- und Marktorientierung, Serviceverständnis, Kommunikation und Kooperation, Problemlösung, Innovation oder prozessorientierte Wertschöpfung. Gibt es bei Ihnen weitere firmeninterne Empfehlungen für die systematische Mitarbeiterführung?

(2) Sichten Sie die Führungs- und Personal-Instrumente, die in Ihrem Hause als Standards zur Führungspraxis gelten. Hierzu ist Ihr Vorgesetzter erster Ansprechpartner, aber auch die Personalabteilung. Wahrscheinlich gibt es Handanweisungen oder Organisationsrichtlinien, die Sie im Bereich der Mitarbeiterführung zu beachten haben. Denken Sie vor allem an Instrumente wie Zielvereinbarungen, strukturierte Mitarbeitergespräche, Kompetenz- und Potenzialanalysen oder die Leistungsbeurteilung und zielgruppenbezogene Förderkonzepte. Beziehen Sie Ihr Führungshandeln zugleich auf vorhandene Regelungen zur leistungsorientierten Vergütung. Gibt es spezielle Betriebs- oder Dienstvereinbarungen, die für Sie maßgebend sind (Beispiel: Regelungen zur Praxis der Mitarbeiterbeurteilung)?

(3) Erarbeiten Sie sich ein „persönliches Verständnis", wie Sie führen wollen. Dazu gehört auch, sich diejenigen Führungsinstrumente zu vergegenwärtigen, die Sie kompetent einsetzen wollen. Machen Sie sich durch Lektüre und Schulungen fit, damit Sie in der praktischen Umsetzung sicherer werden. Suchen Sie den Erfahrungsaustausch im

4.10 Fördern von Innovationen und ständigen Verbesserungen

Kollegenkreis der Führungskräfte. Nutzen Sie Gelegenheiten, mit Vorgesetzten anderer Firmen über deren Einschätzungen und Erfahrungen im Bereich Mitarbeiterführung zu reden. Können Sie Seminare, Konferenzen oder Fachtagungen besuchen, die nicht nur der fachlichen Weiterbildung dienen, sondern gerade auf die Handhabung der Führungsinstrumente ausgerichtet sind?

(4) Klären Sie die Wünsche, die Ihre Mitarbeiter an Ihren Führungsstil haben. Führen Sie dazu Einzelgespräche. Beraumen Sie Team-Meetings an, in denen Sie – eingebettet in einen passenden Themenschwerpunkt – Grundsatzfragen der Führung, der Kundenorientierung und der effektiven Kooperation erörtern. Was erwarten Ihre Mitarbeiter genau von Ihnen als „neue" Führungskraft? Nicht jeder Wunsch ist zu erfüllen! Aber für eine glaubhafte Führungspraxis und ein gutes Miteinander ist es wesentlich, dass Sie den Bedürfnissen Ihres Teams so gut wie möglich gerecht werden.

(5) Denken Sie daran, sich von Zeit zu Zeit ein persönliches Feedback zu Ihrer eigenen Wirkung als Teamleiter geben zu lassen. Wenn Sie ein gutes Vertrauensverhältnis zu Ihren Mitarbeitern aufgebaut haben, können Sie durchaus um eine persönliche, vertrauliche Rückmeldung bitten. Gibt es in Ihrem Unternehmen ein strukturiertes, eventuell anonymes Feedback-Verfahren, womit Sie eine strukturierte Einschätzung erhalten, wie Sie als Führungskraft erlebt werden? Scheuen Sie nicht davor zurück, dass man Ihnen sagt, wie Sie tatsächlich als Vorgesetzter wahrgenommen werden. Es gehört zu einem modernen Führungsstil, sich selbst in der Leitungsrolle kontinuierlich zu hinterfragen und hinzuzulernen. Ihre Mitarbeiter sind auch Ihre Kunden, für die Sie Dienstleistungen erbringen! Vernachlässigen Sie nicht die Zufriedenheit Ihrer Mitarbeiter, da sie eine wichtige Voraussetzung für Kundenzufriedenheit ist.

5. Kapitel

Sich selbst in der neuen Führungsrolle überprüfen – Wie Sie durch Praxislernen kontinuierlich besser werden und sich zur Führungspersönlichkeit entwickeln

Wenn Sie sich auf die Führungsaufgabe vorbereitet haben und die ersten Tage im neuen Job hinter Ihnen liegen, kommt das Wesentliche auf Sie noch zu: Vertiefen Sie das Vertrauensverhältnis zu Ihren Vorgesetzten und Mitarbeitern, setzen Sie langfristig die richtigen Prioritäten und beweisen Sie, dass Sie der Richtige für die Rolle des Teamleiters sind. Rechnen Sie gerade in der Startphase damit, dass Ihnen die Umstellung von einer Fachaufgabe hin zur Übernahme der Personalverantwortung nicht leichtfällt. Sie brauchen mit hoher Wahrscheinlichkeit viel Zeit, um die neuen Anforderungen zu verinnerlichen und sich auf das zu konzentrieren, was jetzt von Ihnen gefordert wird: Abstand zu nehmen von Ihrer bisherigen Tätigkeit, in der Sie im Wesentlichen nur für sich und die Ergebnisse Ihrer eigenen Arbeit verantwortlich waren. Hin zu einer erweiterten Verantwortung, bei der Sie wesentlich stärker als bisher aus dem Blickwinkel Ihres Teams denken.

Es ist zwar so, dass auch Fachspezialisten in hohem Maße kommunikativ, interdisziplinär und kollegial arbeiten müssen. Der klassische Einzelkämpfer hat ausgedient! Teamgeist ist immer Voraussetzung für beständigen Erfolg. Aber in der Führungsaufgabe kommt als entscheidendes Moment hinzu, dass Sie stets zu überlegen haben, wer was in Ihrem Team für die gemeinsame Sache leisten kann. Um Ihre Effizienz im Team-Management zu steigern, sind Sie gefordert, Ziele und anstehende Aufgaben gerade im unmittelbaren Dialog mit Ihren

5. KAPITEL Sich selbst in der neuen Führungsrolle überprüfen

Mitarbeitern zu vertiefen und Spielräume für die weitreichende, konsequente Delegation zu nutzen. Sie können sich nur noch in einem begrenzten Maße in die fachlichen Details selbst hineinarbeiten. Ihr Leistungsvermögen ist maßgeblich an die Wissenskompetenz, die Fähigkeiten und die Erfahrungen Ihres Teams gebunden!

Verfehlt ist der Anspruch, Ihre Mitarbeiter im Sachwissen und in den jeweils geforderten Spezialfähigkeiten noch übertrumpfen zu wollen. Letztlich wäre das absurd. Dennoch erwähne ich diesen „klassischen Vorgesetzten-Irrtum" ausdrücklich, da manche Leitungskräfte ihre eigenen Grenzen nicht kennen – und damit Führungsfehler begehen: aus dem Glauben heraus, selbst überall fit sein zu müssen. Und dabei wird vergessen, eigene Mitarbeiter unmittelbar in Problemlösungen einzubeziehen und frühzeitig das Gespräch mit ihnen zu suchen.

Überprüfen Sie sich fortlaufend, damit Sie in Ihrer Führungsrolle an Souveränität gewinnen:

- Wo liegen die wesentlichen Prioritäten aus Kundensicht? Welche vorrangigen Wertschöpfungs-Ziele sind in Ihrem Team zu verfolgen?
- Wer kann was mit wem am besten angehen und hin zu guten Resultaten führen? Was sind die Stärken jedes Einzelnen?
- In welchen Bereichen müssen Sie erst die Voraussetzungen dafür schaffen, dass Ihre Mitarbeiter effektiv und eigenständig arbeiten können?
- Wann ist Unterstützung nötig und wie können Sie dafür sorgen, dass Ihre Mitarbeiter an herausfordernden Aufgaben wachsen?
- Wie fördern Sie den Zusammenhalt im Team? Wie schaffen Sie es, dass aufkommende Konflikte bewältigt werden? Und trotz gelegentlichem Dissens herausragende, produktive Leistung entsteht?

Bündeln Sie die unterschiedlichen Mentalitäten, Fähigkeiten und Stärken Ihrer Mitarbeiter, so dass Synergien entstehen. Wenn Sie sich selbst in einzelne Fachthemen „hineinbohren", verlieren Sie schnell den Blick für das Übergeordnete, der in Ihrer Steuerungsrolle nötig ist. Führungskräfte müssen führen! Und eben nicht als brillante Sachbearbeiter überzeugen. Es geschieht schnell, dass Sie unbedacht in diese Rolle hineinrutschen. Vielleicht sogar, ohne es zu merken. Betrachten Sie folgende typische Konstellationen:

Sich selbst in der neuen Führungsrolle überprüfen

BEISPIELE:
- Die Geschäftsleitung will ganz schnell noch ein Konzept haben. Die Zeit ist anscheinend zu knapp, um im Team noch Abstimmungen zu treffen. Wäre es da nicht am besten, wenn Sie gleich selbst aktiv werden? Das macht bestimmt einen guten Eindruck bei der Geschäftsleitung ... Oder?
- Einzelne Ihrer Spezialisten sind verhindert oder anderweitig eingebunden. Es fehlen im Moment freie Kapazitäten im Team. Wohin sollen Sie da noch delegieren? Es gibt doch gar niemanden bei Ihnen, der das jetzt machen könnte! Müssen Sie da nicht wohl oder übel in den sauren Apfel beißen und selbst ran?
- Ihr Vorgesetzter ist von Anfang an der Auffassung, dass Sie am besten selbst eine bestimmte Problematik bearbeiten sollten. Das war doch bisher gerade Ihr Spezialgebiet! Wollen Sie sich nun darum drücken?
- Ein Mitarbeiter hat einen Fehler gemacht. Nun möchten Sie gerne vermeiden, dass das nochmals passiert. Hätten Sie es nur lieber gleich selbst gemacht, dann wäre das bestimmt nicht passiert!
- Ihre Mitarbeiter sagen Ihnen ständig, dass sie schon zuviel Arbeit auf dem Tisch haben. Es wäre besser, Sie würden es selbst übernehmen, um Ihre Mitarbeiter zu entlasten. Bedeutet Unterstützung in diesem Falle nicht, dass Sie helfen, den Stapel auf dem Schreibtisch Ihrer Mitarbeiter etwas zu verringern?

Und schon sind Sie in einer „Versuchungssituation": Ist es jetzt nicht doch richtig, dass Sie als Führungskraft alle Fünfe gerade sein lassen? Und pragmatisch anpacken, falls Not am Mann ist? Ich werde diese Frage nicht pauschal beantworten, da jede Situation im Einzelfall zu betrachten ist. In der Praxis wird es wohl so sein, dass Sie von Zeit zu Zeit in einem gewissen Maße selbst Hand anlegen müssen, um die „Kuh vom Eis zu holen". Aber Vorsicht: Schneller als Sie denken blockieren Sie sich mit unterschiedlichen Sach- und Fachaufgaben, so dass Sie gar nicht mehr führen können. Es kommt in Phasen hohen Drucks im Tagesgeschäft meist zu gravierenden Engpass-Situationen, wenn Sie meinen, als Leiter vor allem „aushelfen" zu müssen. Sie sind dann plötzlich die „Feuerwehr", die nur noch reagiert, wenn es brennt. Und kaum haben Sie eine Brandstelle gelöscht, lodern drei neue auf.

5. KAPITEL Sich selbst in der neuen Führungsrolle überprüfen

Setzen Sie dort an, wo es wichtig und dringlich ist, damit Sie als Führungskraft das Schiff – Ihr Team – in die richtige Richtung steuern. Das kann bedeuten, dass Sie gelegentlich in den Maschinenraum gehen, und dort eine Schraube festziehen, weil der Maschinentechniker gerade nicht an Bord ist ... Aber wenn Sie das zu Ihrem generellen Führungsprinzip machen, manövrieren Sie sich ins Abseits und setzen Ihr Schiff irgendwann in den Sand! Überprüfen Sie sich deshalb konsequent aus der Führungsrolle heraus und bestimmen Sie fortlaufend Ihren Standort: Und zwar, einerseits um nicht vom Kurs abzukommen und andererseits, um sich ständig auf die Führungsaufgabe zu konzentrieren und dabei weiter zu wachsen: Zur reifen Führungspersönlichkeit zu werden setzt diesen ständigen Check-up voraus. Falls Sie diesen Schritt auslassen, werden Sie nicht genügend an Profil gewinnen, um langfristig als Top-Führungskraft zu bestehen.

5.1 Ziehen Sie regelmäßig eine Erfolgsbilanz

Wenn Sie Ihre Performance als Führungskraft selbst bewerten wollen, ist es vernünftig, von Zeit zu Zeit innezuhalten, um für sich selbst zu klären: Was geht gut voran, und inwiefern könnte ich das eine oder andere noch besser machen?

Orientieren Sie sich an folgenden Leitprinzipien, die im Führungsjob wichtig sind:

- Wie steht es um den Stand der Zielverfolgung und Zielerreichung, der für Sie und Ihr gesamtes Team maßgebend ist? Legen Sie diejenigen Bewertungskriterien zugrunde, die sich aus den Absprachen mit Ihrem Vorgesetzten und den getroffenen Zielvereinbarungen ergeben. Sie werden vor allem danach beurteilt, wie gut Sie festgelegte Business-Ziele erreichen.
- Wie ist es um die einzelnen Mitarbeiter, deren Leistung und die Atmosphäre in Ihrem Team bestellt? Es kommt in hohem Maße darauf an, dass Sie eine aktive Teamentwicklung betreiben und darauf achten, dass die Chemie in der Gruppe stimmt. Wenn Sie zu viele Spannungen, Reibereien und Konflikte zu bearbeiten haben, besteht die

5.1 Ziehen Sie regelmäßig eine Erfolgsbilanz

Gefahr, dass sowohl die Teamproduktivität als auch der Teamgeist darunter leiden. Widmen Sie dem Teambuilding einen hohen Stellenwert, damit Sie nicht nur leistungsfähige Individualisten fördern. Sondern bauen Sie eine produktive Gemeinschaft mit einer gemeinsamen Vision auf, in der interdisziplinäres und kollegiales Arbeiten Vorrang vor Einzelinteressen genießt.

- Wie ist es um Ihre Akzeptanz als Führungskraft bestellt? Es ist wichtig, dass Ihre Mitarbeiter Sie in der Führungsrolle ernst nehmen und nicht gegen Sie arbeiten, oder womöglich Ihre Leitungsverantwortung untergraben. Führen Sie von Zeit zu Zeit vertrauliche Einzelgespräche, um sich Feedback zu holen, wie Sie als Führungskraft erlebt werden. Auch Team-Meetings können geeignet sein, um darüber zu reden, wie es um die Zusammenarbeit im Team und die Wahrnehmung Ihres Führungsstils bestellt ist. Vielleicht ist eine strukturierte Mitarbeiter-, Kollegen- und Kundenbefragung hilfreich, bei der Sie sich in systematischer Form Rückmeldung über Ihren Führungsstil geben lassen („360-Grad-Feedback").

- Wie geht es Ihnen selbst? Gemeint sind damit Ihr Wohlbefinden, Ihre psychisch-physische Stabilität und Ihre vorbeugende Stressbewältigung. Vermeiden Sie, dass bei Ihnen „Land unter" ist und Sie nicht mehr dazu kommen, für persönlichen Ausgleich (Freizeit, Familie, Hobbys, Bewegung) zu sorgen. Kritisch sind extreme Formen der Überbeanspruchung und womöglich Selbstausbeutung, die leicht in der Startphase als Führungskraft entstehen können. Achten Sie bewusst darauf, eigene Grenzen nicht zu überschreiten.

Ihre eigene Standortbestimmung muss nicht zwingend anhand von Checklisten, Testverfahren oder schriftlichen Aufzeichnungen erfolgen. Zweckmäßig ist es, wenn Sie sich gelegentlich eine Auszeit von einigen Tagen nehmen und an einem Ort der Ruhe – nach Ihrer eigenen Wahl – zurückgezogen in sich gehen. Dafür eignen sich klassische Urlaube nur bedingt. Besser ist es, Sie planen eine „persönliche Bilanzierungs-Strategie", die zu Ihnen passt, um von Zeit zu Zeit mehr Klarheit über Ihre Befindlichkeit und Ihren Standort zu gewinnen. Sei es, dass Sie eine längere Wanderung machen, sich für ein paar Tage in ein Kloster zurückziehen oder eine ausgiebige Kanufahrt durchführen (nur als Beispiele gedacht!). Finden Sie Ihren eigenen Weg. Etwas Abstand von der Firma kann helfen, damit

5. KAPITEL — Sich selbst in der neuen Führungsrolle überprüfen

Sie den Blick auf das Wesentliche lenken und nicht durch ständige Gedanken an das Tagesgeschäft blockiert sind. Versuchen Sie durch Eigenreflexion zu erkennen, wie effektiv Sie in der Leitungsfunktion arbeiten. Es ist wichtig für Sie, zu prüfen, ob der neue Führungsjob Ihnen liegt, und ob Ihr Ziel- und Selbstmanagement ausgewogen ist.

Nehmen Sie am besten ergänzend eine Standortbestimmung mit Ihrem Team gemeinsam vor, indem Sie ein bis zwei Tage zusammen an einem neutralen Ort verbringen. Bearbeiten Sie dort als Schwerpunktthema zum Beispiel: „Unser Team – wo stehen wir und wo wollen wir hin?" Erfragen Sie, wie Sie als Führungskraft gesehen werden, welche Erwartungen an Sie bestehen und was Sie beitragen können, um die Teamentwicklung und die Erfüllung des Teamauftrages weiter voranzubringen. Beziehen Sie bei Bedarf einen neutralen Moderator ein, damit die Teamreflexion in strukturierter Form erfolgt und Sie sich etwas zurücklehnen können. Denkbar ist auch die Variante, Ihren Vorgesetzten etwa für einen halben Tag mit an Bord zu holen, um übergeordnete Ziele und strategische Anforderungen aus erster Hand sichtbar zu machen. Überlegen Sie, welcher Weg für Sie und Ihr Team der Richtige ist.

Wie häufig sollten Sie solche Check-ups vorsehen? Hierzu gibt es keine verbindliche Antwort. Erspüren Sie für sich selbst, was Sinn macht. Bedenken Sie, dass sich Ihre berufliche Rolle deutlich verändert, wenn Sie Führungskraft geworden sind. Sie werden nach völlig anderen Maßstäben beurteilt. Und brauchen ein gutes Standing und innere Gelassenheit, damit Sie den harten Anforderungen in der Führungspraxis gewachsen sind. Setzen Sie eine Auszeit lieber zu früh als zu spät an! Dies dient auch den Interessen Ihrer Firma. Tun Sie alles, was Ihnen helfen kann, zur in sich ruhenden Führungskraft zu werden. Schauen Sie bewusst „nach innen" und überprüfen Sie, wie Sie als Führungskraft wirken. Eine selbstkritische Eigenanalyse – unterstützt durch Lern-Impulse von kompetenten Dritten und gelegentliche Feedbacks von Ihrem eigenen Team – kann hierzu viel beitragen.

5.2 Sichtbare Ergebnisse! Was erreichen Sie – und was nicht?

Wenn Sie unsicher sind, wo Sie genau stehen, benötigen Sie möglichst aussagefähige Indikatoren, die Ihnen anzeigen, was erreicht wurde – und was nicht. Es ist allerdings nicht leicht, den Erfolg von guter Führung direkt zu messen. Viele andere Faktoren spielen ebenfalls eine Rolle, wenn die Leistung einer Führungskraft zu bewerten ist. Denken Sie zum Beispiel an Umfeldfaktoren am Markt oder bestimmte Kundenerwartungen, den Zustand Ihrer Organisation insgesamt, die Prozesse und Strukturen oder die Zusammensetzung Ihres Teams. Es gibt vielfältige Rahmenbedingungen, die einen Einfluss darauf haben, wie gut Ihnen Ihr Job gelingt, oder eben nicht so gut gelingt. Versuchen Sie immer wieder aufs Neue herauszufinden, woran Sie erkennen, dass Sie als Leiter mit Ihrem Team auf dem richtigen Kurs sind.

Selbst wenn einzelne Ziele für Sie als Führungskraft definiert und vereinbart sind, kann es sein, dass Sie nicht ohne weiteres erkennen können, wie gut die Umsetzung jeweils gelingt.

BEISPIEL: Ihre Führungsziele bestehen unter anderem darin, ein Team neu aufzubauen, ein Servicecenter mit guten Beratern zu besetzen oder Nachwuchskräfte zu fördern, die bei internationalen Projekten gut eingesetzt werden können. Vergleichen Sie solche Ziele etwa mit dem Versuch, eine bestimmte Anzahl neuer Kunden zu gewinnen, ein fachliches Gutachten zu erstellen, ein Projekt abzuschließen oder ein Mengen- und Qualitätsziel im Tagesgeschäft einzuhalten. Während die zuerst genannten Ziele eher qualitativ, mitarbeiterbezogen und ganzheitlich durch Ihre Führungsleistung geprägt sind, ist es für die fach- oder ergebnisbezogenen Ziele der zweiten Kategorie viel leichter, Messkriterien zu finden.

Führungserfolg, gerade gute Menschenführung, lässt sich leider – oder zum Glück – nicht ohne weiteres auf quantitative Erfolgsbewertungen reduzieren. Sie können nicht sagen, dass Sie eine gute

Führungskraft sind, weil Sie zum Beispiel ein Budget nicht überschreiten! Oder weil Sie dafür Sorge getragen haben, dass 20 % mehr Kunden gewonnen und fünf fachliche Expertisen in Ihrem Team erarbeitet wurden. Das würde einfach zu kurz greifen, und Führung auf das kumulative Erreichen von einzelnen Ergebnisgrößen reduzieren. Natürlich werden Sie daran gemessen, wie gut Sie bei den „harten" Zielen abschneiden – etwa bei den Nutzen-Kosten-Relationen, bei Prozess- und Durchlaufzeiten, bei der geleisteten Menge und Qualität im Tagesgeschäft, der Mitarbeiterauslastung oder den Deckungsbeiträgen und der Wirtschaftlichkeit insgesamt. Aber es ist nun einmal so, dass Führungsqualität mehr ist als nur die Addition des Erreichungsgrades von „ablesbaren" Zielgrößen. Es bleibt ein substanzieller „Rest", der Führungskompetenz auszeichnet und gerade nicht ohne weiteres über den controllingfähigen Output „gemessen" werden kann!

Woran liegt das? Führung hat viel zu tun mit Spirit, mit Teamgeist, mit Motivation und der Aktivierung von teils verborgenen Energien in Ihrem Team. Und eben vor allem mit zwischenmenschlichen Kompetenzen wie Information und Kommunikation, professionellem Mitarbeiterdialog, persönlicher Erreichbarkeit und Nähe, Unterstützung und Einfühlungsvermögen, Authentizität und Überzeugungskraft. Auch die Qualität Ihrer Entscheidungen, die jeweiligen Begründungen und das Eingehen auf individuelle Bedürfnisse und Erwartungen in Ihrem Team sind sehr wichtige Führungsfaktoren. Und gerade diese Aspekte Ihrer Führungsarbeit lassen sich nicht so ohne weiteres messen. Obwohl sie immens wichtig für souveräne Führung sind: Nur wer glaubhaft, engagiert, mit Profil und vertrauenstiftend sein Team leitet, wird als Führungskraft langfristig akzeptiert. Diese zwischenmenschlichen Führungsqualitäten schlagen sich allenfalls mittelbar in überprüfbaren Erfolgsgrößen nieder, wie Sie im Controlling erhoben werden können.

Wie kommen Sie nun besser an Messwerte gerade für Ihre „soft skills" heran, ohne sich in subjektive und diffuse Selbsteinschätzungen Ihrer Führungskompetenz zu verlieren?

5.2 Sichtbare Ergebnisse! Was erreichen Sie – und was nicht?

Wie Sie Anhaltspunkte finden, um die Merkmale und die Wirkung Ihres Führungsstils zu bewerten:

- Setzen Sie sich mit jedem Mitarbeiter in Ihrem Team wenigstens einmal im Quartal zusammen, um zu erörtern, wie die Zusammenarbeit läuft. Ich unterstelle dabei, dass Sie nicht ein großes Team mit mehr als zirka 20 Mitarbeitern leiten, bei dem Sie dies zeitlich nicht umsetzen können. Falls Ihre Führungsspanne noch breiter ist, müssen Sie andere Wege suchen – zum Beispiel das Führen von Gesprächen in Kleingruppen.
- Lassen Sie sich direktes Feedback geben, wie Sie erlebt werden. Scheuen Sie nicht davor zurück, Ihre Mitarbeiter zu fragen: Wie sehen Sie mich als Führungskraft? Offene Antworten hierzu können Sie aber nur erwarten, wenn das Vertrauensverhältnis zu Ihren Mitarbeitern wirklich gut ist. Daran müssen Sie von vornherein arbeiten, um ehrliche Auskünfte zu erhalten. Es nützt nichts, wenn Sie über den grünen Klee gelobt werden. Und in Wirklichkeit hinter vorgehaltener Hand an Ihrer Leitungskompetenz gezweifelt wird.
- Werten Sie geübte Kritik nicht gleich als persönlichen Angriff. Wenn Sie Hinweise erhalten, dass etwas nicht gut läuft, nehmen Sie sich Zeit zum Nachdenken. Sie werden nur besser, wenn Sie auch aus Fehlern lernen. Oder daraus, dass Sie die Erwartungen Ihrer Mitarbeiter noch besser zu erfüllen versuchen, ohne die Business-Performance aus dem Auge zu verlieren! Gehen Sie bei Kritik nicht gleich dazu über, sich zu rechtfertigen. Die Qualität des erhaltenen Feedbacks und gerade auch die Präzision geübter, konstruktiver Kritik sind für Sie ein guter Messwert für Ihre Führungsleistung!
- Nutzen Sie Feedbacks in regelmäßigen Teamsitzungen, die Sie durchführen. Fragen Sie von Zeit zu Zeit, wie es um den Teamgeist und Ihre Führung bestellt ist. Es bringt nichts, wenn Sie in wöchentlichen oder monatlichen Teamrunden nur über Fachthemen diskutieren, ohne gelegentlich auch die „Beziehungsebene", also das Miteinander, anzusprechen.
- Fragen Sie interne oder externe Kunden, wie die Leistungsqualität Ihres Teams und Ihr Führungsstil „von außen" gesehen werden. Stellen Sie solche Fragen am besten stichprobenartig in vertraulichen Einzelgesprächen. Bedenken Sie: Maßgebend ist, wie Sie von Ihren Kunden bewertet werden, nicht nur, wie Sie sich selbst einschätzen!

Sichtbare Anzeichen Ihrer überzeugenden Führungsarbeit sind nicht einfach Messgrößen, die in Controlling-Reports nachgelesen werden können. Sie müssen beides im Blick haben: die objektive Leistung in den Kenngrößen Ihrer betriebswirtschaftlichen Abteilung, aber gleichermaßen auch die häufig nur schwer fassbare Beziehungsqualität auf der zwischenmenschlichen Ebene. Beachten Sie dabei gerade die Zufriedenheit Ihrer Mitarbeiter. Lassen Sie es nicht soweit kommen, dass Mitarbeiter aus Frust innerlich kündigen oder dass die Konflikte im Team eskalieren, weil Sie sich nicht genügend darum kümmern. Betrachten Sie Ihre Führungsaufgabe vor allem als menschliche Herausforderung: Gemeinsam mit Ihrem Team einen inneren Zusammenhalt aufzubauen, der auch in schwierigen Umfeldsituationen hilft, anspruchsvolle Kundenziele zu erreichen. Dazu gehört, dass Ihre Mitarbeiter sich mit den gemeinsamen Zielen identifizieren und sich mit eigener Überzeugung für ansprechende Ergebnisse einsetzen. Teamarbeit und gemeinsame Zielverfolgung sind dafür eine Voraussetzung, nicht jedoch überzogener Konkurrenzkampf oder Eigenprofilierung.

5.3 Feedback von Vorgesetzten, Kunden, Mitarbeitern und Kollegen auswerten

Feedback ist eine Chance, hinzuzulernen. Nicht jede Rückmeldung gibt Ihnen unbedingt sofort Hinweise, was Sie besser machen können. Aber wenn Sie etwas genauer in sich hineinspüren, können Sie eine Reihe von neuen Erkenntnissen für sich gewinnen: Ich nehme an, dass Sie es schätzen, wenn Sie Anerkennung erhalten oder gelobt werden. Vielleicht fragen Sie sich gelegentlich, ob es ernst gemeint ist, wenn Sie positive Rückmeldungen erhalten. Manchmal wirkt Lob nicht so, wie es gewünscht ist: Nicht jeder freut sich, wenn ihm Honig um den Bart geschmiert wird. Im ungünstigen Fall kann es sogar ins Gegenteil umschlagen: „Traut man mir so wenig zu, dass ich auch dafür noch gelobt werden muss?" In den meisten Fällen geht es Ihnen doch wahrscheinlich so, dass Sie sich mehr Anerkennung für Ihre Leistung wünschen würden. Und es ist durchaus an-

5.3 Feedback von Vorgesetzten, Kunden, Mitarbeitern und Kollegen auswerten

gemessen, die von anderen deutlich ausgesprochene Würdigung der eigenen Leistung zu genießen.

Es kann sein, dass Ihnen etwa von Vorgesetzten nur bestätigt wird, dass Ihr Verhalten „so ok" war oder dass Sie als Führungskraft das gemacht haben, was erwartet wurde. Es wird nicht immer explizit Lob ausgesprochen, wenn man Ihnen gegenüber zum Ausdruck bringen will, dass Sie gute Arbeit geleistet haben. Gelegentlich sind auch fehlende Rückmeldungen ein Hinweis darauf, dass Sie etwas so erledigt haben, wie es gewünscht wurde. Manchmal hören Sie erst etwas, wenn die Dinge schiefgelaufen sind. Allerdings können Sie nicht den Umkehrschluss ziehen: Aus fehlenden Rückmeldungen automatisch abzuleiten, dass Ihr Verhalten grundsätzlich in Ordnung war. Dann machen Sie es sich auf die Dauer zu leicht!

Sie leben gerade als Führungskraft immer mit einer gewissen Unsicherheit, wie es zu bewerten ist, wenn Sie nichts hören, zum Beispiel von Vorgesetzten oder von Ihren Mitarbeitern. Deshalb ist es besser, Sie suchen den Dialog, fordern Feedback ein und stellen sich der Kritik. Und selbst wenn Ihr Verhalten in bestimmten Fällen negative Reaktionen auslöst, heißt dies noch lange nicht, dass Sie etwas grundsätzlich falsch gemacht haben. Manchmal ist Kritik auch nur ein Hinweis, dass Sie etwas noch besser machen könnten. Oder dass Sie bestimmte Details optimieren können. Oder die Kritik ist als Hinweis gemeint, dass Sie rechtzeitig die Initiative ergreifen und frühzeitig gegensteuern sollten, damit nicht später ernsthafte Probleme auftreten.

Analysieren Sie Rückmeldungen, die Sie als Führungskraft erhalten:

- Handelt es sich um Einzelmeinungen oder erhalten Sie bestimmte Rückmeldungen von unterschiedlichen Personen in ähnlicher Form?
- Beziehen sich die Rückmeldungen, ob Anerkennung oder Kritik, auf bestimmte Verhaltensweisen von Ihnen, oder beziehen diese sich auf Ihre Wirkung als Führungskraft insgesamt?
- Was sind die Gründe für positive und negative Rückmeldungen? In welchen Bereichen können Sie ansetzen, um kritisches

5. KAPITEL   Sich selbst in der neuen Führungsrolle überprüfen

> Feedback für sich konstruktiv aufzugreifen und durch eine Verhaltensänderung so umzuwandeln, damit Sie künftig mehr Zuspruch finden?

Nehmen Sie sich die Zeit, um eine eingehende Rückmeldung in Ruhe und mit einem gewissen Abstand zu durchdenken. Reagieren Sie nicht vorschnell, ohne den Kern der an Sie gerichteten Botschaften geprüft zu haben.

> **BEISPIEL:** Ihr Vorgesetzter ist der Meinung, dass Sie klarer mit Ihrem Team kommunizieren und übergeordnete Entscheidungen frühzeitiger Ihren Mitarbeitern erläutern sollten. Nun hilft es wenig, wenn Sie sofort widersprechen und gleich eine Reihe von Argumenten aufführen, warum Sie anderer Meinung sind – z. B. dass dies gar nicht möglich war oder weshalb Ihr Chef womöglich Unrecht hat. Besser und geschickter ist es, wenn Sie erst klären, worauf sich dieses Feedback genau bezieht. Bitten Sie zu Ihrem eigenen Verständnis um zusätzliche Erläuterungen. Lassen Sie sich Beispiele geben. Signalisieren Sie, dass Sie darüber nachdenken wollen. Oft macht es Sinn, wenn Sie später wohl durchdacht und reflektiert Stellung beziehen. Unter Umständen hat Ihr Vorgesetzter auch Recht, so dass Sie gar nicht weiter argumentieren sollten, sondern besser Ihr künftiges Verhalten ändern.

Das Gleiche gilt, wenn Sie Feedback von Kunden, Kollegen oder Mitarbeitern erhalten. Vermeiden Sie es, „wie aus der Pistole geschossen" gegenzuhalten. Bedanken Sie sich diplomatisch dafür, dass Sie überhaupt eine Rückmeldung erhalten! Feedback ist keineswegs selbstverständlich. Es drückt ein gewisses Vertrauen zu Ihnen aus, wenn man Sie darauf hinweist, was Sie noch verbessern können. Sie müssen auch nicht alles für bare Münze nehmen, was Sie an Rückmeldungen erhalten. Hören Sie sich an, was andere in Ihrem Verhalten wahrnehmen, selbst wenn es sich überhaupt nicht mit Ihrer eigenen Sicht deckt. Sofern Sie persönlich geäußerte, konstruktive und nachvollziehbare Kritik erhalten, sollten Sie ein offenes Ohr dafür haben: Es ist schon einiges wert, wenn andere sich überhaupt Ihnen gegenüber äußern und Kritik nicht hinter vorgehaltener Hand in Ihrer Abwesenheit zum Ausdruck bringen.

5.3 Feedback von Vorgesetzten, Kunden, Mitarbeitern und Kollegen auswerten

Als Führungskraft erhalten Sie unter Umständen nicht so viel Feedback wie als Fachkraft. Dies hängt damit zusammen, dass Ihr Handeln einerseits nicht unmittelbar nach einzelnen fachlichen Ergebnissen zu bewerten ist. Es zählt mehr die Teamleistung und das Gemeinsame, was Sie mit Ihren Mitarbeitern mittel- und langfristig erreichen. Andererseits werden Sie von Ihren Mitarbeitern selbst unter Umständen eher zurückhaltend bewertet: Es wird erwartet, dass Sie Ihren Führungsjob gut machen. Und falls es Unzufriedenheit gibt, wird diese meist nicht so ohne weiteres geäußert. Sie müssen stattdessen etwas nachforschen und sich in Mitarbeitergesprächen um ehrliche, offene Rückmeldungen bemühen. Dies setzt wiederum ein gutes Einvernehmen voraus, da sich ansonsten Ihre Mitarbeiter bedeckt halten. Es könnte sich womöglich zum Nachteil des Betreffenden auswirken, wenn unmittelbar Kritik an Ihnen geäußert wird. Schließlich sind Sie der Chef, der Einzelne beurteilt und über deren Vorankommen mit entscheidet. Auch Lob oder spontane Anerkennung können Sie eher von eigenen Vorgesetzten und nicht unbedingt von Ihren Mitarbeitern erwarten. Beachten Sie das hierarchische Verhältnis und die damit verbundenen Abhängigkeiten.

Konzentrieren Sie sich vorrangig auch auf das Feedback von Kunden und Vorgesetzten: Selbst wenn Sie mit Ihrem Team oder Kollegen ein gutes Verhältnis haben und alles reibungslos in der Zusammenarbeit läuft, müssen Sie vor allem darauf achten, für wen Sie Leistungen erbringen: Maßgeblich bewerten gerade Ihre Kunden, ob Sie Ihre Führungsaufgabe gut oder weniger gut machen. Klären Sie dazu im Vorfeld, wer Ihre internen oder externen Kunden sind. Denken Sie an Ihre hierarchische Einbindung, vor- oder nachgelagerte Prozessstufen, Projekte, in denen Sie mitwirken, oder auch an verbundene Vertriebs- und Servicepartner. Dabei kann die Situation auftreten, dass Sie aus Kundensicht einen guten Job machen, einzelne Vorgesetzte aber trotzdem nicht ganz zufrieden sind. Und umgekehrt. Daraus folgt: Halten Sie alle wesentlichen Feedbackgeber im Blick und versuchen Sie gemäß den unterschiedlichen Anforderungen ausgewogen zu führen, so dass Sie nicht unvorhergesehen einen Schuss vor den Bug bekommen! Als Führungskraft können Sie es sich nicht erlauben, Feedback zu missachten und bei einzelnen Kunden oder Vorgesetzten fortgesetzt Unmut zu erzeugen.

> **Achten Sie auf Warnhinweise:**
>
> - Es gibt auffällige Störungen in der Teamarbeit: Meilensteine oder Ziele werden verfehlt, Mitarbeiter fühlen sich überfordert oder werden krank, es gibt spontane Kündigungen. Konflikte und ausufernde Diskussionen überlagern das produktive Miteinander.
> - Kunden beschweren sich und reklamieren, dass die Menge, Qualität oder Geschwindigkeit der Leistungen Ihres Teams nicht den Erwartungen entsprechen.
> - Nachbarbereiche äußern sich kritisch über die Zusammenarbeit und die Einhaltung getroffener Abstimmungen mit Ihrem Bereich.
> - Kostenlimits werden überschritten und Ihr Budget kann nicht mehr eingehalten werden.
> - Sie erhalten Feedbacks von Vorgesetzten, dass die Erledigung von Aufgaben oder Meilensteinen nicht so ausfällt, wie es gewünscht ist.

Wenn sich solche Rückmeldungen einstellen, ist Sand im Getriebe. Vielleicht ist das Kind auch schon in den Brunnen gefallen, und Sie hätten als verantwortlicher Teamleiter schon früher reagieren müssen. Ich will Sie nicht verunsichern oder den Teufel an die Wand malen. Sie sind neu im Führungsjob und müssen erst an Überblick, Sicherheit und Profil gewinnen: Achten Sie jedoch frühzeitig auf Rückmeldungen, die Irritationen andeuten. Es ist natürlich viel angenehmer, wenn Sie vor allem positives und wohlwollendes Feedback erhalten. Aber Ihr Augenmerk sollte vor allem darauf gerichtet sein, dort anzusetzen, wo Kritik oder Unzufriedenheit aufkommt. Auch wenn Sie anscheinend gar keine Rückmeldungen erhalten, kann dies schon ein Gefahrensignal sein. Gehen Sie den Dingen auf den Grund. Suchen Sie nach Belegen dafür, dass Sie auf dem richtigen Weg sind. Achten Sie darauf, erst gar nicht in den Sog negativer Rückmeldungen zu geraten. Eine solche Situation kann sich leicht aufschaukeln. Steuern Sie frühzeitig gegen.

Selbst wenn Sie als Newcomer im Führungsjob noch einen gewissen Start-Bonus genießen: Gehen Sie aktiv auf die entscheidenden Bezugspersonen zu, um durch vertrauliche Gespräche zu erfahren, wo Sie stehen. Feedback stellt sich nicht unbedingt von alleine ein: Sie müssen auch beweisen, dass Sie ernsthaft daran interessiert sind.

5.4 Wie können Sie weiter an sich selbst arbeiten?

Wenn Sie eine Führungsaufgabe neu übernommen haben, besteht das vorrangige Ziel für Sie daran, sich gut einzuarbeiten und sich zugleich in der neuen Rolle zu bewähren. Dazu ist es zweckmäßig, dass Sie sich fortlaufend die neuen Anforderungen vergegenwärtigen und sich darauf konzentrieren, breite Akzeptanz zu finden. Rücken Sie deshalb vertrauensbildende Maßnahmen nach allen Seiten in den Mittelpunkt. Dies erreichen Sie einerseits durch aktiven Dialog, zum Beispiel mit Vorgesetzten und Mitarbeitern, zum anderen durch engagierte Zielverfolgung. Die neuen Ziele, an denen Sie zu arbeiten haben, ergeben sich nun allerdings nicht nur durch die fachlichen Aufgabenstellungen. Vielmehr sind Sie in der Führungsaufgabe gefordert, wirkungsvoll zu delegieren und Ihre Mitarbeiter dabei zu unterstützen, effektiv auf die Zielerreichung hinzuarbeiten.

An sich selbst arbeiten bedeutet in diesem Zusammenhang: sich gedanklich so umzustellen, dass Sie in vielen Fällen nicht mehr selbst die Probleme bearbeiten, sondern prüfen, wer was in Ihrem Team am besten angehen kann. Die größte Herausforderung für Sie besteht darin, die dazu nötige mentale Veränderung zu meistern: statt „was kann ich?" mehr den Blick zu lenken auf: „Was können meine Mitarbeiter?" Sie sind als Führungskraft gefordert – und eben nicht als Fachkraft! Ihnen wird diese innere Neuorientierung wahrscheinlich nicht ohne weiteres gelingen, wenn Sie bisher noch keine Führungserfahrung gesammelt haben. Allzu leicht verfallen Sie in die „alte Rolle", und müssen sich deshalb bremsen: Wenn Sie spüren, dass Sie doch wieder „die Dinge selbst machen wollen", hilft Ihnen nur eines: sich wieder zurücknehmen und Ihre Mitarbeiter einbin-

5. KAPITEL — Sich selbst in der neuen Führungsrolle überprüfen

den! Verfallen Sie nicht in den klassischen Führungsfehler, zu meinen, dass es in Engpass-Situationen das Beste wäre, wenn Sie ein bestimmtes Problem doch alleine lösen!

Suchen Sie den Gedankenaustausch mit Ihren Mitarbeitern und stellen Sie vor allem die Frage: „Was kann ich beitragen, damit sie als Mitarbeiter erfolgreich sind? Welche Unterstützung benötigen sie?" Vermeiden Sie Äußerungen wie: „Ich habe schon einmal angefangen, mich mit dem speziellen Thema X zu beschäftigen, jetzt könnte ich noch etwas Hilfe benötigen ..." Nehmen Sie sich fachlich und inhaltlich zurück! Sehen Sie sich mehr in der Rolle desjenigen, der die Voraussetzungen und Randbedingungen dafür schafft, dass Ihre Mitarbeiter eigenständig, gewissenhaft und zielstrebig an den gestellten Aufgaben arbeiten. Praxislernen bedeutet für Sie als Führungskraft, Erfahrungen damit zu sammeln, dass nicht mehr Sie alleine die Dinge aus der fachlichen Perspektive anpacken. Betrachten Sie es als Ihre neue Herausforderung, die jeweils besten und kompetentesten Mitarbeiter zu finden, um das gestellte Problem systematisch und ohne Ihre direkte, inhaltliche Mitwirkung an der Fachaufgabe zu lösen.

Natürlich gibt es Ausnahmen! Es wird häufig auch ein gewisser Anteil an fachlicher Durchdringung durch Sie selbst gefordert sein. Aber ich warne Sie eindrücklich davor, zu versuchen, selbst dort weiterzumachen, wo Sie vor Ihrer Beförderung stehengeblieben sind: Wenn es Ihnen nicht gelingt, den Wechsel vom Spezialisten zur Führungskraft mit Gesamtüberblick und Delegationsvermögen zu vollziehen, werden Sie scheitern! Sie können noch so viele Seminare und Weiterbildungen zum Thema Führung besuchen: Gemessen werden Sie nicht danach, was Sie theoretisch zum Thema Führung „auf der Pfanne haben", sondern vor allem daran, wie Sie die ganz alltäglichen Führungsanforderungen im Tagesgeschäft bewältigen. Und hierbei stoßen Seminare und Weiterbildungen an Grenzen: Zwar können Sie neue Anregungen und Empfehlungen erhalten. Aber Führung an sich lernen Sie am besten in der Praxis, durch konkretes tagtägliches Tun in Ihrem Verantwortungsbereich.

Ich warne Sie zugleich davor, alles nur „aus dem Bauch heraus" bewältigen zu wollen. Meine Hinweise sind keineswegs so zu interpretieren, dass Sie die eigene Weiterbildung jetzt aufgeben sollten. Ganz im Gegenteil: Es ist sinnvoll, wenn Sie beispielsweise von Zeit zu Zeit ein Führungstraining oder ein Kommunikationsseminar mit Feedback-Chancen zur Eigenentwicklung besuchen. Überschätzen Sie jedoch nicht die Wirkung solcher Seminare: Es können Ihnen von Trainern und Dozenten nur Impulse zum Selbstlernen vermittelt werden. Die Führungsaufgabe müssen Sie letztlich alleine bewältigen. Dies ist nicht zu vergleichen mit einem Fachtraining, bei dem Sie nachher meist klar wissen, wo Sie stehen, und ob Sie das geforderte fachliche Know-how beherrschen und anwenden können.

Führen ist vorrangig eine zwischenmenschliche Steuerungsaufgabe. Und es kann der Fall auftreten, dass Sie das Fingerspitzengefühl oder den nötigen Kommunikationsstil für einen wirkungsvollen Dialog mit Ihren Mitarbeitern in einem bestimmten betrieblichen Umfeld nicht auf Anhieb finden. Es lohnt sich für Sie, daran vorrangig zu arbeiten: Persönlichkeitsentwicklung in der Führungsrolle hat viel damit zu tun, dass Sie in sich gefestigt auftreten und Ihre eigenen Stärken und Schwächen kennen. Und den richtigen Ton finden, um jeden Ihrer Mitarbeiter für ein engagiertes Mitwirken an der gemeinsamen Zielverfolgung zu gewinnen.

Setzen Sie sich mit Ihrer Eigenwirkung auf andere genauer auseinander:

- Wie sehe ich mich selbst in der Führungsrolle? (Eigenwahrnehmung)
- Wie nehmen mich andere wahr, vor allem Vorgesetzte, Mitarbeiter, Kunden und Kollegen? (Fremdwahrnehmung)
- Gibt es einen blinden Fleck bei mir? Was weiß ich noch nicht über mich selbst und inwiefern können andere mir hierzu neue Hinweise geben? (Eigenanalyse und Bewusstwerden über verborgene Potenziale und Optimierungsbereiche)
- Wie erreiche ich es, mich noch wirkungsvoller zu verhalten, um meine Ziele fair, bestimmt und mit Einfühlungsvermögen zu verfolgen? (Persönliches Wachstum in der Führungsrolle, Steigerung von Authentizität, Glaubhaftigkeit und Souveränität in der Führungsrolle)

5. KAPITEL — Sich selbst in der neuen Führungsrolle überprüfen

Konzentrieren Sie sich in Ihrer Eigenentwicklung auf eine gezielte Selbstexploration. Erkunden Sie näher Ihre Persönlichkeit, Ihre Stärken und Ihre Entwicklungsmöglichkeiten! Damit ist gemeint, dass Sie in sich hineinschauen, Ihr Verhalten reflektieren und nach Ansatzpunkten suchen, um in Ihrer Führungsrolle noch professioneller zu agieren. Selbstexploration hat viel mit Selbstreflexion zu tun: über sich und die Folgen des eigenen Handelns nachdenken, mehr Klarheit über die eigenen Motive gewinnen und klären: „Was ist mir wichtig?". Woran erkennen Sie, dass das, was Sie als Führungskraft tun, zweckmäßig ist und von anderen als hilfreich, konstruktiv und förderlich erlebt wird? Nutzen Sie Chancen zur weiteren Entfaltung Ihrer mentalen und kommunikativen Ressourcen. Arbeiten Sie daran, eigene Potenziale zu erkennen und zur Wirkung zu bringen. Kontinuierliche Eigenentwicklung und Selbsterkundung ist eine permanente Anforderung der Persönlichkeitsbildung, die Sie gerade als Führungskraft ernst nehmen sollten.

Machen Sie die Erforschung Ihrer Sozial- und Persönlichkeitskompetenz zu Ihrer Stärke, damit Sie als Führungskraft weiter an Profil gewinnen. Nutzen Sie dazu vor allem Rückmeldungen Ihrer Mitarbeiter, passgenaue Weiterbildung und vereinzelt auch Seminare zur Persönlichkeitsentwicklung. Überfordern Sie sich aber nicht, indem Sie zu viel von sich verlangen. Gehen Sie die neuen Anforderungen in Ruhe an. Sie müssen nichts überstürzen! Gerade die konsequente Persönlichkeitsentwicklung als Führungskraft ist ein Prozess von Monaten und Jahren, nicht von einigen Wochen. Vermeiden Sie eine hektische Betriebsamkeit in Sachen Eigenentwicklung. Denken Sie langfristig. Und kümmern Sie sich gleichzeitig darum, die fachliche und persönliche Entwicklung Ihrer Mitarbeiter voranzubringen. Wachsen Sie in Ihrer Leitungsverantwortung und gewinnen Sie nach und nach an innerer Reife.

5.5 Welche Ressourcen können Sie nutzen, wenn Sie selbst Rat und Unterstützung brauchen?

Die Übernahme der Leitungsaufgabe führt Sie über kurz oder lang in Situationen, in denen Sie sich fragen: Mache ich es überhaupt richtig? Ein gewisses Maß an Unsicherheit ist gerade in der Startphase völlig normal. Sie können versuchen, sich irgendwie durchzukämpfen und darauf hoffen, dass Sie erfolgreich sind – was mit hohen Risiken verbunden ist. Besser ist es, wenn Sie kompetente Hilfe suchen und die Erfahrung von Praktikern mit umfangreichem Führungs-Know-how nutzen. Bestimmt wollen Sie sich auch keine Blöße geben. Stellen Sie sich vor, Sie gehen zu Ihrem Vorgesetzten und legen ihm dar, dass Sie nicht genau wissen, was Sie machen sollen – etwa in einer nicht ganz leichten Entscheidungssituation oder bei einem Teamkonflikt. Womöglich denken Sie, dass dies bei ihm den Eindruck von Führungsschwäche weckt. Aber ein guter Vorgesetzter wird wohl eher so reagieren, dass er Ihnen einen Rat gibt und sich vielleicht sogar darüber freut, wenn Sie ihn einbeziehen, bevor Sie einen Fehler machen.

Insofern meine ich, dass es besser ist, wenn Sie aktiv Unterstützung suchen, als dass Sie so tun, als hätten Sie scheinbar alles im Griff. Neben Ihrem Vorgesetzten können Sie auch andere erfahrene Vertrauenspersonen innerhalb oder außerhalb des Unternehmens ansprechen. Ich unterstelle, dass Sie im Einzelfall prüfen, wie Sie sich am besten Unterstützung holen können. Wichtig ist mir der Appell an Sie, dass Sie es tatsächlich bei Bedarf tun! Eine große Gefahr besteht darin, dass Sie aufgrund fehlender eigener Erfahrung Führungsentscheidungen unbedacht treffen, die sich später als unglücklich herausstellen und nicht ohne weiteres zu korrigieren sind. Betrachten Sie zum Beispiel die folgenden Situationen:

5. KAPITEL   Sich selbst in der neuen Führungsrolle überprüfen

BEISPIELE:
- Ein Mitarbeiter zeigt nicht die volle Leistung und wirkt demotiviert. Sie wissen nicht genau, woran es liegt, und wollen verhindern, dass er innerlich kündigt.
- In Ihrem Team gibt es Koalitionsbildungen und Konflikte, die das produktive Miteinander gefährden. Die Arbeitseffizienz leidet schon darunter.
- Bestimmte Zielvorstellungen und Arbeitsaufträge von Ihnen werden im Team kritisch bewertet. Es deutet sich an, dass Sie gegen den Widerstand einzelner Mitarbeiter bestimmte Positionen durchsetzen müssen. Sie haben noch nicht den richtigen Weg gefunden, um alle an Bord zu holen.
- Es gibt Beschwerden von Kundenseite und Sie befürchten, dass sich die Unzufriedenheit aufschaukeln könnte. Ihnen ist nicht ganz klar, was Sie tun können, um die Reklamationen dauerhaft abzustellen.

Diese Beispiele weisen eine Gemeinsamkeit auf: Es ist etwas „im Busch"! Sie müssen handeln; jetzt ist Führung besonders gefordert. Packen Sie die Probleme an der Wurzel und sorgen Sie für Abhilfe, bevor alles noch größere Kreise zieht. Sie können nicht einfach abwarten. Vielleicht wissen Sie spontan noch nicht, wie Sie geschickt vorgehen können. Insofern kann Ihnen der Rat von erfahrenen Führungspraktikern nicht schaden!

Hinweise zum Umgang mit Ihrem eigenen Chef:

- Sprechen Sie am besten zunächst Ihren Vorgesetzten an, wenn Sie das Gefühl haben, dass er der richtige Ansprechpartner ist. Suchen Sie vor allem den persönlichen Kontakt zu ihm.
- Vereinbaren Sie einen Gesprächstermin zu einem passenden Zeitpunkt, in dem die Chance besteht, das Problem in Ruhe anzusprechen.
- Sie können auch bei der Erörterung von bereits anstehenden Besprechungsthemen darauf hinweisen, dass Sie gerne seinen Rat einholen möchten – und dann um einen gesonderten Termin bitten. Dies liegt nahe, wenn Zeitdruck herrscht oder Ihr Vorgesetzter signalisiert, dass er sich selbst erst ein eigenes Bild machen möchte.

5.5 Welche Ressourcen können Sie nutzen

- Vermeiden Sie es, Ihren Vorgesetzten gleich um Lösungen zu bitten oder ihn womöglich dahingehend anzusprechen, dass er die Dinge selbst in die Hand nimmt. Beachten Sie, dass Sie die Führungsverantwortung tragen. Es wäre ungünstig, den eigenen Chef um die Problembearbeitung zu bitten. Gerade gegenüber Ihrem Team sollte Führung durch Sie und nicht durch Dritte ausgeübt werden! Von Ihrem Chef könnte Ihr Vorgehen sogar als ungeschickte Rückdelegation eines Arbeitsauftrags an Sie interpretiert werden.
- Schildern Sie mögliche Handlungsalternativen, die Sie selbst für vernünftig halten. Verdeutlichen Sie die „pros und cons". Achten Sie darauf, dass Sie selbst das Heft in der Hand behalten. Erläutern Sie ihm, welche Handlungs-Optionen Ihres Erachtens sinnvoll sind und welche Risiken nach Ihrer eigenen Einschätzung bestehen. Stellen Sie nicht die Frage: „… und wie würden Sie entscheiden?", sondern fragen Sie besser: „Worauf sollte ich bei der Entscheidungsfindung achten?". Es kann gut sein, dass Sie anders handeln (müssen), als Ihr Chef dies aus seinem Blickwinkel tun würde. Manövrieren Sie sich nicht in eine Sackgasse, indem Sie ihn um eine Entscheidung bitten, was zu tun ist, und dann aber doch anders handeln. Sehen Sie Ihren Chef eher als Consultant, und sprechen Sie ihn auch in dieser Rolle an. Es ist Ihre Führungsverantwortung, für Ihr Zuständigkeitsgebiet selbst zu entscheiden.
- Nehmen Sie sich Bedenkzeit. Handeln Sie nicht sofort, es sei denn, es bestehen äußere Zwänge und unmittelbarer Termindruck. Schlafen Sie einige Tage über mögliche Konsequenzen Ihrer Entscheidung. Bitten Sie Ihr Team oder weitere Beteiligte um Verständnis dafür, dass Sie eine fundierte Entscheidung in Ruhe treffen wollen.

Hören Sie bei komplexen und folgenreichen Entscheidungen auch mehrere Meinungen Verschaffen Sie sich eine gewisse Bandbreite an Einschätzungen. Fragen Sie bei anspruchsvollen Fachfragen Ihr Team und vor allem die jeweils kompetenten Mitarbeiter, was an Vorschlägen zum weiteren Vorgehen eingebracht wird. Bitten Sie darum, wesentliche Fakten und Hintergrundinformationen im Überblick zusammenzustellen. Hören Sie bei Bedarf externe Spezialisten und binden Sie vor der Entscheidung unmittelbar Betroffene frühzeitig ein.

Wenn Sie sich als Führungskraft Rat holen, bedeutet dies nicht, dass Sie etwas unbedingt dann so machen müssen, wie es die Betreffenden Ihnen empfehlen. Bilden Sie sich Ihre eigene Meinung und handeln Sie danach. Finden Sie Ihre eigene Linie und riskieren Sie, dass Sie vielleicht sogar falsch entscheiden, wenn Sie von Ihrem Weg überzeugt sind. Wichtig ist, dass Ihnen Ihre innere Stimme signalisiert: So ist es am besten! Und nicht, dass Sie sich zum Spielball von Dritten machen oder Ihr Fähnchen ständig nach dem Wind drehen.

Rat zu suchen ist etwas sehr Sinnvolles in der Führungsaufgabe, gerade wenn Sie am Anfang stehen. Überfordern Sie sich nicht dadurch, dass Sie alles selbst machen wollen! Es kann niemand von Ihnen erwarten, dass Sie gleich am Anfang schon mit hoher Treffsicherheit komplexe Entscheidungen herbeiführen. Sie werden davon profitieren, wenn Sie Ihre Handlungsmöglichkeiten mit vertrauten Dritten reflektieren und sich dadurch ein erweitertes Problemverständnis erarbeiten. Achten Sie darauf, dass Sie denkbare Handlungsoptionen gegenüber den Beteiligten nicht unbedacht in den Raum stellen. Und später wieder womöglich alles in Frage stellen! Sie gelten schnell als wankelmütig und verlieren an Glaubwürdigkeit.

Treffen Sie Ihre Entscheidungen verbindlich, begründen Sie diese und setzen Sie sich dann für die konsequente Umsetzung ein. Wenn Sie später feststellen, dass Sie nicht optimal entschieden haben, können Sie über eine Korrektur nachdenken. Vermeiden Sie einen Zickzack-Kurs, bei dem Sie in Ihrem Team den Eindruck erwecken, dass Sie selbst nicht genau wissen, was Sie wollen. Ihr Bemühen, bei Bedarf Rat von Dritten einzuholen, dient gerade dazu, mehr Entscheidungssicherheit und Standfestigkeit zu gewinnen. Arbeiten Sie daran, stets einen kleinen Kreis bzw. ein Netzwerk von potenziellen Ratgebern für sich aufzubauen, mit denen Sie Rücksprache halten können, wenn es erforderlich ist. Gewöhnen Sie es sich an, in der Führungsrolle nicht einfach alleine und vorschnell zu entscheiden. Stellen Sie die Weichen durch die Einbeziehung von kompetenten Dialogpartnern zielsicher und verantwortungsbewusst. Meist rächen sich einsame, überhastete oder unreflektierte Entscheidungen!

5.6 Flexibel, aber konsequent bleiben

Unabhängig davon, wo Sie derzeit stehen – ob in der Vorbereitung auf eine anstehende Führungsaufgabe oder bereits in der Phase der ersten Bewährung: Sie müssen damit rechnen, dass es anders kommt als Sie vermutet haben! Dies mag fast trivial klingen. In der Führungspraxis ist es jedoch häufig so, dass Sie mit ganz anderen Anforderungen zu tun haben als Sie sich das im Vorfeld gedacht haben. Vergleichen Sie es mit dem Steuern eines Segelbootes: Im Vorhinein können Sie noch so viele Kurse und Prüfungen absolviert haben. Ernst wird es erst, wenn Sie die Verantwortung „auf hoher See" tragen, über Kurs und Mannschaft situationsgerecht zu entscheiden

Nun sind Sie nicht als Bootsführer gefordert, sondern als Teamleiter in einer Firma. Aber auch dort müssen Sie mit Turbulenzen rechnen, die Sie leicht vom Kurs abbringen können. So manche junge Führungskraft hat sich viel vorgenommen, als sie eine Führungsaufgabe angetreten hat. Und war später überrascht, was auf sie tatsächlich zukam.

BEISPIELE für gute Vorsätze:
- Es besser machen als der eigene Chef.
- Viel Zeit für Mitarbeitergespräche reservieren.
- Alles im Team ausdiskutieren und immer Konsens herstellen.
- Niemanden übergehen und stets die Wünsche und Erwartungen der Mitarbeiter berücksichtigen.
- Sich um Kundenwünsche bestmöglich kümmern und stets eine hohe Kundenzufriedenheit herbeiführen.
- Auch in hektischen Phasen des Tagesgeschäftes ruhig bleiben und sich auf das Wesentliche konzentrieren.
- Den eigenen Vorgesetzten immer zufriedenstellen und übergeordnete Ziele konsequent verfolgen.

5. KAPITEL Sich selbst in der neuen Führungsrolle überprüfen

Solche „guten Vorsätze" werden im rauen Führungsalltag schnell relativiert. So manche Führungskraft weiß zu berichten, dass viele Vorsätze ziemlich über Bord geworfen wurden. Warum eigentlich? Praktiker führen als Gründe auf: Extremer Termin- und Zeitdruck, Personal- und Budgetengpässe, Hierarchie- und Machtspiele, Konkurrenzdenken und Selbstdarstellung, Reibereien im Team, innere Kündigung einzelner Mitarbeiter, fehlende eigene Gestaltungs- und Entscheidungsspielräume, ein übervoller Schreibtisch, Bürokratie und formale Regelwerke im Führungsalltag – vom Tarifrecht über das Betriebsverfassungsgesetz bis hin zu arbeitsrechtlichen Restriktionen.

Dies mag nachvollziehbar sein und verständlich machen, warum so mancher durchaus hoch motivierte Vorgesetzte im Laufe der Zeit vom Kurs abgekommen ist. Aber: Hüten Sie sich vor Ausreden und Ausflüchten. Wenn Sie als Führungskraft bestehen wollen, sollten Sie sich im Vorhinein darüber bewusst werden, was auf Sie zukommt. Als harmonieorientierter, konfliktscheuer „Softie" werden Sie kaum bestehen können. Eine gewisse Standfestigkeit, Härte und Belastbarkeit sowie Wille und Talent zum Führen müssen bei Ihnen vorhanden sein. Lassen Sie sich durch Widrigkeiten in der Führungsrealität nicht gleich entmutigen – vor allem, wenn Sie die überzeugte Auffassung vertreten, dass Sie der Richtige für den Führungsjob sind!

Stellen Sie sich mental darauf ein, dass Sie das Idealbild einer stets optimalen Menschenführung in einer einträchtigen Firmenwelt nicht aufrechterhalten können. Aber geben Sie Ihre Werte und Orientierungen nicht einfach auf, wenn Sie feststellen, dass es in der Praxis Widerstände gibt. Nutzen Sie stattdessen Möglichkeiten zur Standortbestimmung und Selbstreflexion. Klären Sie für sich, was Ihnen wirklich wichtig ist. Und riskieren Sie es, gelegentlich bestimmte Usancen in Ihrem Unternehmen in Frage zu stellen: Sie müssen nicht alles mitmachen. Sofern Sie sich im Rahmen Ihres legitimen Führungsauftrages bewegen, steht es Ihnen zu, auch einmal Nein zu sagen.

Das werden Ihre Vorgesetzten vielleicht nicht auf Anhieb verstehen. Zeigen Sie Bestimmtheit und Entschlusskraft, wenn es darum geht,

5.6 Flexibel, aber konsequent bleiben

Ihre Vision guter Führung in der Praxis umzusetzen: Sie sind nicht ein x-beliebiges Rädchen in einer Maschinerie, sondern eine Führungspersönlichkeit, die sich das Recht herausnehmen darf, einen verantwortungsvollen, eigenen Weg einzuschlagen. Zeigen Sie Profil, beweisen Sie Individualität. Und ergreifen Sie die Initiative, wenn es darum geht, hemmende Traditionen in Frage zu stellen und alte Zöpfe abzuschneiden. Sie sind nicht dafür da, um Dienstvorschriften routinemäßig abzuarbeiten, sondern dafür, Ihren Führungsauftrag für Ihr Team und Ihre Kunden professionell zu erledigen.

Setzen Sie Ihre Prioritäten intelligent gemäß wertegeprägten Leitvorstellungen und bemühen Sie sich um Akzeptanz in Ihrem Team. Wenn Sie das nicht spontan schaffen, argumentieren Sie bitte nicht so: Es ging nicht, weil mich x und y und z in dieser Firma daran gehindert haben. Sie tragen die Verantwortung dafür, vor Ihrem eigenen Gewissen Farbe zu bekennen. Und wenn Sie gleich zu Beginn Ihres Führungsauftrags das Gefühl haben, dass Sie Ihren Kurs nicht halten können, müssen Sie sich erst einmal an die eigene Nase fassen: Sie sind Ihr eigener Chairman! Nicht die Firma zwingt Sie dazu, so zu sein, wie Sie es eigentlich gar nicht sein wollen. Vermeiden Sie es, in die Rolle des gewieften Taktierers und inszenierenden Schauspielers zu wechseln. Dies ist gefährlich, denn Sie verlieren schnell an Vertrauen, sowohl in Ihrem Team als auch bei Vorgesetzten.

Machen Sie sich nichts vor: Sie werden als Führungskraft gefordert, gelegentlich unangenehme Positionen zu vertreten und schwierige, menschlich nahegehende Entscheidungen zu treffen. Dafür werden Sie auch bezahlt. Sie sollten sich jedoch abends im Spiegel noch anschauen können: „Ja, das habe ich entschieden, weil ich es für richtig gehalten habe, und weil ich unter den jeweiligen Umständen das Bestmögliche für Kunden, Mitarbeiter und die Firma zu erreichen versucht habe." Manövrieren Sie sich nicht in eine Rolle hinein, in der Sie sich ständig Ausreden zurecht legen müssen, warum etwas nicht so funktioniert hat, wie Sie es sich eigentlich vorgenommen haben! Als Führungskraft sind Sie als Vorbild gefragt.

Bedenken Sie die Folgen fahrlässigen Handelns. Orientieren Sie sich nicht an zweifelhaften Managern, die kaltblütig und einseitig auf Karriereinteressen hin nur ihre eigenen Belange in den Mittelpunkt

5. KAPITEL Sich selbst in der neuen Führungsrolle überprüfen

rücken. Bewahren Sie Ihre eigene Identität – und stehen Sie zu Ihren guten Vorsätzen, auch wenn es im Führungsalltag nicht leicht ist, diese beständig vorzuleben!

Leitfragen zur Selbstüberprüfung in Ihrer Führungsrolle

- Machen Sie sich bewusst, welches die wesentlichen Ziele sind, die Sie in Ihrer neuen Rolle zu verfolgen haben. Falls Ihnen diese Ziele nicht klar sind, suchen Sie den vertieften Dialog mit Ihrem Vorgesetzten. Lassen Sie sich nicht durch die hohe Beanspruchung im Tagesgeschäft „erdrücken". Es besteht die Gefahr, dass Sie nur auf das reagieren, was auf Ihren Schreibtisch kommt. Welche Prioritäten sind zu setzen, damit Sie Ihren Führungsauftrag gut erfüllen? Haben Sie den Mut, weniger dringliche Aufgaben auf Termin zu legen oder Wichtiges, was Sie nicht selbst erledigen müssen, konsequent zu delegieren oder weiterzuleiten.
- Kontinuierliche Selbstüberprüfung in der Führungsrolle bedeutet, dass Sie regelmäßig eine Standortbestimmung gemeinsam mit Ihrem Team vornehmen. Ziehen Sie sich nicht zurück, sondern suchen Sie das Gespräch mit Ihren Mitarbeitern – entweder in Form von Einzelgesprächen oder am besten in Teammeetings, wenn es alle betrifft. Achten Sie darauf, dass nicht nur Fachthemen abgearbeitet werden. Stellen Sie öffnende Fragen, die den Blick auf effektivere Kooperation und weitere Stärkung des Teamgeistes lenken:
  - Was läuft gut, was läuft weniger gut in der Zusammenarbeit? Wie kann jeder Einzelne noch mehr auf die anderen im Team zugehen?
  - Welche Erwartungen haben Kunden und Nachbarbereiche? Inwiefern kann der Leistungs- und Serviceauftrag weiter optimiert werden?
  - Gibt es Reibungsverluste, die angegangen werden müssen, damit die Prozesse vereinfacht und die Wertschöpfung weiter gesteigert werden kann?
- Wie können Sie von unterschiedlichen Seiten aussagefähiges Feedback einholen und zur Weiterentwicklung Ihres eigenen Führungsverhaltens nutzen? Erspüren Sie verdeckte oder indirekte Signale, die Ihnen anzeigen, wie Sie in der Führungsrolle auf andere wirken: zum Beispiel in Kundengesprächen, Teamgesprächen oder im Dialog mit Kollegen. Suchen Sie nach Verbündeten. Vermeiden Sie Hahnenkämpfe. Lassen Sie sich von erfahrenen Praktikern im Unternehmen Hinweise geben, was Sie noch besser machen können. Gerade als

5.6 Flexibel, aber konsequent bleiben

Anfänger in der neuen Führungsrolle brauchen Sie verlässliche Rückmeldungen, die Ihnen aufzeigen, in welchen Bereichen Sie noch an sich arbeiten müssen.

- Sind Sie sicher, dass der Schwerpunkt Ihrer Tätigkeiten als Vorgesetzter in der Teamführung liegt? Damit ist auch gemeint, dass Sie sich nicht selbst in die intensive Bearbeitung fachlicher Spezialprobleme hineinmanövrieren. Führung bedeutet, gemeinsam mit Ihrem Team auf die Zielerreichung hinzuwirken. Und vor allem Orientierung zu vermitteln. Wenn Sie jedoch „abtauchen" und delegierbare Fachaufgaben selbst erledigen, können Sie Ihre kommunikative Steuerungsrolle kaum souverän übernehmen. Richten Sie Ihr Augenmerk darauf, zu informieren, zu entscheiden, zu begründen und die einzelnen Teammitglieder bei der Aufgabenerledigung beratend zu unterstützen. Sind Sie tatsächlich für Ihre Mitarbeiter da? Oder verfolgen Sie mehr ihr „eigenes Ding"? Achten Sie darauf, dass Anforderungen von Kunden- oder Vorgesetztenseite vorrangig erfüllt werden und im Team effizient gearbeitet wird.

- Machen Sie sich bewusst, dass weniger mehr sein kann! Nehmen Sie sich nicht zu viel vor. Legen Sie den Schwerpunkt auf die Förderung eines guten Teamklimas und auf vertieften Dialog zum „Warmwerden" untereinander. Vermeiden Sie es, als Antreiber zu wirken, der überhastet eine riesige Agenda an neuen Themen, Projekten oder Aufgaben abarbeiten will. Üben Sie Geduld und „intelligente Langsamkeit": Handeln Sie durchdacht – ohne Ihr Team unter Druck zu setzen. Richten Sie Ihren Blick bewusst auf Steuerung, Analyse und Reflexion. Vermeiden Sie hektisches Agieren. Führen Sie vor allem auf der Ziel- und auf der Beziehungsebene: Was können Sie tun, um mehr Zielklarheit zu schaffen und das Teambuilding voranzubringen?

6. Kapitel

Was kann in der neuen Führungsrolle auf Sie zukommen? Wo liegen verborgene Fallstricke?

Wenn Sie die Führungsaufgabe antreten und die Verantwortung für die Leitung eines Teams übernehmen, kommt meist eine Reihe von typischen Situationen auf Sie zu. Die Bandbreite reicht von der Integration neuer Mitarbeiter über das Führen anspruchsvoller Mitarbeiter- und Feedbackgespräche bis hin zu schwierigen Personalmaßnahmen, die auf die Teamatmosphäre und die Motivation der einzelnen Mitarbeiter weit reichende Auswirkungen haben können. Es kommt darauf an, dass Sie den Überblick bewahren und je nach Situation und Umfeldbedingungen die bestmöglichen Entscheidungen treffen. Bringen Sie dabei sowohl die Ziele Ihrer Organisation, die Interessen Ihrer Kunden als auch die Bedürfnisse Ihrer Mitarbeiter so gut wie möglich in Einklang. Dies wird Ihnen wahrscheinlich nicht in allen Situationen vollständig gelingen. Versuchen Sie dennoch, die Konsequenzen Ihres Führungsverhaltens und die Auswirkungen vorgesehener Maßnahmen auf Ihr Team im Vorhinein zu durchdenken.

Schnellschüsse gehen meist schief. Vermeiden Sie unbedachtes Handeln „aus dem Bauch heraus". Nicht immer werden Sie alle Faktoren berücksichtigen und die Folgen Ihres Führungshandelns exakt vorhersehen können. Es gibt kein „rationales Management", bei dem in der Menschenführung alles genau geplant und bis aufs i-Tüpfelchen im Einzelfall abgeleitet werden kann, was jeweils zu tun ist. In der Führungsrolle haben Sie nahezu ständig mit unvollständigen Entscheidungsgrundlagen und subjektiven Bewertungen zu tun. Was jeweils zweckmäßig ist oder nicht, kann im Voraus häufig nicht objektiv und zweifelsfrei beurteilt werden. Suchen Sie stattdessen aufgrund einer vertieften Analyse der Umstände und mit viel Fingerspitzengefühl die nach Ihrem persönlichen Ermessen bestmögliche Lösung. Haben Sie den Mut, trotz vielfacher Unwägbarkeiten klar zu entscheiden und Ihrer inneren Linie treu zu bleiben. Achten Sie dabei auch auf Ihre eigenen Bedürfnisse, Ihre inneren Ressourcen und Ihre persönliche Belastungsgrenzen, damit Sie nicht selbst auf der Strecke bleiben, wenn herausfordernde Führungs- und Veränderungssituationen zu bewältigen sind.

Führen unter schwierigen und sich wandelnden Randbedingungen erfordert von Ihnen:

- Ziele zu klären, die Ausgangssituation zu betrachten, die Mitarbeitererwartungen zu verstehen und Prioritäten zu setzen;
- unterschiedliche Handlungsalternativen zu prüfen und zu bewerten sowie Entscheidungsgrundlagen näher zu analysieren;
- Entscheidungen zeitnah zu treffen und zu begründen sowie gemeinsam mit Ihrem Team den besten Weg zur Umsetzung zu suchen;
- eingehende Feedbacks auswerten und eventuell nötige Korrekturen einzuleiten;
- den Grad der Zielerreichung zu prüfen, Soll-Ist-Abweichungen herauszuarbeiten und die Qualität des eingeschlagenen Weges einer kritischen Nachbetrachtung zu unterziehen.

Es kann sein, dass Sie in einer komplexen Führungssituation vieles richtig vorhergesehen, anforderungsgerecht entschieden und optimal gehandelt haben. Vielleicht stellen Sie aber auch im Nachhinein fest, dass ein anderes Vorgehen doch besser gewesen wäre: etwa weil übergeordnete Ziele nur teilweise erreicht wurden, weil vereinzelt Kundenreklamationen eingegangen sind oder weil die Mitarbeiter nicht den Grad der Leistung erbracht haben, der möglich gewesen wäre. Richten Sie Ihre Aufmerksamkeit auch auf „weiche" Faktoren wie Mitarbeitermotivation, Teamklima, gegenseitige Wertschätzung und Unterstützung sowie vor allem auf die Kundenerwartungen und die Kundenzufriedenheit.

Von Ihnen wird als Führungskraft systemisches Denken verlangt, da Sie bei isolierter Betrachtung einzelner Zielkriterien womöglich suboptimale Entscheidungen treffen. Kritisch ist es, wenn Sie bei aufkommenden Soll-Ist-Abweichungen in einen Führungsstil verfallen, der sich dadurch auszeichnet, dass Sie entweder zu autoritär, zu direktiv und zu kontrollierend agieren. Oder dass Sie zu viel „laufen lassen" und es versäumen, aufgrund einer nachlässigen Laissez-faire-Haltung dort Akzente zu setzen, wo gerade engagierte Führung gefordert ist. Sensibel ist weiterhin der Fall, dass Sie die Dinge selbst machen wollen – und sich damit auspowern, die falschen Schwerpunkte im Tagesgeschäft setzen und Ihre Mitarbeiter durch fehlende Einbeziehung vor den Kopf stoßen.

Führung hat auch mit dem Finden einer ausgewogenen Balance zwischen Struktur und Freiraum zu tun: Lenken Sie zum einen den Blick auf die Strategien, die Ziele, die Aufgabenerledigung und das Kundeninteresse. Dazu gehört, dass Sie ergebnisorientiertes, systematisches und methodisches Vorgehen fordern und fördern. Räumen Sie zum anderen Ihren Mitarbeitern Gestaltungs- und Entscheidungsspielräume ein, damit Eigeninitiative und Eigenverantwortung möglich sind. Unterstützen Sie selbständiges, eigengesteuertes Arbeiten im Team, ohne dass Sie „hinein regieren". Dies ist ohne Zweifel eine Gratwanderung! Und bestimmt gelingt es Ihnen nicht gleich auf Anhieb, den passenden Führungsstil zu finden. Dazu gehören eine gewisse Führungserfahrung und zugleich hohe Flexibilität, um aus dem „Handwerkskasten" der Führungsinstrumente jeweils die besten Tools auszuwählen. Dies erfordert auch, auf der menschlichen Ebene mit gutem Beispiel voranzugehen, als moralisches Vorbild zu wirken und Werte selbst vorzuleben.

Ich stelle Ihnen einige typische Führungssituationen im Überblick vor und gebe Ihnen jeweils Hinweise, wo Stolpersteine liegen können. Gehen Sie dabei nicht davon aus, dass es universelle Patentlösungen gibt: Bewerten sie jede Situation mit gesundem Menschenverstand und besinnen Sie sich auf Ihre Führungsverantwortung. Suchen Sie nach zielorientierten Lösungen. Richten Sie Ihr Handeln zugleich auf die Erwartungen Ihrer Mitarbeiter aus. Für souveräne Führung benötigen Sie eine gute Portion an Fingerspitzengefühl, Intuition und Menschenkenntnis.

Betrachten Sie Ihre Führungsaufgabe als Lernchance, bei der Sie auch Fehler machen dürfen. Sie sind hoffentlich kein Perfektionist und wissen um die Fehlbarkeit menschlichen Handelns. Aber hüten Sie sich vor leichtsinnigen oder leichtfertigen Führungsentscheidungen. Vermeiden Sie, nur Ich-bezogen zu denken: Sie tragen Verantwortung für andere Menschen – gerade für die Stärkung der Eigeninitiative und der Zufriedenheit Ihrer Mitarbeiter. Wenn Sie den Blick nur auf Zahlen, Daten und Fakten richten, werden Sie schnell als kalter Manager wahrgenommen. Fahren Sie Ihre Mitarbeiter nicht „sauer", z. B. durch einseitigen Leistungsdruck und Ignoranz gegenüber der Persönlichkeit und den Bedürfnissen jedes Einzelnen. Es zahlt sich für Sie und Ihr Team nicht aus, wenn Sie glaubhaft, überzeugend und gewinnend führen möchten. Und nicht als charakterloser Karrierist gelten wollen, der nur das Ziel verfolgt, schnell weiter nach oben aufzusteigen. Zeigen Sie charakterliches Profil, respektieren Sie die Bedürfnisse Ihrer Mitarbeiter und beweisen Sie Einfühlungsvermögen.

6.1 Neue Mitarbeiter integrieren

Wenn Sie ein Team aufbauen oder sich zusätzliche fachliche Kompetenz an Bord holen wollen, kommt es darauf an, dass Sie die richtigen Mitarbeiter finden. Und sich auch um deren Einarbeitung und Einbindung in das Team kümmern. Für Sie lautet die wesentliche Frage: Wer passt zu Ihrem bereits vorhandenen Team und kann die anstehenden Aufgaben voraussichtlich gut bewältigen, so dass Synergien entstehen? Vergegenwärtigen Sie sich, welche Stärken und Eigenarten Ihre Teammitglieder besitzen. Wenn Sie einen neuen Mitarbeiter aufnehmen wollen, kann es zu unterschiedlichen Reaktionen in Ihrem vorhandenen Team kommen. Die Aufstockung eines vorhandenen, gut eingespielten Teams kann vielfältige Auswirkungen sowohl auf der Beziehungsebene, dem atmosphärischen Miteinander als auch auf der Leistungsebene zur Folge haben. Holen Sie sich den Falschen an Bord, gibt es leicht Spannungen, Reibereien und Konflikte, die im ungünstigen Falle zu „Abstoßungsreaktionen" führen. Das heißt: Der Neue wird nicht akzeptiert oder links liegen gelassen. Es kümmert sich womöglich niemand darum, dass der Betreffende sich überhaupt konstruktiv einbringen kann. Das Team schaltet auf stur und die ganze Arbeit kommt ins Stocken.

Das haben Sie sich bestimmt so nicht vorgestellt, aber so kann es gehen: Mit guter Absicht waren Sie beispielsweise lange auf der Suche nach einem kompetenten Spezialisten. Später passt er aber anscheinend gar nicht in Ihr Team. Sie können Ihre Personalentscheidung auch nicht einfach rückgängig machen! Oder nur mit erheblichen Kraftanstrengungen, was unter Umständen zu erheblichem Gesichtsverlust führt. Deshalb ist es wichtig, dass Sie sich im Vorhinein gründlich darüber Gedanken machen, wer tatsächlich Ihr Team wirkungsvoll ergänzt. Und wie Sie die Wahrscheinlichkeit erhöhen, dass der Betreffende reibungslos mit in die Mannschaft aufgenommen wird. Es ist zwar völlig normal, dass am Anfang eine „storming-Phase" der Teamentwicklung ansteht: Jeder muss seine Rolle im Team überprüfen. Und der Neue benötigt Zeit, um klar zu sehen, wie er sich am besten positioniert. Insofern ist absehbar, dass Konfliktpotenzial gegeben ist – und „produktive Streitkultur" gehört beim Teambuilding dazu. Aber es darf nicht überhand nehmen und auf emotionsgeladene Turbulenzen im Team hinauslaufen: Mit der Folge, dass Einzelne sich nicht mehr wohlfühlen und Sie als Führungskraft nur noch mit Klärungsprozessen beschäftigt sind.

Das von Ihnen geforderte Investment bei der Integration eines neuen Teammitgliedes heißt: einfühlsam praktizierte Führung und Begleitung des Neuen durch aktives Coaching! Holen Sie nicht nur einen Spezialisten ins Team und warten dann ab, was passiert. Das geht meist schief! Gehen Sie stattdessen systematisch vor.

Tipps für die Integration eines neuen Teammitglieds:

- Überprüfen Sie nicht nur die fachlichen Voraussetzungen eines Kandidaten, sondern schauen Sie gerade auf seine Persönlichkeit: Ist er ein guter Teamplayer, kann er mit Kritik umgehen,

geht er spontan auf andere zu, und wirkt er gewinnend? Überzeugt der Betreffende durch ein souveränes Auftreten und hohe Sozialkompetenz?
- Beziehen Sie Ihr Team in den Entscheidungsprozess soweit wie möglich mit ein. Konfrontieren Sie Ihre Mitarbeiter nicht einfach mit dem Neuen, sondern bereiten Sie im Vorfeld eine wechselseitige Tuchfühlung vor. Sie spüren dadurch, wie Ihr Team auf den Kandidaten reagiert. Achten Sie darauf, ob möglicherweise eine reservierte Haltung oder Vorbehalte zu erkennen sind.
- Wenn Sie sich für die Einstellung eines Neuen entscheiden: Konzipieren Sie ein Einarbeitungsprogramm, in das Sie am besten Ihr Team direkt einbinden. Sie können zum Beispiel einen Paten oder Mentoren im Team suchen. Und den Neuen gleich mit zu einem erfahrenen Praktiker mit pädagogischem Geschick an den Schreibtisch setzen. Erarbeiten Sie einen strukturierten Einarbeitungsplan, in dem Sie gemeinsam mit dem Neuen festlegen, was bis wann an begleitenden Maßnahmen in der Startphase eingeplant wird. Werfen Sie niemanden ins kalte Wasser!
- Sehen Sie regelmäßige Feedbackgespräche vor, in denen Sie gerade in den ersten Wochen prüfen, wie sich der neue Mitarbeiter fühlt und was noch getan werden kann, damit er optimal in Ihr Team hineinwächst. Nehmen Sie sich genügend Zeit, um persönlich mit ihm zu reden. Delegieren Sie diese Gespräche zur Standortbestimmung nicht an Dritte.
- Führen Sie nach einigen Monaten ein Grundsatzgespräch mit dem Neuen, in dem Sie abklären, ob die Passung stimmt. Es bringt wenig, wenn Sie Unwuchten im Team feststellen, die sich trotz vieler Coaching-Gespräche und Unterstützungsmaßnahmen nicht beseitigen lassen. Sendet der Neue erkennbare Signale, dass er auf die anderen zugeht? Hält er sich an „Spielregeln" im Team, selbst dann, wenn von ihm vor allem neue Impulse erwartet werden? Fachliche Kompetenz alleine reicht nicht aus. Aber lassen Sie ein gewisses Maß an kreativer Abweichung zu. Trimmen Sie nicht alle Mitarbeiter auf Stromlinienform. Fördern Sie durchaus ein konstruktives Querdenkertum. Die einzelnen Teamrollen müssen sich wechselseitig ergänzen. Ein engagiertes, interdisziplinär besetztes Team lebt gerade von unterschiedlichen Persönlichkeitsprofilen der einzelnen Mitglieder!

6.2 Die Teamentwicklung fördern

Ein harmonisches und produktives Team kommt nicht von alleine zustande. Wenn Sie nichts in die Entwicklung Ihres Teams investieren, brauchen Sie sich nicht zu wundern, dass jeder sein eigenes Süppchen kocht. Geben Sie als Führungskraft nicht einfach Ziele vor oder delegieren Sie nur Aufgaben. Tragen Sie vielmehr durch aktiven Dialog dazu bei, dass die Chemie stimmt und unvermeidbare Belastungen im Tagesgeschäft nicht zu Lasten des Teamklimas gehen.

Teamentwicklung ist ein Prozess, der je nach Teamstruktur und Umfeldbedingungen im Unternehmen sehr unterschiedlich aussehen kann. Es kann durchaus sinnvoll sein, dazu Teamgespräche einzuführen und das eine oder andere gemeinsame Team-Event einzuplanen. Entscheidend ist, wie gut es Ihnen gelingt, Ihre Mitarbeiter zum eigenständigen und kooperativen Arbeiten zu motivieren. Dazu gehört, dass die Mitglieder Ihres Teams wechselseitig aufeinander zugehen und sich nicht hinter ihrem Schreibtisch, vergraben! Spontane Kommunikation, informeller Kontakt, ein tragfähiges Vertrauensverhältnis sowie Respekt und für den jeweils anderen sind hierfür eine wichtige Voraussetzung.

Wenn aber stattdessen Grabenkämpfe, Rivalitäten, Eigenbrödlerei und Ignoranz dominieren, ist es höchste Eisenbahn, gegenzusteuern. Damit es erst gar nicht zu tief greifenden Störungen im Miteinander kommt: Treffen Sie Vorsorge dafür, dass von Zeit zu Zeit aufkommende Reibereien zügig angesprochen und ernsthaft aufgearbeitet werden. Engagieren Sie sich selbst für die Konfliktbearbeitung, indem Sie die Beteiligten zu klärenden Gesprächen zusammenführen. Vermeiden Sie es, einseitig Position zu beziehen und einzelne Mitarbeiter im Regen stehen zu lassen.

> **Beweisen Sie als Moderator und Konfliktmanager ein gutes Händchen:**
>
> - Führen Sie regelmäßig Teammeetings durch, in die alle Mitarbeiter einbezogen werden. Grenzen Sie niemanden aus. Streben Sie für intensive Diskussionen am besten Gruppenstärken mit maximal zirka 12–14 Teilnehmern an. Bei noch größeren Gruppen kommt ansonsten nicht jeder zu Wort und es fällt schwer, einzelne Themen mit allen zu vertiefen. Bereiten Sie eine Agenda vor, zu der jeder schon im Vorfeld Themenvorschläge einbringen kann.
> - Sorgen Sie dafür, dass zumindest alle sechs bis acht Wochen ein solches Teammeeting mit zirka zwei bis drei Stunden Dauer stattfindet. Sie können auch häufiger kürzere „Fach-Meetings" durchführen, z. B. einmal wöchentlich, um die inhaltlichen Themen gesondert zu erörtern.
> - Meist stehen in Teambesprechungen die Fachthemen im Vordergrund. Regen Sie von sich aus an, auch über die Atmosphäre im Team zu sprechen. Bringen Sie öffnende Fragen ein wie: „Wo drückt der Schuh?" „Was könnten wir noch besser machen?" „Welche Anregungen gibt es, um unsere Zusammenarbeit noch weiter zu verbessern?"
> - Nehmen Sie sich einmal im Jahr eine „Auszeit" mit Ihrem Team, um die gemeinsame Standortbestimmung zu fördern. Planen Sie am besten für ein bis zwei Tage eine Veranstaltung an einem dezentralen Ort außerhalb der Firma ein. Schlagen Sie zum Beispiel als Thema vor: „Unser Team – wo stehen wir, welche neuen Anforderungen kommen auf uns zu, und wie wollen wir uns weiterentwickeln?" Nehmen Sie sich bei Bedarf einen erfahrenen Teamtrainer für die Prozessmoderation hinzu. Denken Sie daran: Führung heißt Teamentwicklung!

6.3 Konflikte im Team bearbeiten

Konfliktmanagement und Teamentwicklung sind eng verwandt. Was können Sie tun, wenn Konflikte in Ihrem Team eskalieren und einzelne Mitarbeiter anscheinend nicht mehr „miteinander können"? Reagieren Sie in diesem Falle sofort und schieben Sie die Dinge nicht auf die lange Bank. Störungen haben Vorrang! Nehmen Sie anhaltende Reibereien ernst. Konflikte zeigen die hohe emotionale Beteiligung der Betroffenen an und bringen oft zum Ausdruck, dass persönliche Verletztheit im Spiel ist. Einzelne fühlen sich womöglich angegriffen oder zurückgesetzt. Die Beteiligten haben sich in der Konfliktspirale festgefahren. Und das konzentrierte tägliche Arbeiten wird unter Umständen völlig von der Konfliktthematik überlagert. Plötzlich läuft gar nichts mehr!

Es ist nur eine Frage der Zeit, bis Außenstehende spüren, dass bei Ihnen im Team etwas nicht stimmt. Und wenn Kunden und Vorgesetzte von davon erfahren, wird dies für Sie rasch unangenehm: Schließlich sind Sie dafür verantwortlich, dass Konflikte frühzeitig erkannt, entschärft und aufgearbeitet werden. Holen Sie die Beteiligten an einen Tisch! Unabhängig davon, ob es zwei, drei, vier oder sogar das ganze Team betrifft: Werden Sie aktiv und fordern Sie von den Konfliktparteien die Mitwirkung an der Entwicklung einer Lösung. Dies wird nicht einfach sein und braucht meist Zeit sowie die Bereitschaft, aufeinander zuzugehen.

Persönliche Kränkungen ufern schnell aus und führen dazu, dass auch die Produktivität leidet. Es ist folglich nicht nur eine Frage des „good will", ob Sie sich einschalten. Beweisen Sie Führung. Zuschauen und abwarten sind fehl am Platze.

Ergreifen Sie die Initiative und bearbeiten Sie Konflikte systematisch:

- Wann tauchen die Konflikte auf? Welche Situationen und Umstände sind maßgeblich für die Konfliktauslösung?
- Was sind im Einzelnen die Gründe für die Meinungsverschiedenheiten?
- Gibt es bestimmte Muster der Konflikteskalation, und was führt zum Aufschaukeln der Emotionen?
- Wie wirken sich die Konflikte auf Dritte aus, zum Beispiel Kunden oder benachbarte Abteilungen?
- Welche Rolle spielt die Kommunikation im Team? Wird offen und fair miteinander geredet – auch über abweichende Sichtweisen? Was ist Ihr eigener Anteil an der Konfliktentstehung?

6. KAPITEL Was kann in der neuen Führungsrolle auf Sie zukommen?

- Welche Vorschläge machen die Beteiligten, um die Konflikte zu entschärfen?
- Sind Kompromisse möglich, und wie können die Betreffenden schrittweise wieder einen gemeinsamen Nenner finden?
- Wie sieht ein Stufenplan mit Verantwortlichkeiten, Zwischenzielen und Terminhorizonten aus, der sowohl die Interessen der Einzelnen berücksichtigt als auch zur gemeinsamen Lösungsfindung beiträgt?

Meist wird es Ihnen nicht auf Anhieb gelingen, einen Lösungsansatz zu erarbeiten. Aber Sie können von den Konfliktparteien erwarten, dass jeder sich im Rahmen seiner Möglichkeiten auf den anderen zubewegt. Geben Sie keine Ratschläge „von oben". Sie gelten sonst schnell als Besserwisser! Versuchen Sie, die Beteiligten dafür zu gewinnen, selbst nachzudenken. Und sehen Sie Ihre Rolle darin, für eine entspannte und geordnete Gesprächsatmosphäre zu sorgen. Achten Sie als Führungskraft darauf, dass die Diskussion sich nicht zu sehr erhitzt und persönliche Attacken vermieden werden.

Finden Sie einen Weg, um von der emotionalen Eskalations-Ebene wieder zur sachlichen Verständigung im partnerschaftlichen Dialog zurückzufinden. Dazu gehört: Den anderen ausreden lassen, aktiv zuhören, Vorschläge des Gegenübers nicht gleich abbügeln, Kritik annehmen und sich Zeit nehmen, um nachzudenken. Es ist schon viel gewonnen, wenn in Ruhe miteinander geredet wird! Steuern Sie von Ihrer Seite dazu bei, dass die Konfliktursachen beseitigt werden. Prüfen Sie zum Beispiel, ob Abläufe umgestellt, Verantwortlichkeiten neu reguliert oder Arbeitsschwerpunkte geändert werden müssen.

Beachten Sie: Konflikte sind natürlich und gehören in einer offenen Dialogkultur dazu. Würgen Sie die intensive Auseinandersetzung und das Ringen um die beste Lösung nicht ab. Suchen Sie stattdessen nach Wegen, um „sportlich" miteinander zu streiten! Und sei es nur, weil zum Beispiel die Urlaubsplanung im Team abzustimmen ist und jeder erst einmal seine eigenen Wünsche vorträgt. Oder womöglich nach dem „Windhund-Prinzip" schnelle Entscheidungen zu eigenen Gunsten herbeiführen will. Auch darüber muss gelassen miteinander geredet werden. Kleinere Unstimmigkeiten entstehen rasch und können auch auf Missverständnissen untereinander basieren. Das ist aber kein Beinbruch. Beweisen Sie Führung und veranlassen Sie die Beteiligten, mit Respekt aufeinander zuzugehen und keine vollendeten Tatsachen zu schaffen. Die Herausforderung lautet: Niederlagen vermeiden, ehrliche Kompromisse finden und den besten Lösungsweg suchen – auch wenn es auf Anhieb nicht immer leicht ist. Oftmals sind mehrere „Anläufe" nötig – und zugleich der erkennbare Wille der Beteiligten, den Stein ins Rollen zu bringen.

6.4 Umstrukturierungen vorbereiten und begleiten

In fast jedem Unternehmen sind strukturelle Veränderungen von Zeit zu Zeit an der Tagesordnung. Wenn sich Kundenanforderungen verändern, Prozesse optimiert werden müssen, Produktinnovationen besser an den Markt herangetragen werden sollen oder die Qualität zu steigern ist: Sofort stellt sich die Frage nach der besten „Mannschaftsaufstellung", um beim Kunden zu punkten. Meist kommen bei Umstrukturierungen bewährte Abläufe auf den Prüfstand, Aufbauorganisationen werden umgekrempelt, und viele Teams sehen nachher völlig anders aus als vorher. Reorganisationen sind häufig auch das Ergebnis bei nachhaltigen Änderungen der Eigentümer-Verhältnisse, bei Fusionen und Firmenübernahmen oder bei einem Outsourcing. Das Ziel ist meist das gleiche: Der Wertbeitrag für Kunden soll gesteigert und die Kapital-Rendite auf ein höheres Niveau gehoben werden.

Meist müssen Kosten gesenkt werden. Budgets werden neu geordnet und Investitionen verstärkt nach veränderten strategischen Gesichtspunkten ausgerichtet. Bei den Mitarbeitern lösen Umstrukturierungen oftmals große Sorge aus: Was aus Sicht der Kapitalgeber als notwendiger Schritt zu einem tief greifenden Wandel und zur Steigerung der Rentabilität eingestuft wird, sehen die Mitarbeiter kritisch: Sie befürchten drastische Einschnitte, die sich ungünstig auf die Arbeitsbedingungen und das Klima im Unternehmen auswirken. Bei vielen werden existenzielle Ängste ausgelöst. Die Betroffenen fürchten um ihren angestammten Verantwortungsbereich oder sogar um ihren Arbeitsplatz.

Wenn Sie als junge Führungskraft die Verantwortung tragen, eine strukturelle Änderung mitzugestalten, stellt sich für Sie vor allem eine kommunikative Herausforderung: Sie sind gefordert, Ihr Team auf die anstehenden Maßnahmen vorzubereiten und jeden Einzelnen dafür zu gewinnen, die Neuordnung mitzutragen. Was können Sie tun, damit dies wirklich gelingt? Und Sie nicht vor einem Scherbenhaufen stehen, weil alles negativ bewertet wird und mancher Leistungsträger sogar Ihrem Unternehmen den Rücken kehrt?

- Informieren Sie frühzeitig über die geplanten Veränderungen. Führen Sie eine außerordentliche Teamsitzung durch, in der Sie möglichst zeitgleich alle Ihre Mitarbeiter einbinden.

- Erläutern Sie die Gründe, warum die strukturellen Veränderungen unausweichlich sind. Stellen Sie Ihren eigenen Standpunkt klar: Machen Sie deutlich, dass Sie als Führungskraft den Prozess der Reorganisation aktiv unterstützen werden. Selbst wenn Sie auch als Führungskraft von den Neuerungen und Entscheidungen der Geschäftsleitung erst seit kurzem wissen und vielleicht selbst ein gewisses Gefühl der Unsicherheit haben: Erläutern Sie, inwiefern die Veränderungen Chancen bieten, um die Existenz des Unternehmens und den Erhalt der Arbeitsplätze langfristig zu sichern. Ich unterstelle dabei, dass Sie zuvor mit den eigenen Vorgesetzten geredet und sich davon überzeugt haben, dass anstehende Umstellungen zweckmäßig sind.

- Legen Sie die Fakten offen auf den Tisch: Erläutern Sie, welche künftigen Änderungen in Abläufen und Prozessen vorgesehen sind. Begründen Sie, warum welche Umstellungen unausweichlich geworden sind. Informieren Sie unbedingt auch über mögliche Folgen, die auf Sie und Ihr Team zukommen. Beispiele hierfür lauten: Budgetkürzungen, Einsparungen bei externen Ressourcen, die Neugliederung von individuellen Aufgabengebieten, Umstellungen bei Zielen und Meilensteinen oder verschärftes Controlling.

6.4 Umstrukturierungen vorbereiten und begleiten

- Suchen Sie den vertraulichen, individuellen Dialog mit betroffenen Mitarbeitern, sofern persönliche Härten entstehen können. Besprechen Sie mögliche Konsequenzen im Einzelgespräch. Zeigen Sie soweit wie möglich Perspektiven auf. Erläutern Sie, warum bestimmte Schritte zwingend nötig sind. Suchen Sie nach Gewinner-Gewinner-Lösungen.

Bei Umstrukturierungen ist von entscheidender Bedeutung, mit welcher inneren Einstellung die Beteiligten an die anstehenden Veränderungen herangehen: Das Glas ist entweder halb leer, oder es ist halb voll! Versuchen Sie, auch unter schwierigen Randbedingungen eine positive, zukunftsorientierte Sichtweise zu entwickeln. Verharmlosen Sie aber nicht die Tragweite der Umstellungen. Kümmern Sie sich darum, dass keiner auf der Strecke bleibt, sondern dass frühzeitig nach fairen Lösungen gesucht wird – selbst dann, wenn einzelne Arbeitsgebiete entfallen.

Es macht keinen Sinn, dass Sie etwas schönreden, sofern ohne Zweifel unangenehme Folgen für Einzelne entstehen. Suchen Sie nach dem bestmöglichen Ansatz, um firmeninterne Vorgaben und berechtigte Interessen und Erwartungen Ihrer Mitarbeiter in Einklang zu bringen. Lassen Sie nicht das Damokles-Schwert über Ihrem Team schweben. Beweisen Sie Führung gerade in schwierigem Fahrwasser!

Führen Sie vor allem Team- und Mitarbeitergespräche, damit Ihre Mitarbeiter Licht am Horizont erkennen. Und nicht resignativ ablehnen, was an nötigen Veränderungen unausweichlich geworden ist. So manche sinnvolle Umstrukturierung ist schon totgeredet worden, weil viele behauptet haben, dass früher doch alles besser gewesen sei. Das Neue hat unter solchen Voraussetzungen keine echte Erfolgschance. Kämpfen Sie gegen diesen Zweck-Negativismus und die Gefahr der self-fulfilling-prophecy: Wer immer wieder betont, dass etwas nichts bringt, sorgt mit dafür, dass es später womöglich schiefläuft. Bauen Sie „Change-Agenten" in Ihrem Unternehmen auf, um gegenzusteuern. Suchen Sie Mitarbeiter, die sich auf den Wandel konstruktiv einstellen und helfen, als Botschafter für die strukturellen Neuerungen zu werben.

6.5 Schwierige und sensible Mitarbeitergespräche führen

Ein Mitarbeiter spricht Sie spontan an und es kommt ein komplexes Thema auf den Tisch, zum Beispiel der Wunsch nach einer Gehaltserhöhung, einer Beförderung oder einer Versetzung – oder gar das Signal, die Firma bald verlassen zu wollen. Oder ein Mitarbeiter ist seit längerem krank und muss wieder in das Team und die Arbeitsabläufe integriert werden – vielleicht fehlt es auch etwas an der Motivation? Oder Sie geraten in die Schusslinie: Ihr Führungsstil wird kritisiert und Sie müssen reagieren. Oder Sie haben Kritik zu üben und wollen die Rückmeldung einfühlsam gestalten. Was auch immer die Anlässe sind: So manches offene oder verborgene Gesprächsthema birgt erheblichen Zündstoff in sich.

Bewahren Sie Ruhe, reagieren Sie souverän und manövrieren Sie sich nicht ins Abseits, indem Sie sich vorschnell oder unbedacht äußern. Die Situation wird damit nur noch schwieriger. Es ist eine ständige Herausforderung in der Führungspraxis, Mitarbeitergespräche je nach Anlass kompetent zu gestalten. Als Führungskraft müssen Sie sich aber so einiges verkneifen, was Sie sich als Kollege durchaus leisten können: etwa Kritik an der Firma zu üben, sich spontan zu solidarisieren, unreflektiert zuzustimmen, arglos Ratschläge zu geben, auszuweichen oder die Dinge einfach zu ignorieren.

Die wesentliche Anforderung lautet für Sie als Leitungsverantwortlicher:

> **Nehmen Sie Ihre Mitarbeiter ernst und finden Sie heraus, was sie bedrückt oder welche Absichten sie verfolgen:**

- Nehmen Sie sich Zeit für das Gespräch und bearbeiten Sie sensible Themen nicht zwischen Tür und Angel. Wenn Sie zeitlich unter Druck sind: Verschieben Sie lieber einen Gesprächstermin und finden Sie einen besseren Zeitpunkt. Achten Sie darauf,

6.5 Schwierige und sensible Mitarbeitergespräche führen

dass Sie die nötige Ruhe für einen ausführlichen Dialog haben und in entspannter Atmosphäre die „heißen Eisen" anpacken können.

- Hören Sie erst einmal gut zu, um zu verstehen, wie Ihr Mitarbeiter den Sachverhalt sieht. Die Redeanteile sollten so verteilt sein, dass in der Eröffnungsphase des Gesprächs vor allem Ihr Mitarbeiter zu Wort kommt. Vermeiden Sie Monologe und belehrende Ausführungen.
- Wenn sich herausstellt, dass die Thematik einen gewissen Tiefgang hat, vermeiden Sie es, sofort nach einer Lösung zu suchen. Beispiel: Ihr Mitarbeiter ist mit seiner Tätigkeit unzufrieden und will etwas anderes machen. Nun haben Sie aber noch gar keinen Einblick, was genau die Gründe sind. Außerdem gibt es derzeit keine alternativen Jobs für ihn in der Firma. Wenn Sie sofort nach einer Lösung suchen, müssten Sie sagen: Geht nicht! Oder womöglich: Nicht bei uns in der Firma! Solche Äußerungen wirken demotivierend und schaffen Frustrationen. Besser ist es, wenn Sie sich ein genaues Bild der Wünsche und Erwartungen Ihres Mitarbeiters machen und Verständnis zeigen. Manchmal liegen die Lösungen auf einer ganz anderen Ebene als ursprünglich vermutet: Erhält Ihr Mitarbeiter zu wenig Anerkennung? Oder fühlt er sich als Außenseiter? Oder hat er private Probleme, die in den Job hineinwirken?
- Lassen Sie den Mitarbeiter selbst Lösungsvorschläge machen. Bewegen Sie ihn zum Nachdenken und setzen Sie zugleich auf den Faktor Zeit. Es kann sein, dass Sie und Ihr Mitarbeiter nach einigen Gesprächen zu völlig neuen Lösungsansätzen finden. Treten Sie deshalb eher in eine lockere Folge von Gesprächen ein. Üben Sie keinen Druck aus und erwecken Sie nicht den Eindruck, alles gleich vom Tisch haben zu wollen!
- Sofern Sie zu ersten Zwischenergebnissen und Vereinbarungen kommen, halten Sie die erzielten Resultate schriftlich fest. Oder bitten Sie Ihren Mitarbeiter, selbst eine kurze Zusammenfassung zu schreiben, in der notiert wird, was erkannt oder erreicht wurde. Durch die Schriftlichkeit wird manches klarer und verbindlicher. Meist wird dadurch der Dialog versachlicht und auf eine handlungsbezogene Ebene geführt.
- Sprechen Sie nicht von oben herab mit dem Mitarbeiter. Sie sind zwar der Chef, aber wenn Sie Ihre hierarchische Position

ausspielen, wechselt Ihr Mitarbeiter schnell in eine Verteidigungs- und Rechtfertigungshaltung. Dies ist wenig produktiv, um einen Schritt nach vorne zu gehen. Treiben Sie den Mitarbeiter nicht in die Enge. Sehen Sie sich in einer solchen Situation eher als Coach und Vertrauensperson, weniger als Vorgesetzter mit Weisungsbefugnissen.

- Achten Sie auf Ihren Gesprächsstil: Vermeiden Sie Bewertungen, Beurteilungen, Ratschläge, Belehrungen und bohrendes Ausfragen. Bekennen Sie sich zu einem fairen, wertschätzenden und vertrauensvollen Dialog. Stellen Sie sich vor, Ihr Mitarbeiter ist ein guter Freund von Ihnen, und Sie wollen gemeinsam mit ihm etwas bewegen, um nach vorne zu kommen.

Betrachten Sie Mitarbeitergespräche als Herausforderung: Eigentlich gibt es gar keine „leichten" Gespräche! Jeder Dialog mit Ihrem Team oder mit einem einzelnen Mitarbeiter verdient Ihre volle Aufmerksamkeit. Schnell führen Sie durch unüberlegte Schnellschüsse eine prekäre Situation herbei. Bereiten Sie sich deshalb vor, denken Sie viel nach und nehmen Sie sich genug Zeit, um zu vernünftigen Entscheidungen zu kommen. Es erwartet niemand von Ihnen, dass Sie gleich auf der Stelle eine schnelle Lösung oder eine passende Antwort parat haben. Nehmen Sie die Erwartungen, Wünsche und Anregungen Ihrer Mitarbeiter ernst: Wenn es Ihnen nicht gelingt, ein Mindestmaß an Zufriedenheit und Freude bei der Arbeit sicherzustellen, werden Sie kaum ein Spitzen-Team aufbauen können. Und auch nicht Ihre Kunden dauerhaft für sich gewinnen!

6.6 Potenzialträger identifizieren und fördern

Wenn Sie ein Team leiten, kommt es darauf an, dass Sie Entwicklungsperspektiven für Ihre Mitarbeiter aufzeigen. Dies gilt besonders für leistungsstarke Nachwuchskräfte, denen Sie zutrauen, in nicht allzu ferner Zukunft neue Aufgaben mit mehr Verantwortung zu übernehmen. Denken Sie daran, dass Schlüsselpositionen in jedem Unternehmen von Zeit zu Zeit neu oder wieder besetzt werden müssen. Lassen Sie nicht einfach alles auf sich zukommen: Dies ist

6.6 Potenzialträger identifizieren und fördern

mit einem hohen Risiko für Sie und Ihr Unternehmen verbunden! Personalentwicklung bedeutet, kompetente Mitarbeiter frühzeitig an erweiterte Problemstellungen heranzuführen. Am Tag X sind Ihr Unternehmen oder Sie selbst darauf angewiesen, dass Sie Mitarbeiter aufgebaut haben, denen mehr zugetraut werden kann.

Manche Führungskräfte neigen dazu, sich selbst unersetzbar machen zu wollen. Die Betreffenden wollen möglichst keine Mitarbeiter „abgeben", die sich als potenzialstark ausgezeichnet haben und in der Firma an einem anderen Ort oder Bereich künftig mit deutlich höherer Verantwortung eingesetzt werden können. Es hilft aber nichts, zu „klammern". Dies ist eher ein Zeichen von Führungsschwäche. Für Sie bedeutet das: Gehen Sie davon aus, dass vieles im Fluss ist und durch unvermeidliche strukturelle Veränderungen in der Zukunft neue Personalbedarfe entstehen: Sogar Ihre eigene Aufgabe kann mittel- bis langfristig ganz anders aussehen: sei es, dass Sie einen grundverschiedenen Job machen oder völlig neue Aufgaben innerhalb Ihres Unternehmens übernehmen. Außerdem verändern und erweitern sich die Kompetenzen und Stärken Ihrer Mitarbeiter. Und es entstehen neue Anforderungen im Unternehmen, zum Beispiel durch spezielle Kundenwünsche, unvorhergesehene Marktentwicklungen oder Innovationen, die zugleich die Schaffung neuer Positionen erfordern.

Nehmen Sie als vorausschauende Führungskraft den hohen Stellenwert einer gezielten Förderung von Potenzialträgern ernst. Denken Sie bereits als Newcomer daran, wie Sie gerade diejenigen Mitarbeiter in Ihrem Team nach vorne bringen, von denen sich Ihr Unternehmen später noch einiges verspricht.

Tipps zur Förderung der leistungs- und potenzialstarken Nachwuchskräfte in Ihrem Team:

- Betrachten Sie engagierte Potenzialträger nicht als Bedrohung und verfallen Sie nicht in ein Konkurrenzdenken. Wenn Sie die Leitung Ihres Teams neu übernommen haben, tragen Sie Verantwortung dafür, möglichst alle bei der Stange zu halten. Signalisieren Sie gleich zu Beginn, dass Sie mitwirken werden,

6. KAPITEL Was kann in der neuen Führungsrolle auf Sie zukommen?

jeden Einzelnen zu fördern. Verdeutlichen Sie den „High-Potentials", dass Sie alles Ihnen Mögliche tun werden, um die Betreffenden an attraktive Aufgaben heranzuführen. Stehen Sie den leistungsstarken Nachwuchskräften zum Beispiel durch Qualifizierungsangebote und Beratung zur Seite, damit die Betreffenden ihren weiteren beruflichen Weg erfolgreich gehen können.

- Denken Sie daran, auch Verantwortung in vernünftigem Rahmen abzugeben. Das kann bedeuten, dass Sie interessante Aufgaben mit erweiterten Gestaltungs- und Entscheidungsspielräumen delegieren, eine Stellvertreter-Position besetzen oder erweiterte Kompetenzen in Sonderaufgaben und Projekten übertragen. Prüfen Sie den Nutzen von Hospitationen und Chancen zum Erfahrungslernen an anderen Standorten. Gelegentliche Rotationen können gezielt zur Potenzialförderung genutzt werden, sofern sich dies organisatorisch für den Einzelnen einrichten lässt. Dies setzt in jedem Falle die Bereitschaft zu hoher Mobilität und Flexibilität voraus.

- Um Potenziale zu erkennen und die Stärken der Einzelnen auszuloten, sollten Sie sich Unterstützung durch Profis holen: Hierzu sind die Personalspezialisten in Ihrem Unternehmen Ihre ersten Ansprechpartner. Vielleicht gibt es unterstützende diagnostische Methoden, die Ihnen in größeren Unternehmen wahrscheinlich routinemäßig angeboten werden. Denken Sie zum Beispiel an strukturierte Potenzialinterviews, Assessment-Center, Orientierungs- und Trainingsseminare, wissenschaftliche Testverfahren oder anforderungsspezifische Kompetenz- und Persönlichkeitsdiagnostik.

- Achten Sie darauf, dass leistungsstarke Nachwuchskräfte in Ihrer Organisation wahrgenommen werden: Schaffen Sie Gelegenheiten, damit die Betreffenden zum Beispiel vor dem Managementkreis präsentieren können oder in Schlüsselprojekten mitarbeiten. Betrachten Sie es als persönlichen Führungserfolg, wenn Mitarbeiter Ihres Teams in angrenzenden Bereichen besondere Achtung genießen und man auf deren gute Leistungen aufmerksam wird.

- Begleiten Sie die Entwicklung Ihrer Nachwuchskräfte durch Feedback und Coaching-Gespräche. Fördern Sie alle Mitarbeiter in Ihrem Team – und in besonderem Maße diejenigen

> Teammitglieder, die Managementpotenzial besitzen. Binden Sie engagierte Nachwuchskräfte an Ihr Unternehmen. Zeigen Sie Perspektiven auf, wenn Potenzialträger Lernbereitschaft, Eigeninitiative und Teamdenken beweisen.

6.7 Unvorhergesehene Situationen in der neuen Rolle als junge Führungskraft meistern

Stellen Sie sich vor: Sie haben einige Wochen als Teamleiter mit einem guten Gefühl hinter sich gebracht. Ihr Eindruck war, dass alles ganz gut läuft und dass Sie zunehmend besser in die neue Rolle hineinwachsen. Plötzlich treten unerwartete Veränderungen in Ihrem beruflichen Umfeld auf, mit denen Sie überhaupt nicht gerechnet haben. Sie sind völlig überrascht über die unvorhergesehenen Ereignisse und wollen nun mit der neuen Situation souverän umgehen, damit Sie nicht unter die Räder kommen …

Was kann da auf Sie zukommen? Und womit müssen Sie rechnen, wenn Sie die ersten Erfahrungen als Führungskraft sammeln? Die möglichen Ereignisse sind kaum überschaubar. Es bringt auch wenig, über alle Eventualitäten nachzudenken, die dann mit großer Wahrscheinlichkeit doch nicht eintreffen. Wenn Sie sich zu sehr damit befassen, was alles passieren kann – und was möglich irgendwann schieflaufen könnte –, blockieren Sie sich innerlich.

Wollen Sie ständig auf der Hut sein, um ja nicht mit einer kritischen Situation konfrontiert zu werden, steigt sogar die Wahrscheinlichkeit, dass etwas nicht nach Plan läuft. Sie steigern sich womöglich in ein negatives Denkmuster hinein und überlegen nur noch, was alles danebengehen könnte! Dies ist nicht der Zweck der Übung. Gehen Sie stattdessen mit einer positiven und zuversichtlichen Einstellung an Ihre Führungsaufgabe heran. Und tun Sie alles, um nicht gleich beim ersten Windstoß aus der Bahn geworfen zu werden. Dazu gehört eine gewisse innere Gelassenheit, auch wenn etwas nicht so kommt, wie Sie es sich gewünscht haben.

6. KAPITEL Was kann in der neuen Führungsrolle auf Sie zukommen?

Als Führungskraft sind Sie häufig als Trouble-Shooter gefordert. Ihre Mitarbeiter werden Sie (hoffentlich) frühzeitig ansprechen, wenn etwas nicht nach Plan läuft. Als Vorgesetzter, der das Vertrauen seines Teams genießt, sprechen Ihre Mitarbeiter Sie gerade dann an, falls Ihre Unterstützung benötigt wird Zum Beispiel, weil persönliche Entscheidungsspielräume oder Befugnisse fehlen. Oder weil Ihre Mitarbeiter Ihre Rückendeckung brauchen, damit Sie angrenzenden Bereichen, übergeordneten Vorgesetzten oder auch Kunden ein gutes Bild abgeben.

Sehen Sie es deshalb als positives Zeichen, wenn Sie des Öfteren spontan angesprochen werden und man sich von Ihnen Hilfe verspricht. Dies kann ein Hinweis dafür sein, dass man sich von Ihnen Beratung oder Rückhalt wünscht. Vielleicht wird von Ihnen eine nötige Entscheidung erwartet oder die Bereitstellung von Ressourcen, um eine anspruchsvolle Problemstellung zu bewältigen. Greifen Sie jedoch nicht unbedacht ein oder geben Sie einseitig Lösungswege vor. Ihre Rolle kann auch darin bestehen, dass Sie Ihre Entscheidungskompetenz und Positionsmacht ins Spiel bringen, damit Ihre Mitarbeiter bei Verhandlungen in der Hierarchie oder gegenüber Lieferanten und Partnern vorankommen.

Verstehen Sie sich als „Dienstleister" für Ihr Team. Geben Sie aber acht, dass Sie nicht als „Feuerwehr" verschlissen werden: Wenn Sie Ihre Mitarbeiter befähigen, selbständig zu arbeiten, sollten die Betreffenden dies auch tun – und eigenständig im Rahmen ihres Verantwortungsbereichs Prioritäten setzen, Entscheidungen treffen und sich trotz auftretender Barrieren und Widerstände beharrlich um die erfolgreiche Aufgabenerledigung kümmern. Fördern Sie als kompetente Führungskraft gerade die Eigensteuerung und das Teamlernen. Bitten Sie nicht ständig um Rücksprache. Setzen Sie stattdessen auf klare Aufgabenschwerpunkte, einvernehmliche Zielvereinbarungen und weit reichende Delegationen, damit Ihre Mitarbeiter eigenständig und mit Erfolgszuversicht arbeiten können, ohne über- oder unterfordert zu werden.

6.7 Unvorhergesehene Situationen meistern

> **Herausfordernde Situationen, die auf Sie zukommen können:**
>
> - Sie haben einen leistungsschwachen Mitarbeiter im Team und müssen ein Kritikgespräch führen, evtl. auch mit dem Hinweis, dass im Fortsetzungsfalle Konsequenzen drohen.
> - Ein oder mehrere Mitarbeiter kündigen überraschend, vielleicht auch verbunden mit Kritik an Ihnen oder Ihrem Führungsstil.
> - Ihr eigener Vorgesetzter verlässt unvorhergesehen das Unternehmen, und Sie müssen sich auf eine neue hierarchische Einbindung und einen neuen Chef einstellen.
> - Im Rahmen einer Umstrukturierung wird Ihr Team neu geordnet: Obwohl Sie gerade erst Teamleiter geworden sind, müssen Sie nun mit einem anderen Team weiterarbeiten.
> - Sie sind plötzlich mit der Durchführung sensibler personeller Einzelmaßnahmen konfrontiert, zum Beispiel weil einzelne Mitarbeiter wiederholt betriebliche Regelungen missachtet haben. Dies bedeutet für Sie etwa Abmahnungen auszusprechen oder arbeitsrechtliche Schritte einleiten zu müssen.
> - Sie haben aufgrund eines Programms zur Steigerung der Kosteneffizienz Trennungsgespräche zu führen. Selbst mit ehemaligen Kollegen oder Mitarbeitern, die Sie sehr schätzen, stehen schwierige Verhandlungen an.

Ich habe Beispiele aufgeführt, die Sie in besonderem Maße als einfühlsame Leitungskraft persönlich fordern würden. Gerade dann, wenn Sie solche Erfahrungen bisher noch nicht gesammelt haben, kann es für Sie „knüppeldick" kommen. Und Sie fragen sich vielleicht, ob Sie unter diesen Umständen nicht besser darauf verzichtet hätten, Führungskraft zu werden. Oder denken, wenn Sie dies nur früher geahnt hätten …

Ich kann Ihnen keine „speziellen Techniken" vermitteln, wie Sie mit solchen außergewöhnlichen Situationen als Führungskraft souverän umgehen. Sie sind hier vorrangig auf der zwischenmenschlichen Ebene gefordert. Und benötigen eine hohe innere Stabilität, Achtsamkeit, Empathie und Klarheit in Ihrem Auftreten als Führungspersönlichkeit.

6. KAPITEL   Was kann in der neuen Führungsrolle auf Sie zukommen?

Was Sie in schwierigen Situationen tun können:

- Suchen Sie sich kompetente Beratung und konsultieren Sie erfahrene Führungs-Praktiker, um die richtigen Schritte einzuleiten. Schon kleine Fehler können Sie in eine Sackgasse manövrieren, in der Sie erheblich Federn lassen müssen.
- Setzen Sie auf ein gutes Vertrauensverhältnis zu Ihrem eigenen Vorgesetzten. Er ist Ihr erster Ansprechpartner. Binden Sie ihn aktiv ein, wenn Sie das Gefühl haben, dass Ihnen die Dinge über den Kopf wachsen könnten.
- Suchen Sie Unterstützung im Personalwesen Ihres Hauses. Der Servicebereich Personal kann Sie bei sensiblen personellen Maßnahmen aufgrund der dort wahrscheinlich vorhandenen fachlichen Expertise wirkungsvoll unterstützen.
- Denken Sie darüber nach, ob Sie einen Prozessmoderator, einen Coach oder auch neutrale Dritte als Berater und Unterstützer hinzuziehen. Sprechen Sie zum Beispiel Führungskräfte aus Nachbarbereichen an – oder externe Trainer –, zu denen Sie besonderes Vertrauen haben.
- Überdenken Sie die jeweilige Situationen in Ruhe. Handeln Sie keinesfalls vorschnell. Schlafen Sie einige Tage über eine weitreichende Entscheidung, die Sie treffen wollen. Viele Managementfehler entstehen durch überhastetes Handeln. Sie bereuen es später, wenn Sie nur aus der Hüfte schießen!
- Binden Sie so gut es geht Ihr Team in den Entscheidungs- und Klärungsprozess ein. Selbst wenn unabwendbare Vorgaben zu persönlichen Härten führen: Erläutern Sie die Situation, begründen Sie getroffene Entscheidungen ausführlich und führen Sie vertrauliche Einzelgespräche, in denen Sie Ihre ernst gemeinte Unterstützung zu einer Lösungsfindung anbieten.
- Suchen Sie auch in scheinbar ausweglosen Situationen nach Wegen, eine Gewinner-Gewinner-Lösung herbeizuführen. Selbst wenn unangenehme Konsequenzen unvermeidlich sind: Kämpfen Sie mit Ausdauer und Einfühlungsvermögen darum, für die Beteiligten das Beste herauszuholen. Vermeiden Sie persönliche Verletzungen und existenzielle Härten für den Einzelnen. Zeigen Sie gangbare Wege und neue Perspektiven auf!

6.7 Unvorhergesehene Situationen meistern

Was auch immer auf Sie als junge Führungskraft zukommt: Es wird Ihnen über kurz oder lang nicht erspart bleiben, dass Sie sich mit weitreichenden Entscheidungen zu befassen haben, die das berufliche und auch persönliche Schicksal Ihrer Mitarbeiter nachhaltig beeinflussen. Wägen Sie die Vor- und Nachteile einzelner Alternativen ab und bekennen Sie sich zu derjenigen Handlungsoption, die Sie nach bestem Wissen und Gewissen verantworten können. Es wird sich nicht vermeiden lassen, dass Sie auch Fehler machen! Aber erweisen Sie sich deshalb nicht als Zauderer, der alles vor sich herschiebt. Oder die nötigen eigenen Entscheidungen an Dritte weiterzuleiten versucht. Oder der sich am liebsten aus allem heraushält und „am besten" das Team selbst entscheiden lässt ... Sie sind die Führungskraft! Bekennen Sie sich zu Ihrer Verantwortung. Sie können nicht allen sensiblen menschlichen Herausforderungen aus dem Weg gehen. Suchen Sie stattdessen nach chancenorientierten Lösungen für schwierige Personalentscheidungen, bei denen Sie die Betroffenen soweit wie möglich zu Beteiligten machen.

Treffen Sie keine einsamen Entscheidungen „von oben", sondern praktizieren Sie einen teambezogenen Führungsstil, bei dem Ihre Mitarbeiter aktiv an der Entscheidungsvorbereitung mitwirken können. Es zahlt sich langfristig sowohl für Ihr Team als auch für Sie persönlich aus! Die Zeiten, in denen autokratisch nach law-and-order-Prinzipien oder gemäß bürokratischer Organisationsanweisung über menschliche Schicksale entschieden wurde, sind hoffentlich in Ihrer Firma längst vorbei. Ebenfalls nicht zu empfehlen ist ein gleichgültiger „Laissez-faire-Führungsstil", bei dem die Führungskraft letztlich nicht führt, sondern „scheindemokratisch" alles laufen lässt – mit der Folge von fehlender Orientierung, Autoritätsverlust und drohendem Chaos.

Leitfragen zum Vermeiden von Stolpersteinen und Fallstricken

- Was können Sie „prophylaktisch" tun, um zu verhindern, dass Sie in Ihrer neuen Rolle als Führungskraft mit Startschwierigkeiten und Turbulenzen zu kämpfen haben? Es wird sich zwar kaum verhindern lassen, dass das eine oder andere schiefgeht. Versuchen Sie jedoch, eine beständige, klare Linie und innere Gelassenheit zu entwickeln. Sie können gerade als Anfänger in der Leitungsrolle noch nicht alles

6. KAPITEL Was kann in der neuen Führungsrolle auf Sie zukommen?

überschauen und werden deshalb „Lehrgeld" zu bezahlen haben. Lassen Sie sich durch Rückschläge nicht aus der Fassung bringen. Interpretieren Sie Misserfolge als Lernchance. Analysieren Sie jeweils die Gründe. Und verändern Sie Ihr Verhalten umgehend, so dass Sie die Wiederholung von gemachten Fehlern vermeiden.

– Wie gehen Sie mit dem Spannungsverhältnis zwischen ehrgeizigen Zielvorgaben, Vorgesetzten- oder Kundenerwartungen einerseits und verständlichen Wünschen und Bedürfnissen Ihrer Mitarbeiter andererseits um? Nicht immer werden Sie einen harmonischen Einklang herstellen können. Suchen Sie nach vermittelnden Lösungsansätzen, um die gelegentlich spannungsgeladene Gratwanderung für alle Beteiligten konstruktiv zu gestalten. Setzen Sie auch bestimmt Grenzen, zum Beispiel bei unrealistischen Forderungen einzelner Mitarbeiter – etwa nach Gehaltserhöhungen, Beförderungen oder Kompetenzerweiterungen, die Sie nicht ohne weiteres gewähren können.

– Wie reagieren Sie auf geäußerte Kritik an Ihrem Verhalten und an Ihrem Auftreten in der neuen Rolle? Setzen Sie sich ernsthaft damit auseinander, wenn Sie ins Kreuzfeuer geraten. Kritik kann berechtigt sein. Manche Rückmeldungen sind vielleicht auch Ausdruck einer inneren Abwehr – etwa weil Sie frischen Wind in Ihr Unternehmen bringen wollen, Tradiertes in Frage stellen und sich anders verhalten als Ihr Vorgänger. Selbst wenn es sich um eine Einzelmeinung handelt: Finden Sie heraus, ob nicht ein Quäntchen Wahrheit dahinter steckt! Denken Sie deshalb über Feedback, das Sie als Führungskraft erhalten, bewusst nach. Überprüfen Sie Ihr Vorgehen, sofern Sie den Eindruck gewinnen, dass geübte Kritik Substanz hat. Bemühen Sie sich ehrlich und fortlaufend um Verbesserungen Ihres Führungsstils, ohne Ihr Fähnchen nur nach dem Wind zu hängen.

– Was tun Sie, wenn Sie spüren, dass Ihnen die Arbeit über den Kopf wächst und Sie ständig Überstunden schieben? Die Betonung liegt auf „ständig". In diesem Falle stimmt etwas nicht! Zwar sind Sie als Führungskraft über die normale Arbeitszeit hinaus gefordert und werden kaum mit einem 40-Stunden-Job hinkommen. Aber beachten Sie Ihre eigenen Grenzen und sorgen Sie für einen schonenden Umgang mit Ihren Ressourcen. Sie benötigen ein hohes Maß an Belastbarkeit, mentale und körperliche Fitness sowie Freiräume etwa für Ihre Familie und die Pflege Ihrer sozialen Beziehungen außerhalb Ihres Arbeitsumfeldes. Wenn Sie Ihre innere Ruhe verlieren oder nicht mehr abschalten können, ist es höchste Zeit, sich selbst auf den Prüfstand zu stellen: Was machen Sie falsch? Und wie kommen Sie zu

6.7 Unvorhergesehene Situationen meistern

einem effektiveren Selbst- und Stressmanagement? – Achten Sie auf Signale Ihres Körpers und Ihrer Psyche: Vermeiden Sie einseitige Überbeanspruchung und womöglich einen fatalen „burn-out", der Sie ganz aus der Bahn wirft. Suchen Sie professionelle Hilfe, wenn Sie das Gefühl haben, dass Ihnen die Dinge aus den Händen zu gleiten drohen. Der Führungsjob ist nicht das Wichtigste in Ihrem Leben!

7. Kapitel

Behaupten Sie sich dauerhaft in der Führungsrolle und bewahren Sie zugleich Ihre innere Balance

Sie bereiten sich aktuell auf die Übernahme einer Führungsaufgabe vor oder Sie sind bereits als „Newcomer" mit der Leitung eines Teams betraut: Nun richten sich Ihre Gedanken auf die Frage, wie Sie erfolgreich mit den neuen Anforderungen klarkommen? Vielleicht sagen Sie sich, dass es erst einmal wichtig ist, langsam in die neue Verantwortung als Führungskraft hineinzuwachsen. Und was danach kommt, ist für Sie jetzt zweitrangig. Natürlich haben Sie grundsätzlich Recht: Man soll nicht zuviel über ungelegte Eier nachdenken! Dennoch kann Ihnen eine mittel- bis längerfristige Perspektive als Orientierung dienen. Zumindest eine grobe „Zukunftsvision" zu Ihrem weiteren beruflichen Weg ist gerade auch dann hilfreich, wenn Sie zunächst vorrangig in einer ersten Führungsaufgabe bestehen wollen.

Eine klare, mittel- bis langfristige Zukunftsperspektive kann Ihnen helfen, die richtige Richtung zu erkennen. Und dazu beitragen, dass Sie geeignete Meilensteine anstreben und sich nicht in unattraktiven Sackgassen verlaufen. Selbst wenn in Zeiten wirtschaftlicher Instabilität eine geradlinige Karriereplanung kaum möglich ist, profitieren Sie davon, wenn Sie eine innere Linie in Ihrem beruflichen Weg bewahren. Ich gehe davon aus, dass Sie sich nicht verhoben haben, wenn Sie dauerhaft einen Führungsjob anstreben. Wie es Ihnen in der Führungspraxis tatsächlich geht und wie Sie sich dort bewähren, wird sich noch zeigen.

7. KAPITEL Behaupten Sie sich dauerhaft in der Führungsrolle

Es wäre sicher von Vorteil für Sie, wenn Ihre weitere berufliche Entwicklung eine gewisse Kontinuität aufweist. Steuern Sie solche Zwischenstationen an, die Ihren Stärken und Potenzialen entsprechen, und bei denen Sie das Gefühl haben, hinzuzulernen und nicht auf der Stelle zu treten. Günstig ist es für Sie, wenn Sie berufliche Herausforderungen anstreben, die für Sie in der „Zone der nächsten Entwicklung" liegen. Damit ist gemeint, dass Sie ausgehend von Ihren Qualifikationen, Ihren Kompetenzen und Ihren gesammelten Erfahrungen jeweils eine solche Aufgabe finden, die Sie auf einem angemessenen Niveau herausfordert – ohne Sie jedoch zu überfordern oder gar zu unterfordern. Greifen Sie sich am besten solche beruflichen Meilensteine heraus, bei denen Sie mit begründeter Erfolgszuversicht zwar Neuland betreten, aber voraussichtlich trotzdem weiter wachsen. Achten Sie zugleich darauf, dass Sie keine unkalkulierbaren Risiken eingehen und deshalb womöglich scheitern.

Unglücklich für Sie wäre es, wenn Sie sich in eine Situation hineinmanövrieren, die Ihnen schnell als Rückschritt erscheint: Sei es, dass Sie sich nicht wohlfühlen, total gestresst sind und Ihre Ausgeglichenheit zu verlieren drohen. Oder sei es, dass Sie einfach die falschen Schwerpunkte setzen: Etwa weil Sie für den Führungsjob gar nicht der Richtige sind. Sondern eher in einer Fachaufgabe, einer Vertriebsfunktion, einem Projekt oder einer Stabs- bzw. Servicerolle besser aufgehoben wären. Ihre Karriereentscheidung in Richtung „Führungskraft" sollte deshalb auf einer gut durchdachten Grundsatzentscheidung fußen, bei der Sie ausreichend viele Indizien gesammelt haben, um zu erkennen, dass Sie sich nicht auf dem Holzweg befinden.

Gehen Sie dabei nicht zu viele Schritte auf einmal: Wenn Sie etwa als (designierter) Leiter eines kleinen Teams schon bald nach einer erweiterten Führungsaufgabe Ausschau halten, kann Sie dies innerlich blockieren. Unter Umständen wollen Sie schnell Karriere machen und dabei keine unnötige Zeit „verplempern". Beachten Sie, dass sich die Anforderungen an Ihre Persönlichkeit, Ihre Kompetenzen und Ihre gesammelten Erfahrungen wieder ganz anders darstellen, wenn Sie beispielsweise auf der Bereichsleitungs-Ebene wiederum Führungskräfte zu führen haben. Es ist zwar legitim, sich gedanklich in einigen Jahren auf der Ebene des Hauptabteilungsleiters oder sogar des Vorstandes bzw. Geschäftsführers zu sehen. Seien Sie jedoch vorsichtig, die Anforderungen in einer übergeordneten Leitungsrolle zu unterschätzen: Sammeln Sie zunächst eine gute Portion Führungserfahrung, bevor Sie sich an eher strategisch geprägte Management-Aufgaben heranwagen. Und es kann sein, dass Sie zwar in der Rolle des Teamleiters reüssieren und dafür genau der Richtige sind. Aber dass der Sprung auf eine höhere Steuerungsebene gar nicht Ihr Ding ist. Bleiben Sie deshalb auf dem Boden der Tatsachen. Machen Sie sich bewusst, dass Sie sich erst im Laufe der Jahre tatsächlich zur reifen Führungspersönlichkeit entwickeln. Oder dass Ihr Weg Sie später in eine ganz andere Richtung führt.

Beschleunigen Sie nicht zu sehr. Gehen Sie nicht zu früh auf die Überholspur. Es könnte ansonsten der Fall auftreten, dass Ihnen dabei die Puste ausgeht und Sie plötzlich auf der Standspur landen – mit dem Ergebnis eines „Karriereknicks", der Sie sogar für geraume Zeit aus der Bahn wirft. Womöglich müssen Sie ganz von vorne anfangen: auch mit dem Effekt, dass Sie in Ihrer Vita einen Misserfolg zu verzeichnen haben, den Sie sich eigentlich hätten ersparen können.

7.1 Klären Sie, woran Sie als Führungskraft gemessen werden

Eine Erfolgsregel besteht darin, sich über die Messkriterien für die eigene Leistung bewusst zu werden. Es ist besser, Sie schaffen es, die Beurteilungsmaßstäbe in Ihrem Job für sich selbst klar zu erkennen, als dass andere dies für Sie übernehmen. Wenn Sie wissen, was von Ihnen gefordert wird, ist dies schon die halbe Miete, um im Führungsjob zu bestehen.

7. KAPITEL Behaupten Sie sich dauerhaft in der Führungsrolle

> **Finden Sie heraus, weshalb Sie in der Leitungsrolle benötigt werden:**
>
> - Werden Sie als Teambuilder gebraucht, um ein Team völlig neu aufzubauen, zum Beispiel im Kundenservice oder im Vertrieb?
> - Kommt es vor allem darauf an, dass Sie künftig Kosten senken und mit knappen Budgets dennoch die Kundenzufriedenheit und Qualität auf einem hohen Niveau halten? Sucht man vielleicht sogar den „Sanierer", der harte Einschnitte vorbereitet und durchsetzt?
> - Sind Sie dafür verantwortlich, bei einer strukturellen Reorganisation die richtigen Akzente in einem sich wandelnden Team zu setzen und das innerbetriebliche Change-Management proaktiv zu fördern?
> - Müssen Sie als kreativer Neuerer alte Zöpfe abschneiden, Prozesse optimieren und Innovationen nach vorne bringen?
> - Kommt es für Sie als Pionier vorrangig darauf an, ein neues Terrain für Ihre Firma zu betreten, zum Beispiel ein unbekanntes, erfolgversprechendes Marktsegment zu erschließen oder ein erweitertes Produktportfolio für Bestandskunden zu entwickeln?

Die einzelnen Schwerpunkte in Ihrer Führungsrolle lassen sich nicht unbedingt klar voneinander trennen. Überprüfen Sie für sich, was von Ihnen vorrangig erwartet wird und wie sich voraussichtlich im Laufe der nächsten Monate die Anforderungen verschieben. Achten Sie als Newcomer im Führungsjob vor allem darauf, dass Sie die maßgeblichen Ansprüche aus Sicht der übergeordneten Entscheider-Ebene im Blick behalten. Wenn Sie die Rollenerwartungen falsch verstehen, kann es Ihnen passieren, dass Sie sich zwar in Ihrem eigenen Team eine gute Reputation erarbeiten, aber Ihre eigentliche Mission nicht erfüllen. Vergegenwärtigen Sie sich deshalb, weshalb Ihr Führungsjob überhaupt existiert. Kommunizieren Sie dies einfühlsam gegenüber Ihrem Team, damit Ihr Handeln bei Ihren Mitarbeitern besser verständlich wird. Lassen Sie sich nicht auf „verborgene Aufträge" ein, bei denen Rollenkonflikte schon vorprogrammiert sind.

7.2 Überprüfen Sie fortlaufend Ihre eigenen Ziele und handeln Sie danach

Sehen Sie beruflichen Erfolg nicht primär als eine Funktion des Aufsteigens in der Hierarchie oder als Ergebnis einer ständigen Erweiterung Ihrer Macht- und Kontrollverantwortung – nach dem Motto: Je mehr Mitarbeiter ich führe, desto wichtiger bin ich, und desto weiter komme ich voran! Achten Sie vor allem darauf, Ihre eigenen Stärken und Potenziale zu entfalten. Streben Sie an, mit Zufriedenheit, Souveränität und Erfolgsorientierung in Ihrem Job tätig zu sein. Vielleicht bedeutet Karriere für Sie unter anderem, ein geschätzter, kompetenter und gerne konsultierter Mitarbeiter oder Kollege zu sein – unabhängig von der hierarchischen Funktion, die Sie ausüben. Wie auch immer Sie beruflichen Erfolg für sich definieren: Fixieren Sie sich nicht zu sehr darauf, dass vor allem die Führungsverantwortung selbst der Maßstab Ihres Vorankommens ist.

Die raschen Veränderungen, denen Firmen aufgrund marktwirtschaftlicher Prinzipien unterliegen, können dazu führen, dass Ihr Job in ein paar Jahren ganz anders aussieht. Selbst wenn Sie eine Teamleitung neu übernehmen werden, oder schon übernommen haben: Eine strukturelle Reorganisation kann alles wieder auf den Kopf stellen. Möglicherweise wird Ihr Team aufgelöst und Sie werden nach wenigen Monaten schon wieder aus der Führungsrolle herauskatapultiert.

Wenn Sie in turbulenten Zeiten Ihre langfristigen persönlichen und beruflichen Ziele konsequent verfolgen, haben Sie gute Chancen, auch einige Untiefen sicher zu umschiffen. Sie können nicht alles vorausplanen, sondern müssen mit einem erheblichen Grad an Unsicherheit und Unwägbarkeit in Wirtschaftsunternehmen leben. Schlagen Sie keine unnötigen Kapriolen. Gehen Sie nicht den Weg des geringsten Widerstandes, sondern besinnen Sie sich auf das, was Sie auszeichnet. Richten Sie den Blick sorgfältig auf Ihre eigene Biografie. Versuchen Sie die tragende eigene Linie zu erkennen. Damit ist nicht gemeint, dass Sie immer im angestammten Terrain herumkreisen sollen. Beachten Sie jedoch, dass zu gewagte Sprünge Sie leicht ins Abseits führen, da Sie Ihre ausgewiesenen Stärken und Kernkompetenzen nicht mehr ohne weiteres einbringen können.

> **BEISPIEL:** Falls Sie in Ihrer bisherigen beruflichen Karriere als Schwerpunkt im Bereich Forschung und Entwicklung tätig waren, ist es riskant für Sie, plötzlich Ihr Glück als Leiter in der Vertriebswelt zu suchen. In einer Führungsrolle benötigen Sie ein gutes Gespür dafür, mit welchen Mitarbeiterpersönlichkeiten Sie klarkommen. Sofern Sie bisher gerade im Umfeld des Kundenservice und des Vertriebs Ihre beruflichen Fähigkeiten bewiesen haben, tun Sie sich als Führungskraft womöglich schwer, wenn Sie künftig ein Team im Rechnungswesen oder im Controlling zu leiten haben. Die Mentalität der Mitarbeiter, der Zuschnitt Ihrer Führungsverantwortung und die Passung zum jeweiligen unternehmenskulturellen Umfeld sollten für Sie stimmig gewählt werden.

Konzentrieren Sie Ihre Energien darauf, für Sie günstige Rahmenbedingungen in Ihrer beruflichen Rolle herzustellen. Machen Sie sich bewusst, mit welchen Mitarbeitern in welchem Umfeld Sie ambitionierte Ziele am besten erreichen können. Gehen Sie nicht zu früh Kompromisse ein, etwa nur deshalb, weil Sie einfach führen wollen! Überlegen Sie, welche Aufgaben, welche Mitarbeiter, welcher hierarchisch-strukturelle Rahmen und welches Firmenumfeld am besten zu Ihnen passen.

Lehnen Sie eine Karriereperspektive ab, die zwar verlockend ist, aber nicht Ihrem Naturell entspricht. Je mehr Sie über sich selbst, Ihre Stärken, Ihre Neigungen, Ihre Potenziale und Ihre Erfahrungen wissen, desto sicherer können Sie berufliche Weichenstellungen einleiten. Setzen Sie im Zweifelsfalle auf Kontinuität und Beständigkeit sowie die Beibehaltung Ihrer eigenen Linie, auch wenn etwas nicht nach Plan läuft. Lernen Sie, mit Unsicherheit umzugehen. Gedulden Sie sich, falls sich die Dinge nicht so schnell entwickeln, wie Sie es sich vorstellen.

7.3 Kümmern Sie sich um die Entwicklung Ihrer Mitarbeiter

Sie sind als Teamleiter nur so gut wie Ihre eigene Mannschaft und Ihr Vermögen, gemeinsam mit Ihren Mitarbeitern die angestrebten Ziele zu erreichen. Dies setzt ein produktives und harmonisches, wechselseitige Zusammenspiel zwischen Ihnen und Ihrem Team voraus. Jeder Einzelne bringt im günstigen Falle seine Kompetenzen und sein Leistungsvermögen engagiert ein, um die gemeinsame Sache im interdisziplinären Teamwork voranzubringen. Maßgeblich für Ihren Erfolg im Führungsjob sind folglich weniger Ihre fachlichen oder methodischen Fähigkeiten, sondern vor allem Ihr Integrationsvermögen und das Geschick, alle Mitarbeiter für die motivierte Verfolgung des Auftrages Ihrer Einheit zu gewinnen.

Wenn Sie neu in die Rolle der Leitungskraft hineingehen, kommt es darauf an, dass Sie sich ein Team aufbauen, das zu Ihnen steht und das möglichst eigenständig arbeiten kann. Ihre Führungsverantwortung besteht darin, ein in sich abgerundetes Spitzenteam aufzubauen, in dem sich die Fähigkeiten und Fertigkeiten der einzelnen Mitarbeiter wirkungsvoll ergänzen und jeder auf den anderen zugeht. Die Herausforderung für Sie lautet, mit Ihren Mitarbeitern einen gangbaren Weg zu finden, damit die Chemie stimmt, der Funke überspringt und Sie gemeinsam an einem Strang ziehen. Schon so manches Team mit scheinbar überragenden „Spitzenspielern" ist kläglich gescheitert, weil ständige Rollenkonflikte, Selbstdarstellungsrituale und Hahnenkämpfe jeden Rest an gemeinsamem Team-Spirit zerstört haben.

Wenn Sie darauf setzen, dass sich etwa bei Spannungen im Team vieles von alleine regelt und Sie sich am besten aus allem heraushalten, werden Sie scheitern. Teamentwicklung ist kein Zufall, sondern das Ergebnis professioneller und beständiger Führungsarbeit. Es ist ein Missverständnis zu glauben, dass Teams sich vollständig selbst steuern und Führung damit fast überflüssig wird. Dies gilt jedenfalls nicht in „99 Prozent der Firmen" mit komplexer hierarchischer Aufbauorganisation: Seien Sie sich darüber im Klaren, dass Führung unteilbar ist und Ihr Team nur dann eine Top-Performance zeigt, wenn es kompetent von Ihnen gecoacht wird. Das bedeutet auch, dass Sie Entscheidungen klar treffen und gut begründen müssen. Sie können zwar viele Aufgaben an Ihr Team übertragen. Aber letztlich haben Sie die „Richtlinien-Kompetenz" und müssen sie auch ausüben. Übersetzen Sie deshalb wegweisende strategische Vorgaben Ihrer Firma in passende Teamziele.

Beziehen Sie dazu Ihre Mitarbeiter soweit es geht ein. Bereiten Sie wichtige Entscheidungen gemeinsam mit Ihren Mitarbeitern vor. Partizipative Einbeziehung heißt aber nicht, dem Team wichtige Entscheidungen selbst zu überlassen! Wenn etwas schiefgeht, müssen Sie dafür geradestehen. Sie tragen als Führungskraft die Verantwortung dafür, Risiken zu minimieren und Erfolgswahrscheinlichkeiten zu erhöhen. Nehmen Sie sich deshalb die Zeit, Schlüsselentscheidungen zu durchdenken, Meinungen und Empfehlungen Ihrer Mitarbeiter zu hören und zeitnah zu entscheiden. Stellen Sie, sofern möglich, Konsens her. Liefern Sie Begründungen und kommunizieren Sie diese in einem passenden Gesprächsrahmen, am besten im gesamten Team, sofern es alle betrifft. Ermöglichen Sie Mitwirkung, aber setzen Sie nicht auf Abstimmungen oder Mehrheitsvoten, wenn Sie selbst gefordert sind, Farbe zu bekennen. Erläutern Sie die Motive für durch Sie gefällte, abweichende Entscheidungen und investieren Sie dafür, alle an Bord zu holen, wenn es Bedenken gibt. Nehmen Sie Widerstände ernst und kehren Sie Gegenargumente nicht unter den Tisch.

Schützen Sie Ihr Team nach außen, wenn Ihre Mitarbeiter Rückhalt brauchen. Machen Sie sichtbar, dass Sie hinter jedem Ihrer Mitarbeiter stehen und kein Interesse daran haben, dass Einzelne in Ihrem Team attackiert werden, obwohl sie einen gemeinsam abgestimmten Teamauftrag verfolgen. Identifikation und innere Motivation Ihrer Mitarbeiter können Sie nur aufrechterhalten, wenn Sie auch für Einzelne in die Bresche springen und niemanden links liegen lassen. Greifen Sie bei Bedarf ein, damit Ihre Mitarbeiter nicht sauer gefahren werden oder sich in unproduktiven Auseinandersetzungen mit Dritten aufreiben. Werden Sie selbst aktiv, um rasch Klärungen herbeizuführen, wenn es vonnöten ist. Verstehen Sie sich als den „ersten Teamsprecher" Ihrer Mitarbeiter. Und gerade wenn Abstimmungen mit angrenzenden Abteilungen oder Vorgesetzten nötig sind und Ihre Mitarbeiter es nicht alleine schaffen: Setzen Sie sich frühzeitig für die Lösungsfindung ein, damit keine unnötigen Konflikte aufkeimen.

Betrachten Sie die Förderung Ihrer Mitarbeiter als wichtige Führungsaufgabe: Gute Mitarbeiter wollen vorankommen, Perspektiven erkennen und neue spannende Aufgaben übernehmen statt nur auf der Stelle herumzutreten. Zwar können Sie nicht jedem Beförderungen in Aussicht stellen, schon gar nicht in flachen Hierarchien. Aber es ist wichtig, dass Sie einen attraktiven Entwicklungsweg aufzeigen, die der Betreffende als Herausforderung begreifen kann: Interessante Aufgaben, abwechslungsreiche Projekte, vielfältige Kommunikationsgelegenheiten, neue Erfahrungen in einem anderen Umfeld oder direkte Kundenkontakte: Suchen Sie gemeinsam mit den einzelnen Mitarbeitern nach Modellen zur eigenen Weiterentwicklung „on- und near-the-job". Dazu gehört neben der Unterstützung am Arbeitsplatz auch das Vermitteln von Lernchancen, das Sammeln von erweiterten Praxiserfahrungen oder bei Bedarf ein weiterführendes, strukturiertes Qualifizierungskonzept.

7.4 Denken Sie über wichtige Entscheidungen gründlich nach

Als Führungskraft sind Sie nicht nur als Richtungsgeber, sondern vor allem auch als Entscheider gefordert: Setzen Sie erkennbare Signale, wo es langgeht. Viele Ihrer Entscheidungen haben meist nicht nur Konsequenzen für Sie selbst, sondern betreffen gleichermaßen einzelne Mitarbeiter und Ihr gesamtes Team. Und nicht nur das: Wenn Sie Entscheidungen unüberlegt treffen, können Sie Ihrer gesamten Firma Schaden zufügen und damit Risiken heraufbeschwören, die Sie im Vorhinein nicht vollständig abschätzen können. Nehmen Sie deshalb gerade in der Führungsrolle einen übergeordneten Standpunkt ein, von dem aus Sie das Ganze zu betrachten versuchen. Denken Sie nicht nur an sich selbst, sondern fokussieren Sie

Ihre Aufmerksamkeit auf die Auswirkungen von Entscheidungen auf alle Beteiligten – seien es Kunden, Mitarbeiter, Nachbarbereiche, eigene Vorgesetzte oder die interessierte Öffentlichkeit.

Natürlich haben nicht alle Ihre Entscheidungen eine so große Tragweite, dass Sie tage- oder wochenlang darüber nachdenken müssen. Es kommt auch darauf an, sich eine gewisse Spontaneität in der Entscheidungsfindung zu bewahren. Wenn Sie viel Erfahrung in der Führungsaufgabe besitzen, können Sie wahrscheinlich durch gesammelte Routine oftmals ganz schnell zu Ergebnissen kommen. Lassen Sie aber als Anfänger in der Leitungsfunktion unbedingt Vorsicht und besondere Sorgfalt walten: Überdenken Sie weitreichende Entscheidungen mindestens einige Tage. Vielleicht brauchen Sie auch einige Wochen, um zu einem tragfähigen Entschluss zu kommen! Oder Sie sind gefordert, sich zu beraten, zum Beispiel bei Vorgesetzten, Spezialisten oder Sachverständigen.

Vermeiden Sie es, Entscheidungen zu treffen, ohne sich ein Bild darüber gemacht zu haben, was im Nachhinein bei den einzelnen Alternativen alles passieren kann. Denken und handeln Sie vorausschauend. Analysieren Sie deshalb mögliche Entwicklungsverläufe und behalten Sie die unterschiedlichen Rahmenbedingungen im Blick.

Bei strategischen Entscheidungen hilft folgendes Szenarienmodell weiter:

- **Worst-case-Szenario:** Stellen Sie sich vor, es treten eher ungünstige Bedingungen ein, und es läuft nicht nach Plan. Was kann alles schiefgehen? Und welche Vorsichtsmaßnahmen können Sie ergreifen, um diesen eventuell unwahrscheinlichen Fall trotzdem unter Kontrolle zu behalten. Ganz ausschließen können Sie widrige Randbedingungen wahrscheinlich nicht. Durchdenken Sie diese Variante sorgfältig und suchen Sie nach präventiven Ansätzen zum Gegensteuern: Legen Sie sich eine Art „Notfall-Szenario" in die Schublade, damit es nicht in einer Katastrophe endet, wenn unvorhergesehene, widrige Entwicklungen eintreten.

- **Best-case-Szenario:** Dieser Ablaufplan geht davon aus, dass sich günstige Umstände einstellen und die Dinge besser als erwartet verlaufen. Was kann im positiven Falle – bei günstigen Randbedingungen zum Beispiel am Markt bzw. im Wettbewerb – geschehen und welche Chancen ergeben sich daraus? Denken Sie zum Beispiel an die Erwartungen Ihrer Kunden, an Qualitätsanforderungen, an Innovationen und effiziente Prozesse oder an die erzielbare Wertschöpfung. Wenn Sie einen „Best-Case" als kleine Vision vor Augen haben, kann dies sowohl Ihr Team als auch Sie selbst besonders motivieren und verborgene Energien freisetzen.

- **Probable-case-Szenario:** In dieser Variante spielen Sie gedanklich den Fall durch, der als besonders realistisch und wahrscheinlich anzunehmen ist. Es handelt sich um eine Synthese aus den beiden anderen Szenarien, wobei Sie auf dem Boden der Tatsachen und der zu erwartenden Randbedingungen eine plausible Zukunftsprognose abgeben.

Erarbeiten Sie solche Szenarien am besten gemeinsam mit Ihren Mitarbeitern. Nutzen Sie gerade die Fachkompetenz in Ihrem Team und suchen Sie nach einer hohen Qualität der Lösungsfindung aufgrund einer systematischen Entscheidungsvorbereitung. Trotz vielfältiger Analysen und Zukunftsprognosen kommt aufgrund meist unterschiedlicher Handlungsoptionen eines auf Sie zu: Sie müssen verbindlich entscheiden. Sie können nichts dem Zufall überlassen. Sei es, dass Sie ein Budget freizugeben haben, dass Sie Kompetenzen an Ihre Mitarbeiter übertragen oder dass Sie „Go-Entscheidungen" treffen, die oftmals nicht ohne weiteres rückgängig zu machen sind.

Begründen Sie getroffene Entscheidungen nachvollziehbar und kümmern Sie sich darum, auch Andersdenkende mit ins Boot zu holen, wenn es an die Umsetzung geht. Es mag sein, dass nicht jeder im Team so entschieden hätte wie Sie. Aber Sie tragen die Ergebnisverantwortung. Engagieren Sie sich dafür, dass getroffene Entscheidungen zeitnah zur Umsetzung gebracht werden und alle Beteiligten mitziehen. Stellen Sie sicher, dass erste kleine Erfolge erzielt werden. Und dass nicht einzelne „Abweichler" durch deren fehlende Unterstützung die vorgesehenen Aktivitäten zum Scheitern bringen. Dazu ist wiederum viel Information, Kommunikation und persönlicher Dialog von Ihnen gefordert: Reden Sie nicht um den heißen Brei herum: Machen Sie zum Beispiel bei einem schwierigen neuen Projekt deutlich, wie wichtig es Ihnen ist, dass jeder an Bord bleibt, mithilft und trotz wahrscheinlich aufkommender Turbulenzen das Schiff auf Kurs bringt.

Glauben Sie nicht, dass es genügt, einfach nur zu entscheiden! Meist ist die nachfolgende Überzeugungsarbeit das Wesentliche. Denn jeder Entschluss führt dazu, von anderen, ebenfalls denkbaren Alternativen Abstand zu nehmen. Entscheidungen haben manchmal etwas Unangenehmes an sich, nämlich das Sich-los-lösen von eventuell weiteren attraktiven Vorgehens-Varianten, von denen Sie sich „verabschieden" müssen. Und vor allem eines ist unvermeidlich: zügig einen konsequenten Übergang zum aktiven Handeln zu finden – und nicht mehr weiter zu sinnieren oder einer nicht verfolgten Option nachzutrauern. Alle für die Umsetzung Verantwortlichen müssen sich am besten geschlossen zum gewählten Weg bekennen. Dies wiederum setzt vor allem Identifikation voraus – und den Glauben, dass der eingeschlagene Weg tatsächlich zum Ziel führt. Sie sind deshalb beim Argumentieren gelegentlich als Prediger und Missionar gefordert, der Bedenkenträger vom Zweck und Nutzen Ihrer Entscheidung überzeugen kann.

Dies ist häufig eine Gratwanderung. Trotzdem lohnt es sich, beim Treffen von Führungsentscheidungen Mut und Konsequenz zu beweisen. Gehen Sie in diejenige Richtung, die Sie nach Abwägen aller überschaubaren Optionen für die beste halten. Nehmen Sie Ihre Mitarbeiter auf die „gemeinsame Reise" mit. Und holen Sie Ihr Team vor allem dort ab, wo es steht!

7.5 Fangen Sie nicht an, alles selbst machen zu wollen, wenn es nicht rund läuft!

Als Newcomer im Führungsjob unterliegen Sie der Gefahr, ausgehend von Ihren bisher im Berufsleben gesammelten Erfahrungen die falschen Schwerpunkte zu setzen, wenn es turbulent wird. Dies liegt daran, dass die Anforderungen in der Fachfunktion doch ganz andere sind als in der Führungsaufgabe. Als Fachmann oder Fach-

7.5 Fangen Sie nicht an, alles selbst machen zu wollen

frau ist man es gewohnt, sich in die Themen hineinzubohren und so lange selbst nach Lösungen zu suchen, bis etwas Ordentliches vorgezeigt werden kann. In der Führungsrolle ist ein solches Verhalten äußerst problematisch: Sie können als Führungskraft nicht Spezialist auf allen Gebieten sein und müssen sich schlichtweg um andere Aufgaben kümmern als ein Fachproblem bis ins Detail zu analysieren. Souveräne Führungskompetenz besteht darin, intelligent zu delegieren und vor allem den Blick darauf zu richten, dass die strategisch relevanten Ziele gemeinsam mit Ihrem Team erreicht werden.

Vermeiden Sie es deshalb, selbst in die Tiefe fachlicher Problemstellungen gehen zu wollen, wenn es in Ihrem Team versierte Experten für die jeweiligen Sachfragen gibt. Nun kann es sein, dass alle Mitarbeiter voll ausgelastet sind, womöglich schon Überstunden machen und beim besten Willen keine zusätzlichen Kapazitäten freigeschaufelt werden können. Oder dass anscheinend gar kein Spezialist vorhanden ist. In dieser Situation ist die Versuchung groß, selbst anzupacken, um schnell einen Auftrag zu erledigen. Brisant wird es gerade dann, wenn Vorgesetzte oder gar die Geschäftsleitung mit der Bitte auf Sie zukommen, dass Sie doch noch kurzfristig etwas erledigen mögen.

Nun gibt es keine Patentrezepte, wie Sie sich in solchen Drucksituationen zu verhalten haben, in denen das Tagesgeschäft Sie und Ihr Team bis aufs Äußerste fordern. Erwartungen der vorgelagerten Hierarchieebene müssen Sie natürlich vorrangig beachten. Und dementsprechend Prioritäten neu setzen. Vielleicht gibt es auch unzufriedene Kunden, die Sie spontan ansprechen und unvorhergesehen zusätzliche Wünsche anmelden. Oder Sie werden mit Reklamationen konfrontiert, die aus Ihrer Sicht ein zügiges Gegensteuern erfordern. Ich will Sie auch nicht davon abbringen, dass Sie selbst einzelne Sach- oder Fachthemen bearbeiten. Es kann durchaus sein, dass Sie neben Ihrer Führungsverantwortung schlichtweg fachliche Spezialaufgaben mit zu erledigen haben, was für viele Teamleiter durchaus typisch ist. Viele Führungskräfte auf der mittleren Führungsebene haben sowohl Führungs- als auch Fachverantwortung für einzelne Aufgabengebiete. Aber seien Sie auf der Hut und denken Sie darüber nach, ob es sinnvoll ist, wenn Sie den Job Ihrer Mitarbeiter vertretungsweise oder aufgrund von Überlastung mitmachen wollen!

Sie tappen unter Umständen in eine gefährliche Falle: Während Sie sich mit den Fachaufgaben befassen, vernachlässigen Sie wichtige Steuerungs- und Kommunikationsaufgaben. Sie riskieren auch, nur mittelmäßige Leistungen zu liefern, da Sie als Führungskraft eben nicht die beste Fachkraft sind – und hoffentlich auch nicht sein wollen. Ansonsten sind Sie der Falsche im Führungsjob! Verfallen Sie auch nicht in den Fehler, Spezialaufgaben anstelle Ihrer Mitarbeiter zu übernehmen. Nur weil Sie meinen, dass Sie Ihren Mitarbeitern dies nicht zumuten können. Oder weil Sie denken, dass Sie schneller alleine eine Lösung entwickeln. Oder weil Sie annehmen, dass damit Fehler (Ihrer Mitarbeiter?) vermieden werden.

Analysieren Sie die Ursachen, wenn Sie feststellen, dass immer wieder gravierende Engpass-Situationen auftreten. Finden Sie heraus, was genau der Grund dafür ist, dass es nicht funktioniert: Ist die Personaldecke zu dünn? Sind die Budgets zu knapp? Sind Ihre Mitarbeiter noch nicht erfahren genug? Gibt es Reibereien im Team? Glaubt Ihr Vorgesetzter, dass Sie „nebenbei" auch noch als Spezialist arbeiten können, wenn Not am Mann ist? Falls Sie in einer nicht zu exponierten Leitungsfunktion ein kleines Team zu führen haben, kann es sein, dass Sie da und dort durchaus noch eine zusätzliche fachliche Verantwortung zu übernehmen haben. Treten Sie aber bei einer Managementfunktion mit einer breiteren Führungsspanne nicht als „oberster Sachbearbeiter, Reparaturbetrieb und Feuerwehr" auf.

Gerade bei einem größeren Team dürfen Sie sich nicht verzetteln. Setzen Sie den Schwerpunkt auf koordinierende Steuerung, Priorisierung, Mitarbeiterdialog, Zielvereinbarungen und Feedback. Vermeiden Sie es, sich gewohnheitsmäßig auf die schnelle persönliche Auftragserledigung zwischen Tür und Angel für die Geschäftsleitung, den Kunden, die Nachbarabteilung – und, und, und – einzulassen. Sie werden nicht als „Key-account-Manager" bezahlt, der wichtige Schlüsselkunden im Vertrieb zu betreuen hat. Sondern Sie sind Teamleiter mit Leitungs- und Personalverantwortung. Zu Ihren

„internen Kunden" gehören auch Ihre eigenen Mitarbeiter, denen Sie unterstützend zur Seite stehen, damit diese überhaupt gute Leistungen im Team erbringen können!

7.6 Vermeiden Sie Fehler in der Kommunikation

Setzen Sie sich als Führungskraft das Ziel, zum Kommunikationsprofi zu werden. Dies bedeutet nicht, dass Sie sich vornehmen, mit aufgesetzten Rhetorik-Tricks und zweifelhaften Suggestiv-Techniken andere Menschen zu manipulieren. Im Gegenteil: Überzeugen Sie durch Echtheit, Glaubwürdigkeit und Verlässlichkeit in Ihrem persönlichen Auftreten. Sagen Sie das, was Sie denken, in einer nachvollziehbaren und partnergerechten Weise. Versuchen Sie nicht zu schauspielern oder von oben herab zu Ihren Mitarbeitern als dominanter Boss zu sprechen. Streben Sie stattdessen an, wichtige Mitarbeitergespräche oder Teamsitzungen intensiv vorzubereiten und den Dialog klar, prägnant und gut strukturiert zu führen. Vermeiden Sie es, auszuschweifen, Monologe zu führen oder sich selbst darzustellen. Bringen Sie die Dinge auf den Punkt, ohne jedoch mit der Tür ins Haus zu fallen.

> **Sie haben über wichtige Entwicklungen, Veränderungen oder Entscheidungen in Ihrem Unternehmen zu informieren. Gehen Sie am besten wie folgt vor:**
>
> - Beraumen Sie eine Informationsrunde frühzeitig an. Beziehen Sie alle Mitglieder in Ihrem Team möglichst gleichzeitig ein. Oder bilden Sie Teilgruppen, die Sie nacheinander ins Boot holen. Es sei denn, die Informationen betreffen nur Einzelne. Suchen Sie in diesem Falle am besten das individuelle Gespräch.
> - Bevorzugen Sie die persönliche, direkte Vermittlung von Informationen gegenüber der schriftlichen Kommunikation oder dem Senden elektronischer Mails. Setzen Sie auf das Gespräch von Auge zu Auge und beachten Sie die Beziehungsebene: Damit ist gemeint, dass die Chemie untereinander stimmen muss.

Und dass Sie dem Gegenüber mit Wertschätzung begegnen und auf „gute Schwingungen" achten, bevor Sie sensible Fakten oder Hintergrundinformationen auf den Tisch bringen. Achten Sie darauf, wie der andere reagiert: Sprechen Sie wahrgenommene Irritationen an. Und bemühen Sie sich um Klärung, bevor Sie wieder auf die Sachebene wechseln.

- Halten Sie Blickkontakt und beachten Sie Signale im nonverbalen Bereich, zum Beispiel in der Mimik und in der Gestik, oder in der Sitzhaltung.
- Sprechen Sie per „ich" und nicht per „man". Suchen Sie eine persönliche Form der Ansprache. Vermeiden Sie Ratschläge, Bewertungen oder gar Abwertungen. Hören Sie auf stichhaltige Argumente und nehmen Sie Feedback an, um darüber nachzudenken.
- Achten Sie auf mögliche „Störungen" in der Kommunikation. Wenn der andere „zu" macht, werden Sie ihn nicht erreichen! Beseitigen Sie zuerst Kommunikationsbarrieren, bevor Sie inhaltliche Botschaften im Dialog vermitteln. Sprechen Sie Kommunikationsblockaden einfühlsam an: „Was beschäftigt Sie gerade?" „Gibt es etwas, was Sie unzufrieden macht?" „Was kann ich tun, damit wir weiter offen und ernsthaft miteinander reden können?"
- Kommunizieren Sie adressatengerecht: Wählen Sie eine Sprache, die verstanden wird. Fassen Sie sich kurz. Achten Sie auf ausgewogene Gesprächsanteile. Vermeiden Sie es, Hierarchie-, Macht- oder Statussymbole demonstrativ einzusetzen. Führen Sie nicht das Gespräch vom Schreibtisch aus, wenn Sie besser am runden Tisch partnerschaftlich miteinander reden könnten.
- Nehmen Sie eine fragende Grundhaltung ein. Fördern Sie den vertieften Dialog durch offene Fragen, ohne jedoch auszufragen. Investieren Sie Zeit, um die Gründe für wichtige Richtungsentscheidungen und Handlungsbedarfe sichtbar zu machen. Beachten Sie geäußerte Bedenken und Einwände.
- Wenn Sie spüren, dass Widerstände aufkommen oder Ihre vorgetragene Position sogar deutlich abgelehnt wird, fordern Sie zum Nachdenken in Ruhe auf. Suchen Sie zwar den kontroversen Gedankenaustausch. Aber vermeiden Sie bei kniffligen Entscheidungen endlose Diskussionen, die sich im Kreis drehen.

> Manchmal muss einfach Zeit verstreichen, bevor man wieder in eine erneute Erörterung des Für und Wider eintritt.
> - Verdeutlichen Sie die Prioritäten. Machen Sie Verantwortlichkeiten, Erfolgskriterien, Terminhorizonte zur Umsetzung und zugehörige Meilensteine sichtbar.

Wichtig für Sie als Newcomer in der Führungsrolle ist es, dass Sie souveräne Kommunikation als eine wesentliche Führungsaufgabe begreifen. Gehen Sie auf Menschen zu! Bemühen Sie sich ernsthaft, vorbildlich zu informieren und zu kommunizieren. Und betrachten Sie dies auch als Ihre „Bringschuld". Geben Sie zu erkennen, dass Sie daran interessiert sind, die Meinungen und Sichtweisen Ihrer Mitarbeiter kennen zu lernen. Und dass Sie ein offenes Ohr für Probleme haben, die den Einzelnen beschäftigen – selbst wenn diese über rein berufliche Fragen hinausgehen. Signalisieren Sie, dass Ihre Tür stets offen ist, wenn es brennt oder wenn Gesprächsbedarf besteht. Und halten Sie sich auch an dieses Versprechen. Leere Worte kommen nicht gut an!

7.7 Gehen Sie Konflikten nicht aus dem Weg

Eine wichtige Anforderung in der Führungsaufgabe besteht darin, Standfestigkeit bei der Auseinandersetzung mit Konflikten zu entwickeln. Dies gilt vor allem auch für Kritik, die an Ihnen selbst geübt wird. Es wird mit hoher Wahrscheinlichkeit dazu kommen, dass der eine oder andere mit Ihnen und Ihrem Verhalten in der Führungsrolle unzufrieden ist. Aus welchen Gründen auch immer Ihr Führungsstil nicht den Erwartungen entspricht: Stellen Sie sich mental darauf ein, dass Sie es nicht jedem recht machen können. Und rechnen Sie damit, dass Sie nicht ohne weiteres ein offenes und vertrauliches Feedback erhalten. Sondern dass indirekt, vielleicht „hinten herum", gemeckert wird, ohne dass Sie zunächst etwas davon erfahren. Vielleicht sagt der eine oder andere Ihnen auch mutig ins Gesicht, was ihm an Ihnen nicht passt.

Lassen Sie sich dadurch nicht aus der Ruhe bringen. Ich weiß, dies ist leichter gesagt als getan: Wir sind meist doch recht anfällig für Kritik, gerade wenn sie verletzend wirkt – eventuell sogar unbeabsichtigt! Und es kann Ihnen passieren, dass Sie eine kritische Rückmeldung ziemlich wurmt, etwa weil Sie sich wirklich Mühe gegeben haben, die Dinge gut zu machen. Sie können dann gar nicht verstehen, warum Sie angegriffen werden. Oder Sie empfinden die Kritik als unberechtigt, können sich aber nicht gleich wehren, da auch Dritte im Hintergrund mit angesprochen sind. Es kann sein, dass die Kritik bei Ihnen einen wunden Punkt trifft, an dem Sie besonders empfindlich sind. Zum Beispiel deshalb, weil dort schon früher andere bei Ihnen den Finger in die Wunde gehalten haben und Sie deshalb ziemlich empfindlich reagieren. Eventuell geht die Kritik sogar unter die Gürtellinie, so dass Sie sich als Person angegriffen fühlen.

Stellen Sie sich folgende Äußerungen vor, die spontan Ihnen gegenüber getätigt werden – zum Beispiel von Vorgesetzten, Mitarbeitern, Kollegen oder Kunden: „Sie können gar keinen Blickkontakt halten." Oder: „Als Führungskraft scheint Ihnen wohl das Händchen für das Zwischenmenschliche zu fehlen." „Oder Sie agieren wie ein Elefant im Porzellanladen." Oder: „Was Sie da sagen, versteht doch keiner. Sie sind viel zu umständlich in Ihrer Ausdrucksweise. Können Sie das nicht mal auf den Punkt bringen?" Oder: „Sie informieren viel zu spät. Da ist das Kind schon längst in den Brunnen gefallen."

Solche oder ähnliche Rückmeldungen hören Sie bestimmt nicht gerne. Vielleicht denken Sie: Ist da ein Körnchen Wahrheit daran? Es ist verständlich, dass Ihnen solche Rückmeldungen nahe gehen. Lernen Sie, mit mehr oder weniger qualifizierten Feedbacks umzugehen, ohne dass Ihnen gleich das Herz in die Hose fällt. Als Führungskraft treten Sie häufiger ins Fettnäpfchen. Es ist viel wert, wenn Sie überhaupt eine Kritik als persönliche Rückmeldung erhalten. Falls aber hinter vorgehaltener Hand negativ über Sie gesprochen wird, ist dies meist viel unangenehmer: Unter Umständen ziehen die Wirkungen im Verborgenen für Sie unkontrollierbar weite Kreise.

7.7 Gehen Sie Konflikten nicht aus dem Weg

Sie können auch in einen Konflikt hineingeraten, der tiefere Ursachen hat. Die geäußerte Kritik ist unter Umständen gar nicht unmittelbar auf Ihre eigene Person bezogen. Ein Beispiel: Sie werden als Vorgesetzter in der Rolle des Leiters als „einer von oben" eingeordnet und kriegen Ihr Fett ab, obwohl Sie gar nichts dafür können. Oder Sie verstricken sich in Machtkämpfe zwischen einzelnen Bereichen, die sich unterschwellig bekriegen – zum Beispiel der Außendienst und der Innendienst. Oder es gibt Neider, die Ihnen den Erfolg der Beförderung nicht gönnen wollen. Machen Sie nicht den Fehler, sich auf das gleiche Niveau zu begeben, wenn Sie unfair und aggressiv attackiert werden: Bleiben Sie ruhig, reagieren Sie sachlich und abgeklärt – auch wenn Sie viel lieber aus der Haut fahren und dem anderen ordentlich Ihre Meinung sagen würden. Vermeiden Sie Eskalationen auf der gefühlsmäßigen Ebene und lassen Sie sich nicht provozieren.

Weichen Sie Auseinandersetzungen aber nicht aus. Packen Sie die heißen Eisen an, wenn Sie als Führungskraft nicht untergehen wollen. Es gibt immer da und dort kleinere Rivalitäten, Revierkämpfe und Machtspielchen. Das ist in jeder Firma so! Sie können nicht sagen, dass Sie damit nichts zu tun haben wollen und ständig ausweichen oder alles ignorieren. Manchmal müssen Sie Farbe bekennen und „gegenhalten". Denken Sie daran, dass Sie gerade in emotionsträchtigen Konfliktsituationen als Vorbild wirken: Wenn Sie selbst über die Stränge schlagen, wirkt dies sehr negativ – gerade auf Ihre eigenen Mitarbeiter. Sie verlieren an Glaubwürdigkeit und Standing. Legen Sie sich eine Elefantenhaut zu. Lassen Sie unfaire Attacken abprallen. Trainieren Sie dies, zum Beispiel durch mentales Training, gezielte Entspannungstechniken und konstruktiven Dialog, den Sie auch als „Trockenübung" mit sich selbst einüben können.

Gehen Sie mit ungehaltenen Streithähnen sehr vorsichtig um, und „reizen" Sie diese nicht weiter. Zeigen Sie stoische Ruhe, auch wenn das den anderen auf die Palme bringt. Vielleicht müssen Sie einiges über sich ergehen lassen. Aber reagieren Sie nicht unbedacht durch aggressive Gegenmanöver. Rasch sind Sie bei unbeherrschtem Verhalten in der Defensive – gerade dann, wenn Sie mit „alten Hasen" fighten, die wissen, in welchen Bereichen Sie angreifbar sind. Achten

Sie darauf, dass Sie verbalen Feldschlachten aus dem Wege gehen. Schreiben Sie lieber Ihrem Gegenüber in Ruhe eine kleine, höflich gefasste Gegendarstellung und machen Sie plausible Vorschläge, wie der Konflikt entschärft werden kann.

Geben Sie nicht klein bei. Zeigen Sie Entgegenkommen und beweisen Sie den Willen zur ernst gemeinten Suche nach Verständigung. Suchen Sie nach dem kleinsten gemeinsamen Nenner. Sofern Sie selbst einen Fehler gemacht haben: Beweisen Sie Einsicht, entschuldigen Sie sich und bringen Sie glaubhaft Ihr Bedauern über die Wirkung Ihres Verhaltens zum Ausdruck. Setzen Sie auf Wiedergutmachung, wenn Sie etwas falsch gemacht haben. Eine kleine Demutsgeste bewirkt manchmal Wunder – und kann so manchen Eiferer wieder versöhnen. Ein hohes Maß an Streitkultur gehört im Business gerade in der Managementetage dazu! Als Teamleiter spüren Sie gelegentlich mehr von der „rauen Luft", die manchmal durch unsere Unternehmen bläst.

7.8 Verstehen Sie Ihren Führungsauftrag vor allem aus der Sicht Ihrer Kunden und Ihrer Mitarbeiter

Entwickeln Sie einen geschärften Blick für den Nutzen Ihres Handelns, wenn Sie die Führungsrolle erfolgreich gestalten wollen. Leistung als Führungskraft zu zeigen heißt nicht, ein Fachthema abzuarbeiten oder ein Projekt zum Abschluss zu bringen. Sie sind eher als interner Dienstleister gefragt, der zwischen verschiedenen Interessenpositionen vermittelt: Steuern Sie als effektiver Teamleiter die Tätigkeiten Ihrer Mitarbeiter so, dass vor allem die Erwartungen der Kunden und die Ziele Ihres Unternehmens in den Mittelpunkt gerückt werden. Wenn Sie es dann noch schaffen, für ein produktives Teamklima, ein hohes Maß an Mitarbeiterzufriedenheit und Entwicklungsperspektiven für jeden Einzelnen zu sorgen, machen Sie einen guten Job!

Eine wesentliche Aufgabe in Ihrer Leitungsfunktion besteht darin, zu erkennen, wie Prioritäten sinnvoll gesetzt werden. Man kann viel

7.8 Führungsauftrag vor allem aus der Sicht Ihrer Kunden und Ihrer Mitarbeiter

tun, ohne dass tatsächlich etwas bewegt wird. Es gibt Situationen, in denen das Tagesgeschäft brummt, viele Überstunden gemacht werden und jeder an die Grenze der persönlichen Belastbarkeit geht. Und trotzdem wird nicht das erreicht, was erreicht werden soll. Eine Menge Arbeit auf dem Tisch liegen zu haben und immer mehr davon abzuarbeiten, bedeutet noch längst nicht, dass das Richtige – und Wichtige – bearbeitet wird. Von Ihnen wird als Führungskraft erwartet, dass Sie Kundenorientierung als obersten Maßstab definieren. Und ich gehe davon aus, dass Kundenloyalität und wirtschaftliches Erfolgsinteresse Ihres Unternehmens eng verknüpft sind: Nur dort, wo Kunden immer wieder neu gewonnen, langfristig gebunden und auch zufrieden sind, kann ein Unternehmen im turbulenten Wettbewerb bestehen.

> **Nehmen Sie einen übergeordneten Standpunkt ein. Fragen Sie sich:**
>
> - Haben Sie in Ihrem Team die richtigen Schwerpunkte gesetzt, um die Kunden dauerhaft zufrieden zu stellen?
> - Welchen Auftrag haben Sie und Ihr Team für Ihre Kunden?
> - Wie lautet die Team-Mission, der Sie sich verpflichten?
> - Woran erkennen Sie, dass Ihre Kunden die Leistungen Ihres Teams zu würdigen wissen?
> - Wie ist es um die Messung der Kundenzufriedenheit bestellt?
> - Haben Sie gut nachvollziehbare, controllingfähige Indikatoren erarbeitet, um zu erkennen, ob die erbrachten Leistungen von den Kunden positiv bewertet werden?
> - Können Ihre Mitarbeiter den unternehmensstrategischen Auftrag im Hinblick auf die von Ihrem Team erwarteten Leistungen nachvollziehen?

Sensibilisieren Sie jeden im Team dafür, wofür der Kunde wirklich zahlt! Es gibt Kriterien wie Qualität, Geschwindigkeit, Sorgfalt, Prozesseffizienz, Innovation oder Kundenfreundlichkeit, an denen Sie immer wieder arbeiten sollten. Dazu bieten sich vielfältige Möglichkeiten an: reflektierende Teamgespräche und Teamtrainings, Workshops zur Standortbestimmung, regelmäßige „Updates" der gemeinsamen Team-Mission, Ausarbeitung von Leitsätzen für Kundenorientierung und Leistung oder die Einführung von Messwerten, die Anhaltspunkte für die Beurteilung der Teamleistung bieten. Sie können auch Kundenbefragungen und stichprobenartige Checkups durchführen, in denen neutrale Dritte prüfen, wie es um die Kundenorientierung in Ihrem Team bestellt ist.

Setzen Sie sich dafür ein, dass der Wertbeitrag Ihres Teams an Transparenz gewinnt. Verschließen Sie sich nicht gegenüber überprüfbaren Maßnahmen zum Controlling und zur Diagnose der Leistungsqualität aus Kundenperspektive. Betrachten Sie Ihren eigenen Führungsauftrag auch aus dem Blickwinkel, dass Sie zum Erhalt der Arbeitsplätze beitragen, wenn Sie Kundenorientierung zum obersten Maßstab erklären. Setzen Sie sich dafür ein, herauszuarbeiten, wer Ihre Kunden tatsächlich sind: Dies ist keineswegs selbstverständlich. Gerade dann, wenn Sie in einer Serviceeinheit oder in einem zentralen oder dezentralen Unternehmensbereich tätig sind, können vielfältige Nutzer Ihrer Leistungen als externe oder auch interne Kunden aufgefasst werden. Verstehen Sie Ihr Team aus unternehmerischer Sicht wie eine kleine Firma, die sich nach Wirtschaftlichkeits- und Effizienzkriterien fortlaufend analysieren, selbstkritisch hinterfragen und auf dem aktuellen Stand halten muss.

Wehren Sie sich gegen Routine, die keinen Mehrwert schafft. Schneiden Sie alte Zöpfe ab und bekennen Sie sich sowohl zu Effektivität als auch zu Effizienz: Sorgen Sie dafür, dass im Team die wesentlichen Dinge richtig gemacht werden: sowohl unter zeitökonomischen Kriterien als auch mit Bezug zum gestifteten Kundennutzen und zum nachweisbaren Wertbeitrag. Denken Sie gemeinsam mit Ihrem Team darüber nach, worauf es vorrangig ankommt. Auch wenn es abgedroschen klingt: Der Kunde muss tatsächlich im Mittelpunkt stehen – und zwar auf der Ebene des Handelns, nicht im Sinne einer unverbindlichen Verbal-Akrobatik. Führen heißt insofern: Kundenorientierung vermitteln und immer wieder neu mit Leben füllen. Dies zu betonen ist keine dogmatische Antreiberfunktion, die Sie als Vorgesetzter einnehmen: sondern die Rolle des vitalen Impulsgebers. So wie Sauerstoff zum Leben unabdingbar ist, brauchen Ihre Mitarbeiter eine dauerhafte Richtungsanzeige, um das langfristige Überleben Ihres Teams und Ihres Unternehmens sicherzustellen.

7.9 Respektieren Sie Ihre eigenen Grenzen

Wenn Sie sich auf die Fahnen geschrieben haben, einen guten Job als Führungskraft zu machen, müssen Sie nicht der Alleskönner sein. Das erwartet niemand von Ihnen. Ihre wesentliche Verantwortung besteht darin, Richtung aufzuzeigen, zweckmäßig und einfühlsam zu steuern sowie für die effektive Zielerreichung gemeinsam mit Ihrem Team zu sorgen. Das heißt keineswegs, dass Sie fachlich der Beste sein müssen. Dies ist der falsche Anspruch. Wahrscheinlich wissen Sie auch nicht auf Anhieb in allen Führungssituationen, wo es jeweils langgeht und was im Einzelnen zu tun ist. Nehmen Sie sich die Zeit, komplexe Probleme im hektischen Führungsalltag in Ruhe zu analysieren. Versuchen Sie, aufkommende Konflikte zu erkennen und beharrlich zu bearbeiten. Sorgen Sie dafür, dass niemand auf der Strecke bleibt, wenn unterschiedliche Erwartungen und Wünsche in Ihrem Team ein zähes Ringen um die beste Lösung erfordern.

Setzen Sie sich ernsthaft mit sensiblen zwischenmenschlichen Fragen auseinander, die gelegentlich unvermittelt auf Sie zukommen: Sei es, dass Ihre Mitarbeiter persönliche Anliegen an Sie herantragen, oder dass Sie von Ihrer Seite auf das eine oder andere Spannungsmoment in der Teamatmosphäre aufmerksam werden. Beleuchten Sie nicht nur die Sachebene, sondern gerade die Beziehungsebene, wenn Störungen in der Kommunikation oder heikle Situationen im Miteinander entstehen. Klären Sie zuerst das Verhältnis der Beteiligten untereinander. Suchen Sie nach Erfolg versprechenden Dialog-Ansätzen, um einen ruhigen, respektvollen Gedankenaustausch zu fördern, wenn Fronten sich verhärtet haben.

Zeigen Sie als Führungskraft ein hohes Maß an innerer Flexibilität, um sich auf die unterschiedlichen Menschen, Umstände und Zielanforderungen einzustellen. Es gibt keinen universellen Führungsstil, den Sie „aus der Tasche zücken" könnten, um beispielsweise in einer angespannten Situation im Team gleich eine Lösung zu finden. Je nach Konstellation kann es sinnvoll sein, eher zu strukturieren, zu moderieren, aktiv zuzuhören oder Feedback zu geben. Das ist ge-

7. KAPITEL — Behaupten Sie sich dauerhaft in der Führungsrolle

rade das Schwierige am Führen: Patentrezepte stehen nicht zur Verfügung. Den Stein der Weisen, wie man „richtig führt", hat noch keiner gefunden! Führung setzt gerade eine persönliche Note und eine individuelle, souveräne Wirkung voraus. Für Sie bedeutet dies: Finden Sie Ihren eigenen Weg. Manchmal müssen Sie experimentieren und vor allem aus gesammelten Erfahrungen lernen. Wenn Sie Ihren Mitmenschen mit Toleranz, Wertschätzung und Offenheit begegnen, sich glaubwürdig an ethisch-moralische Maximen halten und in Ihrem Verhalten verbindlich und überzeugend auftreten haben Sie schon gute Karten.

Aber seien Sie vorsichtig, sich nicht auf Glatteis zu begeben: Wenn Sie spüren, dass Sie selbst unsicher sind, ergreifen Sie nicht die Flucht nach vorne, indem Sie etwa aktionistisch einzelnen Mitarbeitern Anweisungen geben, die Sie später womöglich wieder in Frage stellen. Verschieben Sie auch nicht immer wieder nötige Entscheidungen. Aussitzen oder „aus dem Felde gehen" passen nicht zu kompetenter Führung. Setzen Sie auf weitgehende Gestaltungs- und Entscheidungsspielräume für Ihr Team. Verfallen Sie jedoch nicht in einen unverbindlichen Laissez-Faire-Führungsstil, indem Sie sich aus allem heraushalten. Farbe müssen Sie schon bekennen. Das wird von Ihnen als Führungskraft erwartet, vor allem in Ihrem eigenen Team. Es ist kein Weltuntergang, wenn Sie zum Ausdruck bringen, dass Sie unsicher sind oder den richtigen Lösungsansatz in einer kniffligen Führungssituation spontan nicht kennen. Von Ihnen kann niemand erwarten, dass Sie wie Superman auftreten, der wie aus der Pistole geschossen Rat weiß, wenn andere nicht mehr weiterkommen. Sie gewinnen an Akzeptanz und Vertrauen, wenn Ihre eigene menschliche Seite öfters zum Vorschein kommt:

Lassen Sie erkennen, dass Sie nicht nur einen Führungsanspruch im Business vertreten, sondern dass Sie ein ganz normaler Mensch mit Stärken und Schwächen sind. Dazu gehört, dass Sie im Dialog mit Ihren Mitarbeitern, z. B. im gelegentlichen Small-Talk, deutlich machen, dass da „noch mehr ist als Ihr Job": Wenn Sie nur für die Firma da zu sein scheinen, können Sie kaum als ausgewogene Persönlichkeit und überzeugendes Verhaltensvorbild wahrgenommen werden. Sprechen Sie ruhig in passenden Situationen über Ihre Frei-

7.9 Respektieren Sie Ihre eigenen Grenzen

zeit, Ihre Hobbies, Sport, Familie, Kinder und, und, und ... Ihre Mitarbeiter möchten Sie gerne als Menschen „wie Du und ich" erleben, der die Freuden des Lebens genießt. So, wie jeder im Team selbst mit den mehr oder weniger großen Sorgen und Nöten des Alltags zu kämpfen hat.

Verheben Sie sich nicht: Wenn Sie spüren, dass eine Führungsaufgabe eine Nummer zu groß ist, sollten Sie lieber einen Gang zurückschalten. Schlagen Sie sich nicht nach Cowboy-Mentalität wie im Wilden Westen überall durch – ohne Rücksicht auf Verluste. Besser ist es, wenn Sie sich auf leistbare Aufgaben konzentrieren, bei denen Sie sich sicher im Sattel fühlen – sei es aufgrund Ihrer Berufs- und Lebenserfahrung oder Ihrer Ausbildung und Ihrer fachlichen oder persönlichen Kompetenz. Suchen Sie bei Bedarf Unterstützung. Ihr erster Ansprechpartner ist hierzu im Unternehmen Ihr eigener Chef. Gleichermaßen sollten Sie den Kontakt zu anderen Führungskräften, Kollegen und Menschen Ihres Vertrauens innerhalb und außerhalb der Firma pflegen: Ihr soziales Netzwerk, das Sie gerade im Führungsjob ausbauen sollten, spielt eine große Rolle, wenn Sie etwa in schwierigen zwischenmenschlichen Berufs- und Lebenssituationen Rückhalt benötigen. Denken Sie auch darüber nach, sich durch ein ehrenamtliches Engagement in einem Verein, einer sozialen Einrichtung oder einer gesellschaftspolitischen Funktion außerhalb Ihres Unternehmens für die Gemeinschaft zu engagieren.

Nehmen Sie keine überhöhten Herausforderungen an, bei denen die Risiken für Sie unüberschaubar sind und die Wahrscheinlichkeit, dass Sie scheitern, groß ist. Sagen Sie im Zweifelsfall eher „Nein" statt „Ja" – auch wenn das Nein-Sagen meist schwer fällt und Sie womöglich nicht so gerne ein attraktives Angebot ablehnen, falls interessante Karrierechancen winken. Achten Sie auf Ihre innere, psychophysische Ausgeglichenheit. Gehen Sie nicht zu rasch nach vorne. Zügeln Sie Ihre Ungeduld und bremsen Sie den „inneren Antreiber", der in Ihnen selbst die Messlatte ganz hoch hängt. Sie brauchen keine Hochgeschwindigkeits-Karriere anzustreben. Betreten Sie lieber überschaubares Terrain und suchen Sie vor allem nach langfristig erfolgversprechenden beruflichen Pfaden. Wer rasch als Chef beweisen will, was für ein toller Hecht er ist, wird anfällig dafür, jäh gebremst zu werden.

Suchen Sie von Zeit zu Zeit den Weg nach innen, durch Selbstreflexion und Achtsamkeit, durch Auszeiten, durch Gewinnen von Abstand und sogar durch eine gezielte Verlangsamung Ihres Handelns – auch wenn die Drehzahlen im Business hoch sind und Sie manchmal einen Turbolader gut gebrauchen könnten, um im hektischen Führungsalltag nicht aus der Bahn geworfen zu werden. Wenn Sie aber Ruhe, Ausgewogenheit, Entschlusskraft, Verlässlichkeit und Richtung erkennen lassen, werden Sie an Autorität und Respekt gewinnen. Erspüren Sie eigene Grenzen. Achten Sie auf Signale, die hohe Risiken anzeigen. Suchen Sie Ihre Chance, wenn Sie eine realistische Herausforderung erkennen, die Sie voraussichtlich auch meistern können: Forschen Sie nach „Zonen Ihrer nächsten eigenen Entwicklung": in Richtung eines gangbaren persönlichen Weges, bei dem Sie mehr über sich erfahren, wachsen und hinzulernen können, ohne den Überblick zu verlieren. Stecken Sie den Kopf nicht in den Sand, wenn Sie sich dessen bewusst werden, dass Sie etwas nicht schaffen oder bewältigen können: Gerade aus der vertieften Wahrnehmung eigener Grenzen oder auch aus der bewussten Verarbeitung von Rückschlägen können Sie viel über sich selbst erfahren. Sie sind nicht unfehlbar und wohl nicht der große Zampano, der es allen beweisen muss.

Literaturverzeichnis

Altmann, G., Fiebiger, H., Müller, R.: Mediation: Konfliktmanagement für moderne Unternehmen, Beltz, Weinheim, 2004.

Asgodom, S.: Leben macht die Arbeit süß. Wie Sie Ihr persönliches Work-Life-Konzept entwickeln. Ullstein, Berlin, 2004.

Backerra, H., Huhn, G.: Selbstmotivation – sich selbst gewinnen lassen. Hanser, München, 2004.

Becker, M.: Personalentwicklung, Schäffer-Poeschel, Stuttgart, 2005 (4. Auflage).

Bleicher, K.: Das Konzept Integriertes Management. Visionen – Missionen – Programme. Campus, Frankfurt/M., 2004 (7. Auflage).

Büdenbender, U., Strutz, H.: Kompakt-Lexikon Personal. Gabler, Wiesbaden, 2005.

Bühner, R.: Mitarbeiterkompetenzen als Qualitätsfaktor. Hanser, München, 2004.

Csikszentmihalyi, M.: Flow im Beruf. Das Geheimnis des Glücks am Arbeitsplatz. Klett-Cotta, Stuttgart, 2004.

Dehner, U., Dehner, R.: Coaching als Führungsinstrument. Campus, Frankfurt/M., 2004.

Faerber, Y.: Karrierefaktor Mitarbeiter-Führung. Haufe, Freiburg, 2004.

Fersch, H. M.: Leistungsbeurteilung und Zielvereinbarungen in Unternehmen, Gabler, Wiesbaden, 2002.

Fischer-Epe, M.: Coaching, Rowohlt, Reinbek, 2002.

Gehringer, J., Michel, W. J.: Mitarbeiter erfolgreich machen. Metropolitan, Regensburg, 2003.

Herndl, K.: Führen im Vertrieb. So unterstützen Sie Ihre Mitarbeiter direkt und konsequent. Gabler, Wiesbaden, 2005.

Hofbauer, H., Winkler, B.: Das Mitarbeitergespräch als Führungsinstrument, Hanser, München, 2002.

Jetter, F., Skrotzki, R.: Management-Wissen Führungskompetenz – Lernimpulse für Führungskräfte, Metropolitan, Düsseldorf, 2001.

Kamiske, G. F., Brauer, J.-P.: Qualitätsmanagement von A bis Z – Erläuterungen moderner Begriffe des Qualitätsmanagements, Hanser, München, 2005.

Klinkhammer, H. (Hrsg.): Personalstrategie, Luchterhand, Frankfurt, 2002.

Kratz, H.-J.: Chef-Checkliste Mitarbeiterführung. Die 99 wichtigsten Regeln. Walhalla, Regensburg, 2006.

Kress, N.-M., von Studnitz, A.: Überlebensstrategien für Führungskräfte. Gabler, Wiesbaden, 2001.

Kunz, G.: Das strukturierte Mitarbeitergespräch – erfolgreich einführen, inhaltlich gestalten, konstruktiv weiterentwickeln, Luchterhand, München, 2004.

Kunz, G.: Fachkarriere oder Führungsposition. So stellen Sie die Weichen richtig. Campus, Frankfurt/M., 2005.

Kunz, G.: Führen durch Zielvereinbarungen – Im Change-Management Mitarbeiter erfolgreich motivieren, C.H.Beck, München, 2003.

Kunz, G.: Nachwuchs fürs Management. High Potentials erkennen und gezielt fördern. Gabler, Wiesbaden, 2004.

Lisges, G., Schübbe, F.: Personalcontrolling. Haufe, Freiburg, 2004.

Malik, F.: Führen – Leisten – Leben. Wirksames Management für eine neue Zeit. DVA, Stuttgart, 2000.

Meier, J.: Erfolgreiche Führungsgespräche – Gesprächstechniken für Führungskräfte. Gabal, Offenbach, 2004.

Mentzel, W.: Personalentwicklung – Erfolgreich motivieren, fördern und weiterbilden. Beck im dtv (4. Auflage), München, 2012.

Mutafoff, A., Glatz, I.: Ziele vereinbaren und Strategien realisieren, MI, Landsberg, 2001.

Nerdinger, F. W.: Erfolgreich führen, Beltz, Weinheim, 2000.

Nerdinger, F. W.: Formen der Mitarbeiterbeurteilung in Unternehmen, Beltz, Weinheim, 2001.

Pollack, W., Prik, D.: Personalentwicklung in lernenden Organisationen, Gabler, Wiesbaden, 2001.

Preyer, K.: Beruflicher Aufstieg durch Weiterbildung, Bund-Verlag, Frankfurt, 2002.

Riekhof, H.-C. (Hrsg.): Strategien der Personalentwicklung, Gabler, Wiesbaden, 2002.

Saaman, W.: Für den arbeite ich gerne. Signum, Seedorf, 2002.

Schröder, J. P., Blank, R.: Stressmanagement. Stress-Situationen erkennen – erfolgreiche Maßnahmen einleiten. Cornelsen, Hamburg, 2004.

Schuler, H. (Hrsg.): Lehrbuch der Personalpsychologie, Hogrefe, Göttingen, 2001.

Schwuchow, K., Gutmann, J.: Jahrbuch Personalentwicklung 2006 Ausbildung, Weiterbildung, Management Development, Luchterhand, München, 2005.

Seiwert, L. J.: Wenn du es eilig hast, gehe langsam. Mehr Zeit in einer beschleunigten Welt. Campus, Frankfurt/M., 2005.

Spachtholz, B.: Stress und Angst überwinden. Strategien, Methoden, Übungen für mehr Gelassenheit. Walhalla, Regensburg, 2005.

Sperling, J. B., Wasseveld, J.: Führungsaufgabe Moderation, Haufe, Freiburg, 2002.

Sprenger, R. K.: Vertrauen führt. Worauf es im Unternehmen wirklich ankommt, Campus, Frankfurt/M., 2004.

Stöwe, Ch., Keromosemito, L.: Führen ohne Hierarchie. Gabler, Wiesbaden, 2004.

Stroebe, R. W., Stroebe, G. H.: Grundlagen der Führung, Sauer-Verlag, Heidelberg, 2002 (11. Auflage).

Vollmer, M.: Beruflich aufsteigen. Von der Fach- zur Führungskraft, Walhalla, Regensburg, 2001.

Walker, D.: Einstellungsgespräche professionell führen, MVG-Verlag, Landsberg, 2001.

Walter, H., Cornelsen, C.: Handbuch Führung. Der Werkzeugkasten für Vorgesetzte, Campus, Frankfurt/M., 2005.

Wildenmann, B.: Professionell führen, Luchterhand, Neuwied, 2002 (6. Auflage).

Wunderer, R., von Arx, S.: Personalmanagement als Wertschöpfungs-Center, Gabler, Wiesbaden, 2002.

Zander, E., Femppel, K.: Praxis der Mitarbeiter-Information, Beck im dtv, München, 2002.

Zander, E., Femppel, K.: Praxis der Personalführung, Beck im dtv, München, 2001.

Sachverzeichnis

40-Stunden-Job 232
360-Grad-Feedback 185

A

ABC-Schema 82
Abteilungsleiter 134
Aktionsbereich 39, 81, 84
Aktionsfeld 43
Aktionsprogramm 45, 81
Akzeptanz 79, 94, 98
Ampel-Check-up 164
Anerkennung 165, 168, 172
Anforderungen 19
Anforderungsprofil 39, 166
Anreiz, nicht-monetärer 164
Arbeitseffizienz 18, 166
Arbeitsgruppe, interdisziplinäre 11
Arbeitsmotivation 18
Arbeitsplatz 18, 98, 138
arbeitsrechtliche Schritte 229
Aufgabenerledigung 7, 58, 60
Auszeit 185, 216
Authentizität 57, 73, 173, 188
autokratisch 231

B

Balanced-Scorecard-Ansatz 71
Bedenkenträger 159, 176
Befugnis, disziplinarische 11
Begründung getroffener Entscheidungen 126, 149
Belastung 13, 15, 17
Beratungsgespräch 144
Berichtswege 11
Besitzstand 79
Best-case-Szenario 244
Betriebsverfassungsgesetz 15, 66
Betriebswirtschaftslehre 85
Beurteilungsbögen 166
Beurteilungspraxis 167
Beziehungsebene 189, 249

E

Eigenwirkung 197
Einzelgespräch 110
Entwicklungen 249
Entwicklungsbereiche 47
Entwicklungsplan 38
Erwartungen an eine Führungskraft 8
ethische Maßstäbe 71

F

Fallstricke 231
Finanzen 136
Führungs-Know-how 67
  methodisches 67
Führungsarten 10

Sachverzeichnis

Führungsaufgabe, Vorbereitung 45
Führungsaufgaben 16
Führungsfehler 159
Führungsinstrumente 178
Führungskompetenz 64
  fachliche 64
Führungskraft 90
Führungsmotivation 77
Führungsrolle 94
Führungsstil 60, 189
Führungsverantwortung 89
Führungsverhalten 127
Führungsverständnis, persönliches 27
Führungswissen 64

I

Innovationen 177
Integration 213

K

Klärungsfragen 21
Kompetenz
  sozial-kommunikative 54
  strategische 51
Konfliktbearbeitung 217
Konfliktkonstellation 12
Konfliktmanager 216

L

Leitprinzipien 184
Leitvorstellungen 62

M

Mitarbeiterzufriedenheit 73, 76, 212, 254

N

Nachwuchskräfte 225

O

Optimierungsbereiche 47
Organisationsentwicklung 136

P

Personalverantwortung 14
Probable-case-Szenario 245

R

Rückmeldung 191

S

schwierige Situationen 230
Souveränität 182
sozial-kommunikative Kompetenz 54
Stolpersteine 231
strategische Kompetenz 51
Szenarienmodell 244

T

Teamentwicklung 148
Teamgespräch 111

Sachverzeichnis

V

Veränderungen 249
Verhaltenskompetenz 58
Verhaltensweisen 95
Verlaufscontrolling 84
Vorbereitungsphase 52
Vorbildrolle 71

W

Warnhinweise 194
Werteorientierung 25
Werteverständnis 23, 71
Wertvorstellungen 23
Worst-case-Szenario 244

Beruf und Soziales
Bescheid wissen ist wichtig

Der Start in den Beruf

Hugo-Becker
Der Test zur Berufswahl
Meine Motive, Vorlieben und Stärken.
Beck im dtv
1. Aufl. 2005. 250 S.
€ 9,50. dtv 50884

Der Test zeigt, wo Stärken, Schwächen und Vorlieben liegen und hilft so Fehler bei der Berufswahl zu vermeiden.

Frey
Die erfolgreiche Bewerbung
Wie Sie ganz individuell zu Ihrem Traumziel kommen.
Wirtschaftsberater
1. Aufl. 2010. 165 S.
€ 9,90. dtv 50927
Auch als **ebook** erhältlich.

Dieser Ratgeber begleitet Sie durch alle Phasen der Bewerbung, von der Analyse Ihrer beruflichen Situation bis zum Vorstellungsverfahren.

Klütsch
Bewerben für Hochschulabsolventen
Die individuelle Bewerbung als Ihr Schlüssel zum Erfolg.
Wirtschaftsberater
1. Aufl. 2011. 116 S.
€ 11,90. dtv 50926
Auch als **ebook** erhältlich.

Hell
Das Vorstellungsgespräch
Die besten Strategien, die schlagkräftigsten Argumente: So überzeugen Sie Ihren neuen Arbeitgeber.
Wirtschaftsberater
1. Aufl. 2010. 332 S.
€ 12,90. dtv 50920
Auch als **ebook** erhältlich.

Checklisten, Übungen, Tests und Praxisbeispiele.

Beruf und Karriere

Hofmann/Linneweh/Streich
Erfolgsfaktor Persönlichkeit
Managementerfolg durch Leistungsfähigkeit und Motivation.
Wirtschaftsberater
1. Aufl. 2006. 387 S.
€ 14,50. dtv 50904

Kniess
Kreativitätstechniken
Methoden und Übungen.
Beck im dtv
1. Aufl. 2006. 268 S.
€ 9,50. dtv 50906
Kreativität ist der Schlüssel zum Erfolg. Neben einem Überblick über Methoden und Einsatz gibt es in einem umfangreichen Praxisteil Beispiele und Übungen.

Kunz
Neue Perspektiven im Job
Eigenanalyse und persönliche Weiterentwicklung.
Wirtschaftsberater
1. Aufl. 2010. 213 S.
€ 12,90. dtv 50928
Auch als **ebook** erhältlich.
Nutzen Sie dieses Buch, um sich mit Ihren beruflichen Zielen, Ihrer derzeitigen Rolle im Job und möglichen Ansatzpunkten für Ihre künftige Weiterentwicklung vertieft auseinanderzusetzen.

Cassens
Work-Life-Balance
Wie Sie Berufs- und Privatleben in Einklang bringen.
Wirtschaftsberater
1. Aufl. 2003. 214 S.
€ 9,50. dtv 50872

Bender
Teamentwicklung
Der effektive Weg zum »Wir«.
Wirtschaftsberater **Toptitel**
3. Aufl. 2015. 303 S.
€ 16,90. dtv 50945
Auch als **ebook** erhältlich.
Systematische Führung durch die Phasen der Teamentwicklung mit Anleitung für effiziente Teamleitung.

Haug
Erfolgreich im Team
Praxisnahe Anregungen für effizientes Teamcoaching und Projektarbeit.
Wirtschaftsberater **Neu**
5. Aufl. 2016. Rd. 220 S.
Ca. € 12,90. dtv 50946
In Vorbereitung für Anfang 2016
Auch als **ebook** erhältlich.
Mit Diagnose von Erfolgsfaktoren und konkreten Hilfestellungen.

Hugo-Becker/Becker
Psychologisches Konfliktmanagement
Menschenkenntnis · Konfliktfähigkeit · Kooperation.
Wirtschaftsberater
4. Aufl. 2004. 418 S.
€ 13,–. dtv 5829

Femppel/Zander
Praxis der Personalführung
Was Sie tun und lassen sollten.
Wirtschaftsberater
2. Aufl. 2008. 162 S.
€ 10,–. dtv 50841
Das Was und Wie der Personalführung, 99 Tipps, Fallbeispiele, Führungsgrundsätze.

Drzyzga
Personalgespräche richtig führen
Ein Kommunikationsleitfaden.
Wirtschaftsberater
2. Aufl. 2011. 164 S.
€ 12,90. dtv 50840
Auch als ebook erhältlich.
Gibt Führungs- und Nachwuchsführungskräften wichtige Hinweise für zielgerichtete und erfolgreiche Kommunikation mit Mitarbeitern.

Weisbach/Sonne-Neubacher
Professionelle Gesprächsführung
Ein praxisnahes Lese- und Übungsbuch.
Wirtschaftsberater Toptitel
9. Aufl. 2015. 499 S. Neu
€ 14,90. dtv 50947
Neu im Oktober 2015
Auch als ebook erhältlich.
Wie das Gespräch als Mittel der Führung zweckmäßig, zielorientiert und rationell genutzt werden kann.

Weisbach/Sonne-Neubacher
Leadership in Professional Conversation
Translation of »Professionelle Gesprächsführung«
Wirtschaftsberater
1. Aufl. 2005. 420 S.
€ 14,–. dtv 50879

Weisbach
Wie Sie andere für sich gewinnen
Die Kunst der Gesprächsführung.
Wirtschaftsberater
1. Aufl. 2007. 164 S.
€ 9,50. dtv 50916
Wie man die Beziehung zum Gesprächspartner so gestaltet, dass beide gewinnen.

Bühring-Uhle/Eidenmüller/Nelle
Verhandlungsmanagement
Analyse · Werkzeuge · Strategien.
Beck im dtv
2. Aufl. 2016. Rd. 240 S.
Ca. € 19,90. dtv 50763
In Vorbereitung für Dezember 2015
Auch als ebook erhältlich.
Agieren Sie zielgerichtet und erfolgreich.

Stender-Monhemius
Schlüsselqualifikationen
Zielplanung, Zeitmanagement, Kommunikation, Kreativität.
Beck im dtv
1. Aufl. 2006. 163 S.
€ 9,50. dtv 50910

Mentzel
Personalentwicklung
Wie Sie Ihre Mitarbeiter fördern und weiterbilden.
Wirtschaftsberater Toptitel
4. Aufl. 2012. 328 S.
€ 16,90. dtv 50854
Auch als **ebook** erhältlich.
Bedarf, Planung und Durchführung der Förder- und Bildungsmaßnahmen, Kosten- und Erfolgskontrolle.

Diekmann
China Knigge
Business und Interkulturelle Kommunikation.
Wirtschaftsberater Toptitel
2. Aufl. 2015. 200 S.
€ 16,90. dtv 50944
Auch als **ebook** erhältlich.
Ein Überblick über die Bandbreite chinesischer Verhaltenstraditionen im Alltags- und Geschäftsleben.

Mentzel
Rhetorik
Wirkungsvoll sprechen – überzeugend auftreten.
Wirtschaftsberater
2. Aufl. 2009. 238 S.
€ 9,90. dtv 50845
Bausteinsystem für die Vorbereitung und Durchführung eines Vortrags. Mit zahlreichen Übungen.

Weisbach
Gekonnt kontern
Wie Sie verbale Angriffe souverän entschärfen.
Wirtschaftsberater
1. Aufl. 2004. 197 S.
€ 9,–. dtv 50885
Gekonnt kontern ist weniger eine Frage der Spontaneität als vielmehr der Ausdruck guter Vorbereitung. Die wichtigsten Tipps finden Sie hier.

Nückles/Gurlitt/Pabst/Renkl
Mind Maps und Concept Maps
Visualisieren · Organisieren · Kommunizieren.
Wirtschaftsberater
1. Aufl. 2004. 162 S.
€ 9,50. dtv 50877
Mit Lern- und Arbeitstechniken das individuelle und kooperative Wissensmanagement auf einfache wie effektive Weise unterstützen.

Haberzettl/Birkhahn
Moderation und Training
Ein praxisorientiertes Handbuch.
Wirtschaftsberater
2. Aufl. 2012. 324 S.
€ 17,90. dtv 50866
Auch als **ebook** erhältlich.
Das Buch zeigt eine Auswahl hocheffektiver Methoden des NLP und anderer Verfahren so, dass sie unmittelbar anwendbar und sofort umsetzbar sind.

Klotzki
So halte ich eine gute Rede
In 7 Schritten zum Publikumserfolg.
Wirtschaftsberater
2. Aufl. 2012. 131 S.
€ 9,90. dtv 50873
Auch als **ebook** erhältlich.